全国高等教育金融系列精品教材

FINANCIAL LAW

金融法规

（第4版）

主　编◎李　芳　李金萍

副主编◎黄妹香　于丽娜　乔　磊　曲凯梁　陈凌继霄　王丹竹
　　　　陈　凤　高　扬　戴汶奇　曾　婷　刘孚梅

经济管理出版社
ECONOMY & MANAGEMENT PUBLISHING HOUSE

图书在版编目（CIP）数据

金融法规/李芳，李金萍主编 . —4 版 . —北京：经济管理出版社，2023.4
ISBN 978-7-5096-8988-2

Ⅰ.①金…　Ⅱ.①李…②李…　Ⅲ.①金融法—中国—教材　Ⅳ.①D922.28

中国国家版本馆 CIP 数据核字（2023）第 066566 号

组稿编辑：申桂萍
责任编辑：魏晨红
责任印制：黄章平
责任校对：王淑卿

出版发行：经济管理出版社
　　　　　（北京市海淀区北蜂窝 8 号中雅大厦 A 座 11 层　100038）
网　　　址：www. E-mp. com. cn
电　　　话：（010）51915602
印　　　刷：唐山昊达印刷有限公司
经　　　销：新华书店
开　　　本：787mm×1092mm/16
印　　　张：18. 75
字　　　数：422 千字
版　　　次：2023 年 5 月第 1 版　　2023 年 5 月第 1 次印刷
书　　　号：ISBN 978-7-5096-8988-2
定　　　价：68. 00 元

前　言

随着经济全球化的不断推进，我国金融业面临着前所未有的机遇和挑战。对于广大金融从业人员来说，了解、掌握金融业务中必备的法律知识，对提高自身的金融法律素养、规范金融行为、防范金融风险具有至关重要的作用。

本书自2010年首次出版以来，深受各高等院校和相关金融培训机构的好评，并选定本书作为教材使用，很多报考全国会计专业技术资格考试的考生将本书作为《经济法基础》和《经济法》的辅学读物。由于国家金融法律法规在不断地发展和完善，因而本书对内容的时效性要求较高，需要不断地修改和完善。作为《金融法规》的第四版，本书具有以下显著特点：

（1）准确性。对法律概念、法律规定、每一个案例的解析都进行了反复核对、斟酌，力争使本书成为一本值得信赖的资料性读物。

（2）全面性。对在金融工作中经常涉及的主要法律制度，如《中华人民共和国银行法》《中华人民共和国保险法》《中华人民共和国证券法》《中华人民共和国支付结算办法》《中华人民共和国票据法》《中华人民共和国公司法》《中华人民共和国民法典》中担保编和合同编的相关规定以及金融纠纷的解决途径等内容用通俗易懂的语言进行了有针对性的讲解，内容简练，力争使本书成为金融工作者的"随身法律顾问"。

（3）时效性。本书以相关法律法规的最新文本为依据，内容新、时效性强。

（4）完整性。每章除正文部分外，还设有学习目标、知识结构图、案例导入、课后练习。案例和练习题都附有详细的解答。

（5）实用性。本书专业性和通俗性并重，相关概念和法律条文严格按照法律法规的本意加以阐释，对部分专业术语和法律条文用通俗易懂的语言进行了解释。每章除在章首附有相关知识点的案例分析外，在章末还附有练习题，既可帮助学生抓住重点、掌握难点，也为教师布置作业和考试出题提供了便利和参考。

（6）新颖性。本书正文部分除着重介绍法律法规的相关规定外，还穿插了大量的知识拓展及案例分析，并以二维码的形式插入了大量课外阅读材料，便于本书的使用者加深对相关内容的理解。

本书可作为普通高等学校特别是高职高专院校金融法规专业的教材，也可作为金融从业人员的培训教材和业务参考书，还可以作为全国会计专业技术资格考试的复习用书。

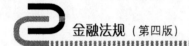

在编写过程中，本书参考和引用了国内许多专家学者的观点和资料，在此致以深深的谢意。由于金融法规涉及的范围广、内容多，加之作者水平有限，书中难免有疏漏和不当之处，恳请广大读者批评指正。

使用本书的教师可与作者联系，索取课后练习的答案和其他相关资料，联系方式：2667255456@qq.com。

编　者

2022 年 10 月

目 录

第一章　金融法律基础

【学习目标】

掌握金融仲裁、金融民事诉讼的具体规定；理解金融法律规范、金融法律关系，以及解决金融行政争议、民事争议的法定程序与法律责任的相关规定；了解法的概念和特征，法律规范、法律事实、法律体系、法律责任的概念和种类。

【本章知识结构】

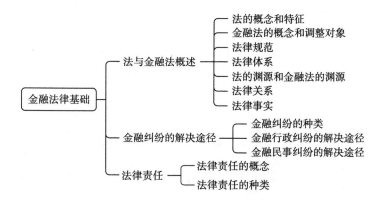

【案例导入】

1996 年 7 月，石家庄市奥龙健身房（以下简称奥龙健身房）与广州市某健身器械公司（以下简称健身器械公司）签订了一份购销合同。合同中的仲裁条款规定："因履行合同发生的争议，由双方协商解决；无法协商解决的，由仲裁机构仲裁。"1996 年 9 月，双方发生争议，奥龙健身房向其所在地的石家庄市仲裁委员会递交了仲裁申请书，但健身器械公司拒绝答辩。

同年 11 月，双方经过协商，重新签订了一份仲裁协议，并约定将此合同争议提交健身器械公司所在地的广州市仲裁委员会仲裁。

事后，奥龙健身房担心广州市仲裁委员会实行地方保护主义，偏袒健身器械公司，故未申请仲裁，而向合同履行地人民法院提起诉讼，且在起诉时说明了前两次约定仲裁的情况。法院受理此案，并向健身器械公司送达了起诉状副本，健身器械公司向法院提

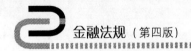

交了答辩状。法院经审理判决被告健身器械公司败诉，被告不服，理由是双方事先有仲裁协议，法院判决无效。

回答下列问题：

（1）购销合同中的仲裁条款是否有效？请说明理由。

（2）争议发生后，双方重新签订的仲裁协议是否有效？为什么？

（3）原告奥龙健身房向法院提起诉讼是否正确？为什么？

（4）人民法院审理本案是否正确？为什么？

（5）被告健身器械公司的上诉理由是否正确？为什么？

（6）被告是否具有上诉权？为什么？

资料来源：http：//china.findlaw.cn/info/zhongcai/zcal/362977.html。

【解析】（1）仲裁条款无效。因为该仲裁条款未约定具体的仲裁委员会，致使其因无法履行而无效。

（2）双方重新签订的仲裁协议有效。因为重新签订的仲裁协议约定了具体的仲裁委员会。

（3）起诉不正确。因为双方的仲裁协议有效，该仲裁协议排除了法院的管辖权。

（4）人民法院的审理合法。因为原告起诉后，被告未提出管辖权异议，视为人民法院有管辖权。

（5）上诉理由不成立。因为本案中人民法院的审理和判决都是有效的。

（6）被告享有上诉权。因为无论上诉理由是否正确，被告都享有上诉权。

第一节　法与金融法概述

一、法的概念和特征

（一）法的概念

法是由国家制定或认可，并由国家强制力保障实施的，反映统治阶级意志的规范体系。法通过规定人们在社会关系中的权利和义务，确认、保证和发展正常的社会关系，维护社会秩序。

法是统治阶级的国家意志的体现。法是统治阶级意志的体现，但是，统治阶级的意志本身不是法，只有通过国家立法活动，将统治阶级的意志上升为国家意志的形式，才成为法。统治阶级意志不是凭空产生的，它是由一定的社会物质生活条件所决定的。

【知识拓展】法的沿革

中文中"法"的前身是"刑"，刑本来是军法，古语"刑起于兵"即为此意。夏、商、周的法都称为"刑"。

大约是战国初期，刑开始改称"法"。法的古体字是"灋"，由鹰、水、去三部分组成。其中，"水"，"平之如水"之意，代表公平、正直；"鹰"，是中国古代传说中的一种独角神兽，性中正、辨是非，能区分是非善恶；"去"，去掉不直、不正之意。

商鞅在秦国变法的时候，强调所有人无论尊卑贵贱都要普遍守法，严格依法办事，为此，他把法改称"律"。律，强调法的普遍遵循。此后，各封建王朝的法都称为"律"。

清末法制变革，当时效仿日本，将"法""律"连用，称为"法律"。

（二）法的特征

1. 法是调整人的行为的社会规范

法是通过调整人们的行为来调整社会关系的。法只调整人的行为，不调整人的思想，这一点与道德不同，道德不仅调整人的行为，而且调整人的内心世界，道德不仅要求人们的行为符合法的要求，而且要求人们的内心世界的高尚和完美。

2. 法是由国家制定或认可的社会规范

制定和认可是法产生的两种方式。制定是指国家机关通过立法程序产生新的规范；认可是国家对既存的行为规范予以承认，赋予社会上已经存在的某些社会规范，如习惯、道德、宗教、习俗、礼仪以法律效力。例如，"有劳动能力的子女要赡养父母"，这本来是一条道德规范和人们世代相传的习惯，国家在法律中加以规定，它就不再只是道德规范和习惯，而是成为人们必须遵守的法律义务。

3. 法是规定权利和义务的社会规范

法对人们行为的调整主要是通过权利和义务的设定和运行来实现的，因而法的内容主要表现为权利和义务。法律上的权利和义务具有确定性和可预测性，它明确地告诉人们可以、该怎样行为，不可以、不该怎样行为以及必须怎样行为。人们根据法律来预先估计自己与他人之间该怎样行为，并预见到行为的后果以及法律的态度。

4. 法是由国家强制力保障实施的行为规范

法的实施以国家强制力作保证，国家强制力是法与其他社会规范的重要区别。法的强制力具有潜在性，这种强制性，只有当违反法的规定时，才会真正体会到其存在。

法的实施，除了有赖于国家强制力的保障外，更有赖于道德、纪律、舆论等的作用。

二、金融法的概念和调整对象

（一）金融法的概念

金融是以货币和货币资金为内容、以信用为形式所进行的货币收支和资金融通活动的总称。金融活动是国民经济的重要组成部分，是社会再生产的必要条件，贯穿于生产、交换、分配、消费的各个环节，是经济宏观调控的重要杠杆。

金融法是调整金融关系的法律规范的总称。

（二）金融法的调整对象

金融法的调整对象是在金融活动中产生的各种金融关系，主要包括金融调控关系、金融监管关系和金融业务关系。

1. 金融调控关系

金融调控关系是指中央银行在利用经济手段对金融机构、金融活动、金融市场进行调整和控制活动中所产生的权利义务关系，包括中央银行与其他金融机构、其他政府部门、企业和个人之间的关系。

2. 金融监管关系

金融监管关系是指金融监督管理机关对金融机构、金融市场、金融产品和金融交易的监督管理关系。它反映的是金融监督管理机构与监督管理对象之间的监督与被监督、管理与被管理的关系。

3. 金融业务关系

金融业务关系是指金融关系的参与者在平等、自愿、等价、有偿的基础上发生的各种金融交易关系，其本质上是一种平等的民事法律关系。

三、法律规范

法律规范是由国家制定或认可，并以国家强制力保障实施的，具有普遍约束力的行为规范。法律规范是法的"细胞"，是构成法的最基本的单元，它是通过一定法律条文表现出来的、具有一定内在逻辑结构的特殊行为规范。

法律规范可以按以下标准加以分类：

（1）按照内容的不同，可分为授权性规范和义务性规范。

授权性规范是规定人们可以作出某种行为或者要求别人作出或不作出某种行为的法律规范。授权性规范的表达方式通常为"有权……""享有……权利""可以……"等。义务性规范是指规定人们必须作出某种行为或不作出某种行为的法律规范。

义务性规范是规定主体必须做出某种积极行为的法律规范。义务性规范的表达方式通常为"有……义务""须得……""应……""必须……""禁止……""不准……""不得……""严禁……"等。

（2）按照强制性程度的不同，可分为强制性规范和任意性规范。

强制性规范是指法律规范所规定的义务具有确定的性质，不允许任意变动或违反。义务性规范属于强制性规范。任意性规范是指在法定范围内允许行为人自行确定其权利义务的法律规范。在授权性规范中，存在大量的任意性规范。

四、法律体系

法律体系是指一个国家全部现行法律规范分类组合为不同的法律部门而形成的有机

联系的统一整体①。我国的法律体系分为以下七个门类：

1. 宪法及宪法相关法

宪法是国家的根本大法，规定国家的根本制度和公民的基本权利和义务等内容；宪法相关法是与宪法配套、直接保障宪法实施的宪法性法律规范的总和，包括《全国人民代表大会组织法》《民族区域自治法》《香港特别行政区基本法》《全国人民代表大会和地方各级人民代表大会选举法》等。

2. 刑法

刑法是规范犯罪、刑事责任和刑事处罚的法律规范的总称。

3. 行政法

行政法是规范行政管理活动的法律规范的总称。行政法调整的法律关系是一种纵向的、不平等的法律关系，包括《中华人民共和国行政处罚法》《中华人民共和国行政复议法》《中华人民共和国政府采购法》《中华人民共和国义务教育法》《中华人民共和国环境保护法》等。

4. 民商法

民商法是调整平等主体的自然人、法人和其他组织之间的民事、商事活动的法律规范的总称，包括《中华人民共和国民法典》《中华人民共和国公司法》《中华人民共和国证券法》《中华人民共和国票据法》《中华人民共和国企业破产法》等。

5. 经济法

经济法是调整因国家对经济活动的管理所产生的社会经济关系的法律规范的总称。经济法既有调整政府部门与市场主体之间的纵向关系的法律规范，又有调整市场主体之间的横向关系的法律规范。

6. 社会法

社会法是调整劳动关系、社会保障关系、社会福利关系和特殊群体权益保障方面法律关系的法律规范的总称，所调整的是政府与社会之间、社会不同部门之间的法律关系。

7. 诉讼与非诉讼程序法

诉讼与非诉讼程序法是规范解决社会纠纷的诉讼活动与非诉讼活动的法律规范的总称，包括《中华人民共和国刑事诉讼法》《中华人民共和国民事诉讼法》《中华人民共和国行政诉讼法》三种基本的诉讼程序法，以及《中华人民共和国仲裁法》《中华人民共和国劳动争议调解仲裁法》等。

五、法的渊源和金融法的渊源

（一）法的渊源

法的渊源也称法律渊源、法的形式，是指法的具体的外部表现形态。我国法的渊源

---

① 法律规范是构成法的最基本的单位，同类的法律规范构成法律部门，各个不同的法律部门构成一个国家的法律体系。

主要有以下几种：

1. 宪法

宪法是国家的根本大法，具有最高的法律效力，是由最高国家权力机关——全国人民代表大会经由特殊程序制定的，综合性地规定国家、社会和公民生活的根本问题的法律。宪法的修改也由全国人民代表大会负责。宪法由国家主席以命令形式公布。

2. 法律

法律是由全国人民代表大会及其常务委员会制定的，调整国家和社会生活中某一方面带根本性的社会关系或基本问题的规范性文件的统称。法律分为基本法律和非基本法律，基本法律由全国人民代表大会制定，非基本法律由全国人民代表大会常务委员会制定。法律由国家主席以命令形式公布。

法律在和宪法并用时，一般不包括宪法；法律单用时，一般包括宪法，还可能是指法的整体，即"法"。

3. 行政法规

行政法规是由最高国家行政机关——中华人民共和国国务院为实施宪法和法律在法定职权范围内制定、发布的规范性文件的总称。行政法规的名称一般称某某条例，如《现金管理暂行条例》。行政法规由国务院总理以国务院令形式签署公布。

4. 地方性法规

省、自治区、直辖市的人民代表大会及其常务委员会根据本行政区域的具体情况和实际需要，在不与宪法、法律、行政法规相抵触的前提下，可以制定地方性法规。

设区的市的人民代表大会及其常务委员会根据本市的具体情况和实际需要，在不与宪法、法律、行政法规和本省、自治区的地方性法规相抵触的前提下，可以对城乡建设与管理、环境保护、历史文化保护等方面的事项制定地方性法规，法律对设区的市制定地方性法规的事项另有规定的，从其规定。

经济特区所在地的省、市的人民代表大会及其常务委员会根据全国人民代表大会的授权决定，制定法规，在经济特区范围内实施。

地方性法规在本行政区域的全部范围或部分区域有效。

5. 自治法规

自治法规是民族自治地方的权力机关所制定的特殊地方规范性法律文件的总称，包括自治条例和单行条例。自治条例是民族自治地方根据自治权制定的综合的规范性法律文件；单行条例是根据自治权制定的调整某一方面事项的规范性法律文件。

6. 规章

规章是有关行政机关依法制定的事关行政管理的规范性文件的总称。规章分为部门规章和地方政府规章两种。

部门规章是国务院所属各部、委员会、中国人民银行、审计署和具有行政管理职能的直属机构，根据法律和国务院行政法规、决定、命令，在本部门的权限内，所发布的各种行政性的规范性法律文件。

地方政府规章是有权制定地方性法规的地方人民政府根据法律、行政法规，制定的规范性法律文件。有权制定地方性政府规章的有：省、自治区、直辖市和设区的市、自治州的人民政府，经济特区所在地的市和国务院批准的较大的市以及其他设区的市、自治州的人民政府。

规章由制定该规章的部门首长或者政府首长以命令的形式公布。

7. 特别行政区的法

我国实行一国两制，在特别行政区实行的是不同于我国其他地区的经济、政治、法律制度。全国人民代表大会制定的特别行政区基本法以及特别行政区依法制定并报全国人民代表大会常务委员会备案、在该特别行政区有效的规范性法律文件，属于特别行政区的法。

8. 国际条约

国际条约指两个或两个以上国家或国际组织间缔结的确定其相互关系中权利和义务的各种协议，是国际间相互交往的一种最普遍的法的渊源或法的形式。我国缔结或者加入的国际条约，除我国政府声明保留的条款外，对我国的国家机关、社会团体、企事业单位和公民具有法律约束力。

在我国，"法律"一词有广义和狭义之分。广义的法律，是指法的整体，是由国家制定或认可，并由国家强制力保证实施的各种行为规范的总和。狭义的法律，仅指全国人民代表大会及其常务委员会制定和颁布的规范性文件。在叙述中，是广义的法律还是狭义的法律，要结合具体的语境进行把握。本书对法和法律不加严格区分。

（二）金融法的渊源

我国金融法的渊源，根据其效力，有以下几种表现形式：

1. 宪法

宪法关于国家金融制度与原则的规定是金融法律的立法依据，是金融法律规范的最高法源。

2. 金融法律

金融法律是全国人民代表大会及其常务委员会制定的调整金融关系的规范性法律文件，是金融法的主要渊源。目前，金融法律主要有《中华人民共和国中国人民银行法》《中华人民共和国商业银行法》《中华人民共和国证券法》《中华人民共和国保险法》《中华人民共和国票据法》《中华人民共和国银行业监督管理法》等；此外，《中华人民共和国民法典》《中华人民共和国民事诉讼法》《中华人民共和国刑法》等法律中的金融法律规范，也是金融法的渊源。

3. 金融行政法规

金融行政法规是国务院制定的调整金融关系的规范性法律文件，如国务院颁布的《企业债券管理条例》《储蓄管理条例》《现金管理暂行条例》《中华人民共和国外资金融机构管理条例》等。

4. 金融部门规章

金融部门规章是指国务院金融主管部门制定的有关金融活动的规范性法律文件，如中国人民银行制定的《支付结算办法》《中国人民银行行政复议办法》等。

5. 地方性金融法规

地方性金融法规是省、自治区、直辖市、设区的市和经济特区的人民代表大会及其常务委员会制定的有关金融活动的规范性法律文件。地方性金融法规是对金融法律、金融行政法规规定的具体化，只在本行政区有效，不得与金融法律和金融行政法规相抵触。

六、法律关系

法律关系是法律规范在调整人们行为的过程中所形成的权利义务关系，即法律上的权利义务关系，如夫妻关系、合同关系等。不属于法律规范调整范围的社会关系不是法律关系，如朋友关系、恋爱关系、同学关系等。

任何法律关系都包括主体、客体和内容三个要素，缺少其中的任何一项，都不构成法律关系。

（一）法律关系的主体

法律关系的主体是指法律关系中权利的享受者和义务的承担者。要成为法律关系的主体，应当具备权利能力和相应的行为能力。法律关系主体主要包括自然人、法人和非法人组织、国家。

1. 自然人

自然人是最常见的法律关系主体，自然人既包括本国公民，也包括境内的外国公民和无国籍人。自然人要成为法律关系的主体，必须具备民事权利能力和相应的民事行为能力。民事权利能力是法律关系的主体能够参与一定的法律关系，依法享有一定权利和承担一定义务的法律资格。民事行为能力是民事主体能以自己的行为享有民事权利和承担民事义务的能力。民事行为能力不是一直都有的，它和民事主体的年龄、智力及精神状况相关。自然人可分为完全民事行为能力人、限制民事行为能力人和无民事行为能力人三种。根据《中华人民共和国民法典》的规定，18周岁以上的自然人为成年人。不满18周岁的自然人为未成年人。成年人为完全民事行为能力人，可以独立实施民事法律行为。16周岁以上的未成年人，以自己的劳动收入为主要生活来源的，视为完全民事行为能力人。8周岁以上的未成年人为限制民事行为能力人，实施民事法律行为由其法定代理人代理或者经其法定代理人同意、追认，但是可以独立实施纯获利益的民事法律行为或者与其年龄、智力相适应的民事法律行为。不满8周岁的未成年人为无民事行为能力人，由其法定代理人代理实施民事法律行为。不能辨认自己行为的成年人为无民事行为能力人，由其法定代理人代理实施民事法律行为。

注意：分辨权利能力和行为能力。权利能力是法律关系主体能够参加某种法律关系，享有一定的权利和承担一定的义务的"资格"，公民的权利能力是平等的，但行为能力则与个人的年龄、智力、精神状态相关。有行为能力必须先有权利能力，但有权利能力不一定有行为能力。比如小明7岁，奶奶送给他一块祖传宝玉。小明有权卖掉这块宝玉，因为这块宝玉已经是他的财产了，他有卖的"权利能力"，但他现在不能亲自把这宝玉卖了，因为他的年龄和智力还不能识别自己行为的意义，不具备相应的"行为能力"。即使他偷偷把这块宝玉卖了，其行为也是无效的。

2. 法人和非法人组织

法人是具有民事权利能力和民事行为能力，依法独立享有民事权利和承担民事义务的组织。法人包括营利法人、非营利法人和特别法人。营利法人包括有限责任公司、股份有限公司和其他企业法人等。非营利法人包括事业单位、社会团体、基金会、社会服务机构等。特别法人包括机关法人、农村集体经济组织法人、城镇农村的合作经济组织法人、基层群众性自治组织法人等。非法人组织包括个人独资企业、合伙企业、不具有法人资格的专业服务机构等。

注意：①法人与非法人组织最本质的区别在于是否承担有限责任。法人承担有限责任，非法人组织承担无限责任。②法人与法定代表人不是同一概念，法定代表人是依法代表法人行使民事权利、履行民事义务的主要负责人，如公司的董事长、公安局的局长、学校的校长等。有时人们将单位的法定代表人称为"法人代表"或"法人"，这是一种不规范的称谓。

3. 国家

在特殊情况下，国家可以作为一个整体成为法律关系的主体。在国内，国家是国家财产所有权唯一的和统一的主体；当政府发行国债时，国家是国债法律关系的主体，是国债的债务人；在国际上，国家是国际法关系的主体。

【例1-1】1999年12月，藏永强用摩托车载着临产的妻子去岳母家，路上被一辆大货车撞出十几米，妻子腹中的胎儿藏静却奇迹般地降生了。一天后，藏永强和妻子相继死亡。三个月后，只有三个月大的藏静与其祖父母、外祖父母一起作为原告起诉肇事司机，要求赔偿藏静抚养费、教育费和精神损害赔偿等共计46万元。

回答下列问题：

三个月大的藏静可以和祖父母、外祖父母作为原告起诉大货车司机吗？

资料来源：https://m.tikuol.com/2017/0502/475b876aac96f052dae540fbdaac6731.html.

【解析】藏静可以作为原告起诉大货车司机，因为她有民事权利能力；但她不能自己亲自起诉肇事司机，因为她无民事行为能力，应该由其法定代理人代理实施民事法律行为。

（二）法律关系的内容

法律关系的内容是法律关系主体享有的权利和承担的义务。权利是法律允许权利人可以为一定行为或不为一定行为，或者要求他人为一定行为或不为一定行为的资格。义务是法律规定的义务人应当按照权利人要求为一定行为或不为一定行为的责任。法律上的权利和义务，都受国家法律保障。义务人不履行法定义务时，权利人可以请求有关国家机关采取强制措施强制其履行义务，权利人的权利受到侵害时，可请求有关国家机关予以保护。

（三）法律关系的客体

法律关系的客体是指法律关系主体间权利义务共同指向的对象，包括物、行为、人格利益、道德产品，如公民和组织的姓名或名称，公民的肖像、名誉、尊严、人身、人格、身份和精神产品等。

注意：①能否成为法律关系的客体是由法律规定的。在现代社会，自然人是法律关系的主体，不能充当法律关系的客体，而奴隶社会的奴隶只是法律关系的客体，是可以像牲口一样买卖的物品，不是法律关系的主体。②法律关系的客体应为人类所控制并有一定的稀缺性，例如阳光、空气、其他星球上的金银等，或者无稀缺性，或者无法为人类所控制，因此不能成为法律关系的客体。但处于特定状态的空气，如罐装的清洁空气，可以成为买卖法律关系的客体。

七、法律事实

法律事实是指法律规范规定的，能够引起法律关系产生、变更和消灭的情况，包括法律事件和法律行为两类。

（1）法律事件。法律事件是不以人的主观意志为转移，能够引起法律关系产生、变更和消灭的客观情况。事件可以是自然现象，如水灾、地震、台风等自然灾害，也可以是社会现象，如战争、重大政策的改变等。由自然现象引起的事实又称绝对事件，由社会现象引起的事实又称相对事件。

（2）法律行为。法律行为是以人的主观意志为转移的，能够引起法律关系的产生、变更和消灭的，人们的有目的、有意识的活动。法律行为包括合法行为和违法行为，两者均可引起法律关系的产生、变更和消灭。

法律规范和法律主体只是法律关系产生的抽象的、一般的前提，是一种可能性，法律事实才是法律关系发生、变更和消灭的直接原因。例如，小王、小吕是大学同学，双方自由恋爱，符合《中华人民共和国民法典》关于结婚的条件。两人能否因为符合结婚的条件就自动成为夫妻？不能，双方必须亲自到婚姻登记机关办理结婚登记，领取结婚证，才能成为合法夫妻。在这里，《中华人民共和国民法典》的规定（法律规范）和愿意缔结婚姻关系的小王、小吕（法律关系的主体）只是产生夫妻关系的抽象的、一般的前提，是一种可能性，双方要成为夫妻即缔结婚姻关系，还必须到婚姻登记机关办理结婚登记，通过进行结婚登记这个法律行为，才能真正成为夫妻。

【例1-2】 举例说明法律事实导致法律关系的发生、变更和消灭。

【解析】 法律事实包括法律事件和法律行为，两者都可以导致法律关系的发生、变更和消灭。如：

甲、乙签订了一份买卖苹果的合同，这时就在甲乙之间产生了买卖苹果的合同法律关系，产生这一合同法律关系的原因是什么？是甲乙之间签订买卖苹果的合同这种法律行为导致了甲乙双方合同法律关系的产生。

后来，一场冰雹将尚未成熟的苹果打落了，于是双方约定用梨来代替苹果，双方的合同法律关系发生了变更，客体由原来的苹果变更为梨，导致双方法律关系变更的原因是什么？是下冰雹这个法律事件，是法律事件导致了双方法律关系的变更。

最后，双方按约定履行变更后的合同，货款两清，双方之间的权利与义务就消灭了，双方的法律关系终止。是什么导致了双方法律关系的终止？是双方的履约行为，双方履行合同的法律行为导致了双方的法律关系终止。

综上所述，一定的法律事实的发生，可以导致法律关系的发生、变更和消灭。

第二节 金融纠纷的解决途径

一、金融纠纷的种类

按照纠纷双方的地位是否平等，金融纠纷可以分为行政纠纷和民事纠纷两类。

1. 金融行政纠纷

金融行政纠纷是金融行政机关（包括中国人民银行和国家金融监管机构）在履行国家金融管理职能时与金融行政管理相对人（金融机构、其他单位和个人）发生争议所引起的纠纷。在金融行政纠纷中，双方当事人的地位是不平等的，他们之间是监督与被监督、管理与被管理的关系。

2. 金融民事纠纷

金融民事纠纷是银行和其他金融机构在办理各项金融业务活动中与对方当事人之间产生的纠纷。在金融民事纠纷中，双方当事人的地位是平等的。

二、金融行政纠纷的解决途径

金融行政纠纷的解决方式分为行政复议和行政诉讼两种。

（一）金融行政复议

行政复议是为了保护行政管理相对人的合法权益，在行政机关内部实行的层级监督制度。金融行政复议的法律依据是《中华人民共和国行政复议法》和《中国人民银行行政复议办法》。

1. 复议的受理范围

《中国人民银行行政复议办法》规定，有下列情形之一的，金融机构、其他单位和个人可以申请行政复议：

（1）对中国人民银行作出的警告、罚款、没收违法所得、没收非法财物、暂停或者停止金融业务、责令停业整顿、吊销经营金融业务许可证、撤销金融机构的代表机构等行政处罚决定不服的。

（2）对中国人民银行作出的取消金融机构高级管理人员任职资格的决定不服的。

（3）认为中国人民银行的具体行政行为侵犯其合法的经营自主权的。

（4）认为符合法定条件，申请中国人民银行颁发经营金融业务许可证，或者申请中

国人民银行审批有关事项，中国人民银行没有依法办理的。

（5）认为中国人民银行的其他具体行政行为侵犯其合法权益的。

下列金融纠纷不能申请行政复议：不服中国人民银行作出的行政处分或者其他人事处理决定的，依照有关法律、行政法规的规定提出申诉；不服中国人民银行对金融机构之间的金融业务纠纷作出的调解的，可依法就该纠纷向仲裁机关申请仲裁或者向人民法院提起诉讼，不得向中国人民银行提起行政复议。

2. 复议管辖

（1）中国人民银行总行管辖下列行政复议案件：

1）对中国人民银行总行作出的具体行政行为不服，申请行政复议的。

2）对中国人民银行分行、营业管理部作出的具体行政行为不服，申请行政复议的。

3）对中国人民银行省会城市及深圳经济特区中心支行在国库经理、支付清算、现金发行和金融统计方面作出的具体行政行为不服，申请行政复议的。

4）中国人民银行总行认为应当由其管辖的其他复议案件。

（2）中国人民银行分行管辖下列行政复议案件：

1）对分行营业管理部、金融监管办事处作出的具体行政行为不服，申请行政复议的。

2）对分行所在省（区）的中心支行作出的具体行政行为不服，申请行政复议的。

3）对分行所在省（区）以外的其他所辖省（区）中心支行作出的具体行政行为不服，申请行政复议的。但具体行政行为涉及国库经理、支付清算、现金发行、金融统计的除外。

4）中国人民银行分行营业管理部管辖对所辖支行作出的具体行政行为不服，申请行政复议的案件。

（3）中国人民银行省会城市中心支行管辖下列行政复议案件：

1）对所辖支行作出的具体行政行为不服，申请行政复议的。

2）对所在省（区）其他中心支行在国库经理、支付清算、现金发行、金融统计方面作出的具体行政行为不服，申请行政复议的。

（4）非省会城市中心支行管辖对所辖支行作出的具体行政行为不服申请行政复议的案件。

（5）对依法从事现金管理的金融机构作出的具体行政行为不服申请行政复议的，由直接监管该金融机构的人民银行管辖。

对金融机构作出的有关收缴假币的具体行政行为不服申请行政复议的，由直接监管该金融机构的中国人民银行管辖。

3. 复议程序

（1）申请。金融机构、其他单位和个人认为中国人民银行的具体行政行为侵犯其合法权益的，可以自知道该具体行政行为之日起 60 日内提出行政复议申请；但法律规定的申请期限超过 60 日的除外。因不可抗力或者其他正当理由耽误法定申请期限的，申请期限自障碍消除之日起继续计算。

（2）受理。行政复议机关收到行政复议申请后，应当在 5 日内进行审查。行政复议机关受理行政复议申请，不得向申请人收取任何费用。行政复议机关已经依法受理行政复议申请或法律、行政法规规定应当先向行政复议机关申请复议的，在法定行政复议期限内不得向人民法院提起行政诉讼。申请人向人民法院提起行政诉讼，人民法院已经依法受理的，不得申请行政复议。除法定情形之外，行政复议期间不停止具体行政行为的执行。

（3）审理。行政复议原则上采取书面审查的办法，但是申请人提出要求或者行政复议机关的法律事务工作部门认为有必要时，可以向有关组织和人员调查情况，听取申请人、被申请人和第三人的意见。

（4）决定。行政复议机关应当自受理行政复议申请之日起 60 日内作出行政复议决定，但是法律规定的行政复议期限少于 60 日的除外。行政复议机关可以按照规定作出维持原具体行政行为、责令被申请人限期履行法定职责、撤销、变更或重新作出具体行政行为等行政复议决定。

（5）执行。法律规定行政复议决定为终局决定的，申请人、被申请人应当限期履行行政复议决定，不得向人民法院起诉。法律规定当事人对行政复议决定不服，可以向人民法院提起诉讼的，应当在自收到《中国人民银行行政复议决定书》之日起 15 日内，或法律规定的期限内向人民法院提起诉讼。申请人逾期不起诉又不履行行政复议决定的，或者不履行国务院最终裁决的，按照下列规定分别处理：①对维持具体行政行为的行政复议决定的，由作出具体行政行为的中国人民银行或金融机构申请人民法院强制执行；②对变更具体行政行为的行政复议决定的，由行政复议机关申请人民法院强制执行。

（二）金融行政诉讼

行政诉讼俗称"民告官"，是行政管理相对人（法人、其他组织和个人）认为行政主体以及法律法规授权的组织作出的行政行为侵犯其合法权益而向人民法院提起的诉讼。

金融行政管理相对人（金融机构、其他单位和个人）认为中国人民银行及其依法授权的金融机构以及其他金融监督机构在金融行政监督管理过程中所作出的具体行政行为侵害了其合法权益时，可以依法向人民法院提起金融行政诉讼。金融行政诉讼遵循的程序法是《中华人民共和国行政诉讼法》。

1. 金融行政诉讼的受案范围

（1）人民法院受理金融机构、其他单位和个人对下列具体行政行为不服提起的行政诉讼：①对金融监管机关作出的罚款、没收违法所得、吊销经营金融业务许可证等行政处罚决定不服的。②对金融监管机关作出的具体行政行为侵犯其合法的经营自主权的。③对金融监管机关应当颁发经营金融业务许可证，或者应履行相关审批职责而没有履行的。④认为金融监管机关的其他具体行政行为侵犯其合法权益的。

（2）人民法院不受理金融机构、其他单位和个人对下列事项提起的行政诉讼：①行政法规、规章或者行政机关制定、发布的具有普遍约束力的决定、命令。②中国人民银行作出的行政处分或者其他人事处理决定。③中国人民银行对金融机构之间的金融业务纠纷作出的调解。④法律规定由行政机关最终裁决的具体金融行政行为。

2. 金融行政诉讼的管辖

诉讼管辖是指各级法院之间和同级法院之间受理第一审案件的分工和权限。诉讼管辖可以按照不同的标准分类，本书主要介绍级别管辖和地域管辖。

（1）级别管辖。级别管辖是指上下级人民法院之间在受理第一审案件上的分工和权限。基层人民法院管辖第一审金融行政案件；中级人民法院管辖对国务院各部门或者县级以上地方人民政府所作的具体金融行政行为提起诉讼的案件或者本辖区内重大、复杂的金融行政案件；高级人民法院管辖本辖区内重大、复杂的第一审金融行政案件；最高人民法院管辖全国范围内重大、复杂的第一审金融行政案件。

（2）地域管辖。地域管辖是指同级人民法院之间受理第一审案件的分工和权限。金融行政案件由最初作出具体金融行政行为的金融行政监管机关所在地人民法院管辖。经复议的案件，复议机关改变原具体金融行政行为的，也可以由复议机关所在地人民法院管辖。

3. 金融行政诉讼的程序

（1）起诉。对属于人民法院受案范围的金融行政案件，金融机构、其他单位和个人可以先向上一级金融行政监管机关或者法律、法规规定的金融行政监管机关申请复议，对复议不服的，再向人民法院提起诉讼；也可以直接向人民法院提起诉讼。法律、法规规定应当先向行政机关申请复议，对复议机关的复议决定不服再向人民法院提起诉讼的，依照法律、法规的规定。

（2）受理。人民法院接到起诉状，经审查，应当在 7 日内立案或者作出裁定不予受理。原告对裁定不服的，可以提起上诉。

（3）审理。人民法院公开审理行政案件，但涉及国家秘密、个人隐私和法律另有规定的除外。人民法院组成合议庭审理行政案件。人民法院审理行政案件，不适用调解。

（4）判决。人民法院经过审理，根据不同情况，可以分别作出维持原具体行政行为、撤销或者部分撤销原具体行政行为、判决被告重新作出具体行政行为、判决被告限期履行、判决变更显失公正的行政处罚等判决。人民法院判决被告重新作出具体行政行为的，被告不得以同一的事实和理由作出与原具体行政行为基本相同的具体行政行为。当事人不服人民法院第一审判决的，有权在判决书送达之日起 15 日内向上一级人民法院提起上诉。当事人不服人民法院第一审裁定的，有权在裁定书送达之日起 10 日内向上一级人民法院提起上诉。逾期不提起上诉的，人民法院的第一审判决或者裁定发生法律效力。

4. 侵权赔偿

金融机构、其他组织或个人的合法权益受到金融行政机关或者其工作人员作出的具体行政行为侵犯造成损害的，有权请求赔偿。金融机构、其他组织或个人单独就损害赔偿提出请求，应当先由金融行政机关解决。对金融行政机关的处理不服，可以向人民法院提起诉讼。赔偿诉讼可以适用调解。

【例1-3】某市质量技术监督局在执法过程中，以违反《标准化管理办法》为由，对 51 名个体经营户进行了现场即时处罚，罚款近 3 万元；对不接受处罚的，强行扣押商品。个体户们将情况反映到市个私企业协会。经调查，个私企业协会认为市质量技术监督局在实施行政处罚过程中有不当之处：一是违反有关规定，进入本应由工商部门承担质量监督管理职能的流通领域实施行政处罚；二是针对个体户处以 100~1000 元的行政处罚均采用现场即时处罚程序，显然违反了《行政处罚法》的有关规定。为此，个私企业协会多次到该市质量技术监督局进行协调，但都没有结果。被处罚的个体户决心拿起法律武器维护自己的合法权益，联名起诉了市质量技术监督局越权行政、乱处罚的违法执法行为。一时间，这起"民告官"的官司在该市成为热门话题。该市质量技术监督局在向法院答辩应诉过程中承认了自身的过错，并撤销了对 28 人的质量技术监督现场处罚，法院予以庭外调解，第一批 28 名被处罚的个体户目前已收到了退回的罚款 1 万余元。

回答下列问题：

法院对此案的处理是否合法？

资料来源：http://china.findlaw.cn/info/lunwen/xingzhenglw/8534.html。

【解析】法院对此案予以庭外调解不合法，违反了《行政诉讼法》"人民法院审理行政案件，不适用调解"的规定。

法院审理民事案件，应当进行调解，但人民法院审理行政案件，不适用调解。人民法院审理行政诉讼案件，仅有两种情况可以调解：一是行政赔偿诉讼可以调解。行政机关对具体赔偿数额可以与原告协商，双方可以以调解的方式解决其赔偿纠纷。二是行政诉讼附带民事诉讼可以调解。此案显然不属于上述两种情况，故法院对此案以庭外调解的方式结案，显然是错误的。

三、金融民事纠纷的解决途径

金融民事纠纷的解决方式主要有协商、调解、仲裁和诉讼。本书主要介绍仲裁和民事诉讼。

（一）仲裁

1. 仲裁的概念

仲裁也叫"公断"。仲裁有多种，本书所说的仲裁是指经济仲裁，即依据《中华人民共和国仲裁法》所做的仲裁，即经济争议当事人依照事先约定或事后达成的书面仲裁协议，共同选定仲裁机构，由该仲裁

仲裁制度的起源

机构对争议事项依法作出裁决的一种活动。在我国，仲裁的法律依据主要有《中华人民共和国仲裁法》和《最高人民法院关于适用〈中华人民共和国仲裁法〉若干问题的解释》。

2. 仲裁的适用范围

平等主体的公民、法人和其他组织之间发生的合同纠纷和其他财产权益纠纷，可以仲裁。

下列纠纷不能仲裁：①婚姻、收养、监护、扶养、继承纠纷。②依法应当由行政机关处理的行政争议。③劳动争议纠纷。④农村土地承包合同纠纷。其中，③、④项虽然

都可以申请仲裁，但不属于《中华人民共和国仲裁法》所规定的仲裁，而由别的法律予以调整。例如，劳动争议纠纷适用《中华人民共和国劳动争议调解仲裁法》，农村土地承包合同纠纷适用《中华人民共和国农村土地承包经营纠纷调解仲裁法》。

【例 1-4】 下列各项中，属于《中华人民共和国仲裁法》适用范围的是（　　）。

A. 借款合同纠纷　　　　　　　　B. 农村土地承包经营合同纠纷

C. 继承纠纷　　　　　　　　　　D. 行政争议纠纷

【答案】 A

【解析】 ①劳动争议纠纷和农村土地承包合同纠纷适用专门的规定，不适用《中华人民共和国仲裁法》，选项 B 错误；②与人身有关的婚姻、收养、监护、扶养、继承纠纷不能仲裁，选项 C 错误；③仲裁事项必须是平等主体之间发生的且当事人有权处分的财产权益纠纷，行政争议纠纷不属于财产权益纠纷，当事人地位也不平等，所以行政争议纠纷不能仲裁，选项 D 错误。

3. 仲裁的基本原则

（1）自愿原则。当事人采用仲裁方式解决纠纷，应当双方自愿并达成仲裁协议，当事人可以自愿选择仲裁委员会和仲裁形式。

（2）一裁终局原则。仲裁实行一裁终局原则。裁决作出后，当事人就同一纠纷再申请仲裁或者向人民法院提起诉讼的，仲裁委员会或者人民法院不予受理。当事人一方在法定期限内不履行仲裁裁决的，另一方可以申请人民法院强制执行。

（3）依据事实和法律，公平合理地解决纠纷原则。仲裁要以事实为根据、以法律为准绳，在法律没有规定或者规定不完备的情况下，仲裁庭可以按照公平合理的一般原则来解决纠纷。

（4）独立仲裁原则。仲裁机构的设置、仲裁庭对仲裁纠纷的处理，不受任何行政机关、团体和个人干涉。

4. 仲裁机构

仲裁机构主要是指仲裁委员会。仲裁委员会不按行政区划层层设立。仲裁委员会独立于行政机关，与行政机关没有隶属关系，仲裁委员会之间也没有隶属关系。

注意：仲裁委员会是民间组织，既不是行政机关，也不是司法机关。

仲裁委员会由主任 1 人、副主任 2~4 人和委员 7~11 人组成。其中，法律、经济贸易专家不得少于 2/3。

5. 仲裁协议

仲裁协议应当以书面形式订立，口头达成的仲裁意思表示无效。仲裁协议独立存在，合同的变更、解除、终止或者无效，不影响仲裁协议的效力。

仲裁协议一经有效成立，即对双方当事人产生法律效力。发生纠纷后，当事人只能申请仲裁协议中约定的仲裁机构进行仲裁，而丧失就该纠纷向人民法院提起诉讼的权利。

有效的仲裁协议可以排除法院对仲裁协议中约定的争议事项的管辖权。当事人达成仲裁协议，一方向人民法院起诉的，人民法院不予受理，但仲裁协议无效的除外。当事人达成仲裁协议，一方向人民法院起诉未声明有仲裁协议的，人民法院受理后，另一方在首次开庭前提交仲裁协议的，人民法院应当驳回起诉，但仲裁协议无效的除外。

当事人对仲裁协议的效力有异议的，可以请求仲裁委员会作出决定或请求人民法院作出裁决。一方请求仲裁委员会作出决定，另一方请求人民法院作出裁定的，由人民法院裁定。当事人对仲裁协议的效力有异议的，应当在仲裁庭首次开庭前提出。

6. 仲裁裁决

仲裁应当开庭进行。当事人协议不开庭的，仲裁庭可以根据仲裁申请书、答辩书及其他材料作出裁决。仲裁不公开进行。当事人协议公开的，可以公开进行，但涉及国家秘密的除外。

注意：开庭不等于公开。开庭是指仲裁庭在双方当事人到庭的情况下审理和裁决案件，公开是指允许旁听。

仲裁应当按照多数仲裁员的意见作出；仲裁庭不能形成多数意见时，裁决应当按照首席仲裁员的意见作出。由3名仲裁员组成的仲裁庭，裁决规则为：①3名仲裁员意见一致，则按照该一致意见裁决。②2名仲裁员持相同意见，另1名仲裁员持另一种意见，则按照多数意见裁决。③3名仲裁员的意见都不相同，则按照首席仲裁员的意见裁决。

裁决书自作出之日起发生法律效力。当事人应当履行仲裁裁决。一方当事人不履行仲裁裁决的，另一方当事人可以向被执行人住所地或被执行的财产所在地的中级人民法院申请强制执行。

（二）民事诉讼

诉讼俗称"打官司"。民事诉讼是指人民法院、当事人和其他诉讼参与人，在审理民事案件的过程中，所进行的各种诉讼活动，以及因这些活动而产生的各种关系的总和。民事诉讼的法律依据是《民事诉讼法》。

1. 民事诉讼的适用范围

公民之间、法人之间、其他组织之间以及他们相互之间因财产关系和人身关系而产生的纠纷，可以向人民法院提起民事诉讼。

2. 民事诉讼的审判制度

（1）合议制度。除一审简易程序采用独任制审理外，其他案件都实行合议庭审判。

（2）回避制度。为了保证案件的公正审判，与案件有利害关系的审判人员、人民陪审员、书记员、翻译人员、鉴定人员等，不得参与案件的审理或其他诉讼活动。

（3）公开审判制度。人民法院审理案件，除涉及国家秘密、个人隐私或者法律另有规定的以外，应当公开进行。审判公开包括审判过程公开及审判结果公开，无论是否公开审理，审判结果都应当公开。

（4）两审终审制度。人民法院审理案件实行两审终审制，即一个案件最多经过两级人民法院审判即告终结的制度。当事人不服一审的判决、裁定，可以上诉至二审人民法院。二审判决和裁定为终审的判决和裁定，自判决、裁定作出之日起，即发生法律效力。

终审的判决和裁定确有错误的，可以通过审判监督程序纠正。

3. 诉讼管辖

诉讼管辖是指各级法院之间以及不同地区的同级法院之间，受理第一审民事案件的职权范围和具体分工。诉讼管辖分为级别管辖和地域管辖。

（1）级别管辖。级别管辖是指各级法院之间受理第一审案件的职权范围和具体分工。《中华人民共和国民事诉讼法》规定，基层人民法院管辖除法律规定由上级人民法院管辖以外的所有第一审民事案件；中级人民法院管辖重大涉外案件、在本辖区有重大影响的案件以及最高人民法院确定由中级人民法院管辖的第一审民事案件；高级人民法院管辖在本辖区有重大影响的案件；最高人民法院管辖在全国有重大影响的案件以及其认为应当由其审理的案件。

（2）地域管辖。地域管辖又称"区域管辖"，是同级人民法院之间，按照各自辖区对第一审案件审理的分工。地域管辖一般分为：①一般地域管辖。一般地域管辖是按照当事人所在地与法院辖区的隶属关系来确定案件管辖法院。这种管辖通常实行原告就被告的原则，由被告住所地人民法院管辖。实行原告就被告原则，是为了防止原告滥用起诉权，同时也有利于法院查清事实，有利于判决的执行。②特殊地域管辖。因合同纠纷提起的诉讼，由被告住所地或者合同履行地人民法院管辖；因保险合同纠纷提起的诉讼，由被告住所地或者保险标的物所在地人民法院管辖；因票据纠纷提起的诉讼，由票据支付地或者被告住所地人民法院管辖。③选择管辖。两个以上人民法院都有管辖权的诉讼，原告可以向其中一个人民法院起诉；原告向两个以上有管辖权的人民法院起诉的，由最先立案的人民法院管辖。

【例1-5】甲、乙在X地签订合同，将甲在Y地的一栋房产出租给乙。后因乙未按期支付租金，双方发生争议。甲到乙住所地人民法院起诉后，又到Y地人民法院起诉。Y地人民法院于3月5日立案，乙住所地人民法院于3月8日立案。根据民事诉讼法律制度的规定，该案件的管辖法院应当是（　　）。

A. 甲住所地人民法院　　　　　　B. 乙住所地人民法院

C. X地人民法院　　　　　　　　D. Y地人民法院

【答案】D

【解析】因合同纠纷提起的诉讼，由被告住所地（乙住所地）或者合同履行地（Y地）人民法院管辖；原告向两个以上有管辖权的人民法院起诉的，由最先立案的人民法院（Y地）管辖。

4. 诉讼时效

诉讼时效是指权利人在一定期间内不行使权利，即在某种程度上丧失请求利益的时效制度。诉讼时效期间届满后，权利人仍有起诉权，但如果义务人以超过诉讼时效为由，主张诉讼时效抗辩的，法院经过审查属实，且没有其他可以延长时效的正当理由的，就会驳回起诉。

法院不能主动适用诉讼时效驳回权利人的起诉，即法院只有在被告主张诉讼时效抗辩的情况下，才可以被动适用诉讼时效的规定。因为，是否主张诉讼时效，是当事人意思自治的范围。法院如果主动适用诉讼时效,驳回权利人的起诉,无异于鼓励和提醒义务人逃避债务,有违诚实信用的基本原则。

(1)诉讼时效期间。

第一,普通诉讼时效期间。普通诉讼时效期间是指具有普遍意义的诉讼时效期间。除法律另有规定以外,一般诉讼时效期间为3年。自权利人知道或者应当知道权利受到损害以及义务人之日起计算。

第二,最长诉讼时效期间。诉讼时效期间自权利人知道或者应当知道权利受到损害以及义务人之日起计算。法律另有规定的,依照其规定。但是,自权利受到损害之日起超过20年的,人民法院不予保护,有特殊情况的,人民法院可以根据权利人的申请决定延长。

【例1-6】张三与李四是好朋友。2016年2月1日,张三因生意周转急需用钱,向李四借款2万元,并向李四写了一张借条,借条上张三记载:"2018年2月1日连本带息还款人民币贰万贰仟元整。"到了2018年2月1日,张三无任何还款的意思,李四碍于情面也不好催要,心想有借条在手,也不怕你抵赖。直到2022年6月20日,李四确实急需用钱,只好找到张三,要求还钱。可张三蛮横无理:"要钱没有,要命有一条。"一气之下,李四于2022年6月30日向法院起诉,要求法院判令张三归还借款。张三在答辩状中辩称:诉讼时效期限已满,李四无权起诉。

问:李四有权向法院提起诉讼吗?如果李四有权起诉,法院会支持李四的诉讼请求吗?

【解析】李四有权向法院起诉,但是法院不会支持其诉讼请求。原因:张三、李四约定的还款期限是2018年2月1日,到期不还,李四的权利就受到了张三的侵犯。李四也知道权利自这天开始受到了侵犯,因为借条上明确约定了还款日期。李四自2018年2月1日起至2021年2月1日止的3年内,有权向人民法院起诉,要求张三归还所借款项。但李四在此3年的诉讼时效期间内一直未提起诉讼,而是拖到2022年6月30日才向法院起诉,此时已经超过了诉讼时效期间,虽然李四仍然有起诉权,可以向法院起诉,但张三在答辩状中主张诉讼时效抗辩,法院对李四的起诉进行审查后,会以已经超过了诉讼时效期间驳回其起诉,不会支持李四的诉讼请求。

(2)诉讼时效的中断。诉讼时效的中断是指在诉讼时效期间进行中,因发生一定的法定事由,致使已经经过的时效期间统归无效,待时效中断的事由消除后,诉讼时效期间重新起算。可以导致诉讼时效中断的法定事由主要有权利人向义务人提出履行请求、义务人同意履行义务、权利人提起诉讼或者申请仲裁、与提起诉讼或者申请仲裁具有同等效力的其他情形。

【例1-7】接【例1-6】如果李四于2021年1月20日向张三出示借条,要求张三还款。张三辩称:"目前手头确实紧,请再宽限一段时间。过段时间,一定亲自送上门。"但是事后还是一直未还。李四无奈,只得于2022年6月30日向法院起诉,要求法院判令张三归还所借款项。请问:法院会支持李四的诉讼请求吗?

【解析】法院会支持李四的诉讼请求。原因:本来诉讼时效期间是2018年2月1日起至2001年2月1日止的三年内,李四在此期间内向张三主张权利,要求还款。这样,

诉讼时效中断，从 2021 年 1 月 20 日开始重新计算。

从 2021 年 1 月 20 日至 2022 年 6 月 30 日，只经过了约 1 年半，未超过法律规定的 3 年诉讼时效，所以，法院应该接受李四的起诉，支持其诉讼请求。

（3）诉讼时效的中止。诉讼时效中止是指在诉讼时效期间的最后 6 个月内，因不可抗力或其他障碍致使权利人无法行使请求权时，暂停计算诉讼时效期间；中止时效的原因消除后，时效期间继续计算。

诉讼时效中止的事由包括：①不可抗力。②无民事行为能力人或者限制民事行为能力人没有法定代理人，或者法定代理人死亡、丧失民事行为能力、丧失代理权。③继承开始后未确定继承人或者遗产管理人。④权利人被义务人或者其他人控制。⑤其他导致权利人不能行使请求权的障碍。

自中止时效的原因消除之日起满 6 个月，诉讼时效期间届满。

诉讼时效的期间、计算方法以及中止、中断的事由由法律规定，当事人约定无效。比如，甲、乙在买卖合同中约定："买受人乙到期不支付货款，出卖人在任何时候都可以主张债权，不受诉讼时效的限制。"这种约定就是无效的。

5. 不适用诉讼时效的情形

下列请求权不适用诉讼时效的规定：①请求停止侵害、排除妨碍、消除危险。②不动产物权和登记的动产物权的权利人请求返还财产。③请求支付抚养费、赡养费或者扶养费。④依法不适用诉讼时效的其他请求权。

6. 判决与执行

当事人不服地方人民法院第一审判决的，有权在判决书送达之日起 15 日内向上一级人民法院提起上诉。当事人不服地方人民法院第一审裁定的，有权在裁定书送达之日起 10 日内向上一级人民法院提起上诉。逾期不提起上诉的，人民法院的第一审判决或者裁定发生法律效力。

第二审人民法院的判决、裁定是终审的判决、裁定。发生法律效力的判决、裁定，当事人应当执行；一方当事人拒不执行的，另一方当事人可申请人民法院强制执行。

仲裁与诉讼的优劣

第三节　法律责任

一、法律责任的概念

法律责任的含义有两种：一是指法律关系的主体所承担的法律规定的职责和义务，即积极的法律责任；二是指法律关系的主体因为违反法定的义务所应承担的不利的法律后果，即消极的法律责任。本书采用第二种解释。

二、法律责任的种类

法律责任分为民事责任、行政责任和刑事责任三类。

（一）民事责任

民事责任是民事主体不履行或不完全履行民事义务应当依法承担的不利后果。

承担民事责任的方式有 11 种，具体包括：①停止侵害。②排除妨碍。③消除危险。④返还财产。⑤恢复原状。⑥修理、重作、更换。⑦继续履行。⑧赔偿损失。⑨支付违约金。⑩消除影响、恢复名誉。⑪赔礼道歉。

各种承担民事责任的方式可以单独适用，也可以合并适用。

（二）行政责任

行政责任是指违反法律法规规定的单位和个人所应承受的由国家行政机关或国家授权单位对其依行政程序所给予的制裁。行政责任包括行政处罚和行政处分。

行政处罚是指行政主体对行政相对人违反行政法律规范尚未构成犯罪的行为所给予的制裁，分为限制人身自由罚（行政拘留）、行为罚（责令停产停业、降低资质等级、暂扣或吊销许可证件）、财产罚（罚款、没收违法所得、没收非法财物）和声誉罚（警告、通报批评）等。

行政处分是指对违反法律规定的国家机关公务人员或被授权、委托的执法人员所实施的内部制裁措施，包括警告、记过、记大过、降级、撤职、开除等。

注意：行政处罚和行政处分的区别为，行政处罚是行政机关对行政管理相对人的制裁，行政处分主要是行政机关对"内部工作人员"的制裁。

（三）刑事责任

刑事责任是指犯罪行为应承担的法律责任。刑事责任分为主刑和附加刑两类。

1. 主刑

主刑只能独立适用，不能附加适用。主刑分为以下五种：

（1）管制。管制不关押，限制一定的人身自由，是刑罚中最轻的一种。期限为 3 个月以上 2 年以下，数罪并罚最高不超过 3 年。

（2）拘役。拘役是一种短时间限制人身自由的刑罚。期限为 1 个月以上 6 个月以下。

（3）有期徒刑。有期徒刑是剥夺一定期限的人身自由的刑罚，有劳动能力的，都应参加劳动、接受教育和改造。期限为 6 个月以上 15 年以下。

（4）无期徒刑。无期徒刑是指剥夺终身自由，实行劳动改造，是对罪行较重的人终身监禁的刑罚。

（5）死刑。死刑是剥夺犯罪分子生命的刑罚。死刑的执行方式分立即执行和缓期二年执行两种。死刑的执行由最高人民法院核准。

2. 附加刑

附加刑是补充、辅助主刑适用的刑罚。附加刑可以独立适用，也可以附加主刑适

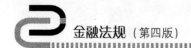

用。附加刑分为以下四种：

（1）罚金。罚金是指判决犯罪的人或者单位向国家缴纳一定数额的金钱。

（2）剥夺政治权利。剥夺政治权利是指剥夺犯罪分子参加国家管理和政治活动的权利。剥夺的政治权利包括：选举权和被选举权；言论、出版、集会、结社、游行、示威自由的权利；担任国家机关职务的权利；担任国有公司、企业、事业单位和人民团体领导职务的权利。

（3）没收财产。没收财产是指将犯罪分子个人所有的财产全部或者部分无偿收归国有的刑罚。

（4）驱逐出境。驱逐出境是指强制犯罪的外国人离开中国国境或边境，只适用于外国人。

3. 数罪并罚

一人犯数罪的，除判处死刑和无期徒刑的以外，应当在总和刑期以下、数刑中最高刑期以上，酌情决定执行的刑期，但是管制最高不能超过3年，拘役最高不能超过1年，有期徒刑总和刑期不满35年的，最高不能超过20年，总和刑期在35年以上的，最高不能超过25年。

数罪中有判处有期徒刑和拘役的，执行有期徒刑。数罪中有判处有期徒刑和管制，或者拘役和管制的，有期徒刑、拘役执行完毕后，管制仍须执行。

数罪中有判处附加刑的，附加刑仍须执行，其中附加刑种类相同的，合并执行，种类不同的，分别执行。

【本章参考法规】

1. 《中华人民共和国民法典》（2020年5月28日第十三届全国人民代表大会第三次会议通过）。

2. 《中华人民共和国行政复议法》（1999年4月29日第九届全国人民代表大会常务委员会第九次会议通过，2017年9月1日第十二届全国人民代表大会常委会第二十九次会议第二次修正）。

3. 《中国人民银行行政复议办法》（2000年12月31日中国人民银行第37次行务会议通过）。

4. 《中华人民共和国民事诉讼法》（1991年4月9日第七届全国人民代表大会第四次会议通过，2021年12月24日第十三届全国人民代表大会常务委员会第三十二次会议第四次修正）。

5. 《中华人民共和国仲裁法》（1994年8月31日第八届全国人民代表大会常务委员会第九次会议通过，2017年9月1日第十二届全国人民代表大会常务委员会第二十九次会议第二次修正）。

6. 《中华人民共和国行政诉讼法》（1989年4月4日第七届全国人民代表大会第二次会议通过，2017年6月27日第十二届全国人民代表大会常务委员会第二十八次会议第二次修正）。

7.《最高人民法院关于适用〈中华人民共和国仲裁法〉若干问题的解释》（2005 年 12 月 26 日最高人民法院审判委员会第 1375 次会议通过）。

【课后练习】

一、单项选择题

1. 下列关于法的本质与特征的表述中，不正确的是（　　）。

A. 法是由国家制定或认可的规范

B. 法是全社会成员共同意志的体现

C. 法由统治阶级的物质生活条件所决定

D. 法凭借国家强制力的保障获得普遍遵行的效力

2. 下列事实中，属于法律事件的是（　　）。

A. 纵火　　　　　B. 签订合同　　　　　C. 爆发战争　　　　　D. 签发支票

3. 下列公民中，视为完全民事行为能力人的是（　　）。

A. 赵某，9 周岁，系某小学学生

B. 王某，15 周岁，系某高级中学学生

C. 张某，13 周岁，系某初级中学学生

D. 李某，17 周岁，系某宾馆服务员，以自己劳动收入为主要生活来源

4. 根据《中华人民共和国仲裁法》的规定，下列各项纠纷中，可以申请仲裁的是（　　）。

A. 甲某与村民委员会签订的土地承包合同纠纷

B. 职工甲与企业乙间的劳动合同纠纷

C. 某公安局与某商场之间的服装买卖纠纷

D. 甲、乙两对夫妇间的收养合同纠纷

5. 甲、乙因房屋买卖纠纷欲提起诉讼。根据《中华人民共和国民事诉讼法》的规定，对该案件享有管辖权的法院是（　　）。

A. 甲住所地法院　　　　　　　　B. 乙住所地法院

C. 房屋所在地法院　　　　　　　D. 甲、乙协议的法院

6. 诉讼时效期满后，权利人将丧失的权利是（　　）。

A. 起诉权　　　　　B. 胜诉权　　　　　C. 实体权　　　　　D. 上诉权

7. 2018 年 1 月 1 日，王某与好友赵某签订了一份房屋租赁协议，约定王某租住赵某的一套住房，每年的 12 月 31 日支付当年的租金。2018 年 12 月 31 日是支付租金的日期，王某未付租金，也未说明原因。赵某因碍于情面，一开始也没有催讨。2021 年 11 月 20 日，赵某出差遭遇泥石流被困，无法行使请求权的时间为 10 天。赵某向王某主张权利的最后期限是（　　）。

A. 2021 年 1 月 1 日　　　　　　　B. 2022 年 1 月 1 日

C. 2021 年 12 月 31 日　　　　　　D. 2022 年 1 月 10 日

8. 下列各项中，属于刑事责任的是（　　）。

A. 罚款　　　　　　B. 罚金　　　　　　C. 赔偿损失　　　　D. 支付违约金

二、多项选择题

1. 下列各项中，可以作为法律关系主体的有（　　）。

A. 合伙企业　　　B. 国有企业　　　C. 自然人　　　D. 国家机关

2. 下列各项中，可以作为法律关系客体的有（　　）。

A. 阳光　　　　　B. 房屋　　　　　C. 经济决策行为　　　D. 荣誉称号

3. 下列各项中，属于法律行为的有（　　）。

A. 订立合同　　　B. 帮同学请假　　　C. 发生地震　　　D. 承兑汇票

4. 高中生王某现年 17 周岁，下列关于王某行为及承担后果的表述中，正确的有（　　）。

A. 王某故意伤害他人，情节严重，应承担刑事责任

B. 王某故意伤害他人，情节严重，不应承担刑事责任

C. 王某花 5000 元到商场购买手机，其父母有权要求商场退货

D. 王某花 5000 元到商场购买手机，其父母无权要求商场退货

5. 根据《中华人民共和国仲裁法》的规定，下列关于仲裁委员会的表述中，正确的有（　　）。

A. 仲裁委员会是行政机关

B. 仲裁委员会不按行政区划层层设立

C. 仲裁委员会独立于行政机关

D. 仲裁委员会之间没有隶属关系

6. 下列各项中，符合《中华人民共和国仲裁法》规定的有（　　）。

A. 仲裁实行自愿原则

B. 仲裁一律公开进行

C. 仲裁不实行级别管辖和地域管辖

D. 当事人不服仲裁裁决的可以向人民法院起诉

7. 下列关于民事诉讼与仲裁法律制度相关内容的表述中，正确的有（　　）。

A. 民事经济纠纷实行或裁或审制度

B. 民事诉讼与仲裁均实行回避制度

C. 民事诉讼实行两审终审制度，仲裁实行一裁终局制度

D. 民事诉讼实行公开审判制度，仲裁不公开进行

8. 根据民事法律制度的规定，在诉讼时效期间最后 6 个月内，造成权利人不能行使请求权的下列情形中，可以导致诉讼时效中止的有（　　）。

A. 继承开始后未确定继承人或者遗产管理人

B. 不可抗力

C. 限制民事行为能力人的法定代理人丧失民事行为能力

D. 无民事行为能力人没有法定代理人

9. 甲行政机关财务负责人刘某因犯罪被人民法院判处有期徒刑，并处罚金和没收财产，后被甲行政机关开除。刘某承担的下列法律责任中，属于刑事责任的有（　　）。

A. 没收财产　　　B. 罚金　　　C. 有期徒刑　　　D. 开除

三、判断题

1. 任何法律关系都由主体、客体和内容三个要素构成，缺少其中任何一个要素，都不构成法律关系。（　　）

2. 公民有权利能力，一定有行为能力。（　　）

3. 自然人能够参加法律关系，成为法律关系的主体，是因为其具有行为能力。（　　）

4. 法律事实是法律关系发生、变更和消灭的前提条件。（　　）

5. 只有合法行为才能引起法律关系的发生、变更和消灭。（　　）

6. 仲裁协议对仲裁事项没有约定或约定不明确的，当事人可以补充协议；达不成补充协议的，仲裁协议无效。（　　）

7. 有效的仲裁协议可排除法院的管辖权。（　　）

8. 为有利于经济纠纷的解决，发生纠纷，当事人申请仲裁时，应当向纠纷发生地仲裁机构申请仲裁。（　　）

9. 甲公司与乙公司签订一份货物运输合同，并在合同中约定合同履行过程中发生的争议提交丙仲裁委员会仲裁。后甲公司单方面解除合同，则乙不能向丙仲裁委员会申请仲裁。（　　）

10. 仲裁裁决作出后，一方当事人不履行仲裁裁决的，对方当事人可以申请作出裁决的仲裁机构强制执行。（　　）

11. 当事人可以约定诉讼时效的期间、计算方法以及中止、中断。（　　）

12. 当事人对仲裁协议的效力有异议，应当在仲裁庭作出裁决之前提出。（　　）

四、案例题

【材料1】王伟刚年满10周岁，春节收了5000元压岁钱。一天，他趁父母不在家，拿压岁钱去手机店买了一部4990元的手机，想玩游戏用。又用余下的10元钱去文具店买了一个文具盒。王伟的父亲王军回家后，发现了此事，就领着王伟，带着手机和文具盒去找手机店和文具店要求退货。

在手机店，王军认为，王伟刚年满10周岁，属于无民事权利能力人，无权购买手机这种贵重商品，要求退货。店主认为，手机无质量问题，而且又没有因为王伟是小孩就欺骗他，卖给他高价，拒绝退货。

在文具店，王军要求店主退货，店主拒绝退货，只答应换货。

回答下列问题：

1. 王军要求手机店主退手机是否合法？其理由是否正确？

2. 文具店主拒绝退货是否合法？

【材料2】武汉市洪山区某农产品贸易公司甲公司2017年发生下列事项：

（1）2月10日，与孝感市云梦县农户乙签订黄桃买卖合同，约定6月30日农户乙向甲提供黄桃10吨，价款为2万元。约定违约金5000元。合同履行地为乙所在地。甲向乙预付款项1万元。合同中还约定："合同履行过程中发生的纠纷，提交仲裁机构仲裁。"6月30日，甲公司去农户乙处提货时，被告知黄桃已卖给了出价更高的购买方。甲公司当即要求农户乙退还预付款，并支付违约金，被乙拒绝。

（2）8月10日，甲公司向武汉市仲裁委员会申请仲裁，武汉市仲裁委员会查明双方未约定仲裁机构，纠纷发生后双方仍未达成补充协议，武汉市仲裁委员会决定不予受理。

（3）10月20日，甲公司再次催促农户乙，如果再不退还预付款，并支付违约金，将向法院起诉。

（4）10月25日，甲公司向法院提起诉讼。法院经过审理，12月10日，判决农户乙归还预付款，并支付违约金5000元。

（5）11月20日，甲公司因销售变质水果，被武汉市洪山区工商机关罚款8000元，甲公司不服。

根据以上事项，回答下列问题：

1. 根据事项（2），仲裁委员会不予受理的理由是（　　）。

A. 请求仲裁的事项不属于仲裁的受理范围

B. 双方不应该在合同中约定仲裁条款，应该订立独立的仲裁合同

C. 甲公司未按法律规定选择有管辖权的仲裁机构

D. 甲公司和农户乙未在仲裁协议中明确约定确定的仲裁机构，事后也没有达成补充协议，导致仲裁协议无效

2. 根据事项（3），如果甲公司提起诉讼，应在哪个时间期限内起诉？（　　）

A. 2月10日开始的3年内　　　　　B. 6月30日开始的3年内

C. 8月10日开始的3年内　　　　　D. 10月20日开始的3年内

3. 根据事项（3），甲公司应该向哪个法院起诉？（　　）

A. 武汉市中级人民法院　　　　　B. 洪山区基层人民法院

C. 孝感市中级人民法院　　　　　D. 云梦县基层人民法院

4. 根据事项（4），下列表述正确的是（　　）。

A. 12月10日，法院的判决发生法律效力

B. 如果农户乙对判决不服，应该在12月20日前上诉

C. 如果农户乙上诉，应该向孝感市中级人民法院上诉

D. 如果农户乙提起上诉，且二审判决维持原判的，农户乙还可以向湖北省高级人民法院上诉

第二章　银行法律制度

【学习目标】

掌握中国人民银行的职责、组织机构、业务；理解人民币的发行与保护的相关规定；了解中国人民银行的金融监督管理的相关规定。

掌握商业银行的设立条件、业务规则及业务范围；理解银行保险监督管理机构的监管职责、监管措施；了解商业银行的组织机构、接管和终止。

【本章知识结构】

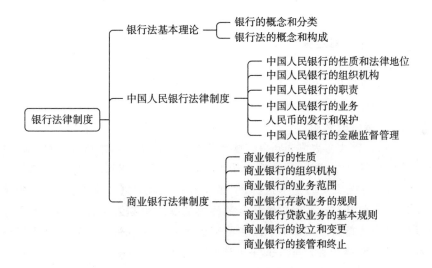

【案例导入】

2007年6月，A银行向B银行拆入资金8000万元，恰逢此时国内股票市场和房地产市场行情看涨，A银行为了获得更好的收益，决定将拆入资金中的3000万元投资于股票市场，又将另外5000万元借贷给了某房地产公司用于房地产开发。直到2008年12月底，A银行才向B银行归还该笔拆入资金。

回答下列问题：

(1)《中华人民共和国商业银行法》对拆借资金的用途有哪些特别规定？

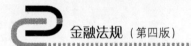

（2）A 银行能否将拆入资金投资于股市和房地产开发？为什么？

（3）A 银行向 B 银行归还该笔拆入资金的期限是否合法？为什么？

资料来源：全国高等教育自学考试金融法规试题。

【解析】（1）我国对银行的同业拆借有严格限制，只可以作为调节头寸的手段，不可以作为贷款的资金来源。《中华人民共和国商业银行法》第 46 条规定，拆出资金限于交足存款准备金、留足备付金和归还中国人民银行到期贷款之后的闲置资金。拆入资金用于弥补票据结算、联行汇差头寸的不足和解决临时性周转资金的需要。禁止利用拆入资金发放固定资产贷款或者用于投资。

（2）A 银行不能将拆入资金投资于股市和房地产开发。因为《中华人民共和国商业银行法》第 46 条禁止利用拆入资金发放固定资产贷款或者用于投资。

（3）同业拆借是一种短期资金融通。银行业金融机构拆入资金的最长期限为 1 年。A 银行向 B 银行归还该笔拆入资金的期限已经超过了一年，违反了上述规定。

第一节　银行法基本理论

一、银行的概念和分类

银行是指依法成立的经营货币信贷业务的金融机构。我国的银行主要分为中央银行、商业银行和政策性银行三类。

【知识拓展】银行的来源

"银行"一词，源于意大利 Banca，原意是长凳、椅子，是市场上货币兑换商的营业用具。英语转化为 Bank，意为存钱的柜子。在我国，之所以有"银行"之称，是因为在历史上，白银一直是主要的货币材料，"银"往往代表的就是货币，"行"则是对大商业机构的称谓。在我国，把办理与银钱有关的大金融机构称为银行，最早见于太平天国洪仁玕所著的《资政新篇》。1694 年，在英国成立的世界上第一家股份制银行——英格兰银行，标志着西方资本主义商业银行的产生。

1. 中央银行

中央银行是指在一国的金融体系中居于核心地位，负责制定和执行国家货币政策，提供公共金融服务，维护国家金融稳定，依法实施金融监管的特殊金融机构。中央银行在不同国家称谓可能不同，比如美国的中央银行是"联邦储备银行"、英国的中央银行是"苏格兰银行"、加拿大的中央银行是"加拿大银行"、奥地利的中央银行是"奥地利国家银行"、我国的中央银行是"中国人民银行"。

我国最早的中央银行，是 1905 年清政府模仿西方中央银行设立的户部银行，1908 年改称大清银行。中华人民共和国的中央银行——中国人民银行成立于 1948 年 12 月 1 日。

2. 商业银行

商业银行是以营利为目的，以多种金融负债筹集资金，以多种金融资产为经营对象，以经营工商业的存、贷款为主要业务，具有信用创造功能的金融机构。传统的商业银行的业务主要集中在经营存款和贷款（放款）业务，即以较低的利率吸收存款，以较高的利率放出贷款，存贷款之间的利差是商业银行的主要利润来源。

我国的商业银行主要包括中国工商银行、中国农业银行、中国银行、中国建设银行四大国有银行，招商银行、浦发银行、中信银行、光大银行等十多家中小商业银行，由城市信用合作社和农村信用合作社改制而来的城市商业银行和农村商业银行，以及邮政储蓄银行和村镇银行。

【知识拓展】信用社是不是银行？

我国现有两类信用合作社，即农村信用合作社和城市信用合作社。信用社有以下特点：

（1）信用社是由个人集资联合组成，以互助为主要宗旨的合作金融组织，其在民主选举基础上由社员指定人员管理经营，并对社员负责。

（2）信用社的主要资金来源是合作社成员缴纳的股金、留存的公积金和吸收的存款；贷款主要用于解决其成员的资金需求，主要发放短期生产生活贷款和消费贷款。

（3）信用社的业务对象是合作社成员，办理业务的手续简便灵活。

信用社虽然办理普通的存贷款业务，是具有银行性质的金融机构，但不是严格意义上的银行，因为它们在组织方式、资本金规模和充足率、结算方式和创新力度方面都远远达不到现代商业银行的标准。信用社属于非银行金融机构。

3. 政策性银行

政策性银行是指由政府发起、出资成立，为贯彻和配合政府特定经济政策进行融资的金融机构。

政策性银行不以营利为目的，专门为贯彻、配合政府社会经济政策或意图，在特定的业务领域内，直接或间接地从事政策性融资活动，充当政府发展经济、促进社会进步、进行宏观经济管理的工具。

我国现有的政策性银行包括国家开发银行、中国进出口银行、中国农业发展银行，均直属国务院领导。

二、银行法的概念和构成

银行法是调整银行的组织结构、业务经营活动以及国家在对银行的监督管理过程中发生的各种社会关系的法律规范的总称。

我国的银行法包括以下五个层次：

（1）全国人民代表大会及其常务委员会制定的有关银行业的法律，如《中华人民共和国中国人民银行法》《中华人民共和国商业银行法》《中华人民共和国银行业监督管理

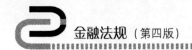

法》等。本书将重点介绍前两部法律的有关规定。

（2）国务院制定或批准的有关银行的行政法规，如《中华人民共和国人民币管理条例》《中华人民共和国金银管理条例》等。

（3）国务院部委主要是中国人民银行制定的有关银行业的行政规章，如《中华人民共和国金银管理条例实施细则》。

（4）最高人民法院、最高人民检察院关于办理金融犯罪案件如何正确适用法律的有关司法解释、通知、批复等，如《最高人民法院关于审理伪造货币等案件具体应用法律若干问题的解释》《最高人民检察院关于拾得他人信用卡并在自动柜员机（ATM）上使用的行为如何定性问题的批复》。

（5）省、自治区、直辖市人民代表大会及其常务委员会制定的有关银行业的地方性法规。

银行法有广义和狭义之分，上述五个层次共同构成广义的银行法，其中第一个层次属于狭义的银行法。

第二节　中国人民银行法律制度

一、中国人民银行的性质和法律地位

《中华人民共和国中国人民银行法》第二条规定："中国人民银行是中华人民共和国的中央银行。中国人民银行在国务院领导下，制定和执行货币政策，防范和化解金融风险，维护金融稳定。"

中国人民银行作为我国的中央银行，是国家金融体系中的核心，是负责制定和执行国家的货币政策，维护金融稳定的国家金融机构。中央银行区别于其他银行的特性表现在：它是发行的银行、银行的银行、国家的银行。

所谓"发行的银行"，是指中央银行垄断国家货币的发行权，统一控制管理全国的货币发行，并享有货币发行的垄断权。

所谓"银行的银行"，是指中央银行一般不与工商企业直接发生信贷关系，它吸收商业银行的存款准备金，并对它们提供贷款，是"最后的贷款者"。中央银行的交易对象一般是银行、其他金融机构和政府机构，不对企业和个人办理具体的信贷和结算等业务。中央银行根据《中华人民共和国中国人民银行法》的规定，可以要求商业银行等金融机构将其存款按一定比例存入中央银行的准备金账户，以加强整个银行系统的后备力量，保证存款人兑取。

所谓"国家的银行"，是指中央银行代表国家制定和执行国家金融政策，代表国家从事国际金融活动，与外国银行进行交易，控制货币流通和信用活动，代理国库，代表国家发行债券，掌握国家的黄金和外汇储备，并对国家提供贷款。

【知识拓展】中国人民银行的沿革

中国人民银行的历史可以追溯到第二次国内革命战争时期。

1931年11月7日，在江西瑞金召开的"中华苏维埃第一次全国代表大会"，通过决议成立"中华苏维埃共和国国家银行"并发行货币。

从土地革命到抗日战争时期一直到中华人民共和国成立前夕，人民政权被分割成彼此不相连接的区域。各根据地建立了相对独立、分散管理的根据地银行，并各自发行在本根据地内流通的货币。

1948年12月1日，以华北银行为基础，合并北海银行、西北农民银行，在河北省石家庄市组建了中国人民银行，并发行人民币，成为中华人民共和国成立后的中央银行和法定本位货币。

从中华人民共和国成立到改革开放前，我国一直实行集中统一的金融体制，中国人民银行作为国家金融管理和货币发行的机构，既是管理金融的国家机关，又是全面经营金融业务的银行。

1979年1月，为了加强对农村经济的扶植，恢复了中国农业银行。同年3月，为适应对外开放和国际金融业务发展的新形势，改革了中国银行的体制，中国银行成为国家指定的外汇专业银行；恢复国内保险业务，重新建立了中国人民保险公司；各地相继组建了信托投资公司和城市信用合作社，出现了金融机构多元化和金融业务多样化的局面。

1983年9月17日，国务院作出决定，由中国人民银行专门行使国家中央银行职能。

1984年1月1日，成立中国工商银行，中国人民银行过去承担的工商信贷和储蓄业务由中国工商银行专业经营；中国人民银行分支行的业务实行垂直领导；设立了中国人民银行理事会，作为协调决策机构；建立存款准备金制度和中央银行对专业银行的贷款制度，初步确定了中央银行制度的基本框架。

1995年3月18日，第八届全国人民代表大会第三次会议通过了《中华人民共和国中国人民银行法》，至此，中国人民银行作为中央银行以法律形式被确定下来。

资料来源：http://zhuanlan.zhihu.com/p/363715047? ivk_sa=1024320u。

二、中国人民银行的组织机构

1. 行长

中国人民银行设行长1人，副行长若干人。中国人民银行行长是中国人民银行的最高行政领导人，是中国人民银行的法定代表人，同时又是国务院组成人员。

中国人民银行实行行长负责制，由行长全权领导中国人民银行的工作，享有对内管理和执行中国人民银行内部事务、对外代表中国人民银行的权力。副行长协助行长工作。

2. 货币政策委员会

中国人民银行设立货币政策委员会，货币政策委员会是货币政策的咨询议事机构。货币政策委员会由国务院主管财经的综合职能部委组成。货币政策委员会设主席 1 人，副主席 1 人。主席由中国人民银行行长担任，副主席由主席指定。

货币政策委员会的基本职责是，在综合分析国家宏观经济形势的基础上，依据国家的宏观经济调控目标，讨论货币政策事项，并提出建议。

货币政策委员会实行季度例会制度。

3. 分支机构

中国人民银行的分支机构是中国人民银行的派出机构，中国人民银行对分支机构实行统一领导和管理。分支机构根据中国人民银行的授权，维护本辖区的金融稳定，承办有关业务。分支机构不按行政区划设置，不受地方政府的管辖。中国人民银行现有 9 家分行、25 家中心支行和 2 家营业部。

4. 内设部门与直属机构

中国人民银行设置有条法司、货币政策司等 25 个部门，以及采购中心、反洗钱中心、征信中心等 16 个直属机构。

5. 上海总部

中国人民银行上海总部成立于 2005 年 8 月，作为总行的有机组成部分，在总行的领导和授权下开展工作，主要承担部分中央银行业务的具体操作职责，同时履行一定的管理职能。

【例 2-1】下列关于中国人民银行的表述正确的是（   ）。

A. 中国人民银行行长是中国人民银行的最高行政领导人，是中国人民银行的法定代表人

B. 中国人民银行货币政策委员会是中国人民银行的决策机构

C. 中国人民银行货币政策委员会成员由中国人民银行行长和中国人民银行各部门成员组成

D. 中国人民银行分支机构按行政区划设置，接受中国人民银行和同级地方人民政府的管辖

【答案】A

【解析】①货币政策委员会是货币政策的咨询议事机构，故选项 B 错误；②货币政策委员会由国务院主管财经的综合职能部委组成，并不都是中国人民银行的组成人员，故选项 C 错误；③中国人民银行的分支机构不按行政区划设置，不受地方政府的管辖，故选项 D 错误。

三、中国人民银行的职责

中国人民银行具体履行以下职责：

1. 发布与履行其职责有关的命令和规章

中国人民银行宏观调控职能的履行和货币政策的实施，必须有健全的法制作为前提和保障。中国人民银行作为国务院的职能部门，有权根据法律、行政法规在本部门的权限范围内制定和发布规章和命令。

2. 依法制定和执行货币政策

货币政策是中央银行调节货币供求以实现宏观经济调控目标的方针和政策的总称，是国家宏观经济政策的重要组成部分。制定和实施货币政策是各国中央银行的主要职责。中国人民银行在国务院领导下，制定和实施货币政策；就年度货币供应量、利率、汇率和国务院规定的其他重要事项作出决定，报国务院批准后执行，并就其他有关货币政策事项作出决定后，即予执行，并报国务院备案；中国人民银行应当向全国人民代表大会常务委员会提出有关货币政策情况和金融业运行情况的工作报告。

3. 发行人民币，管理人民币流通

中国人民银行作为我国的中央银行，发行与管理人民币是其法定职责。中国人民银行有权发行人民币，是国家唯一的货币发行机构，除中国人民银行以外的任何单位、个人或者其他组织不得发行人民币。中国人民银行不仅负责人民币的发行，还负责管理人民币的流通。

4. 监督管理银行间同业拆借市场和银行间债券市场

银行同业拆借市场是银行业同业之间融通短期资金的交易市场，主要解决市场参与者短期资金流动性的需要。银行间债券市场是指依托于全国银行间同业拆借中心和中央国债登记结算公司，包括商业银行、农村信用合作社、保险公司、证券公司等金融机构进行债券买卖和回购的市场，主要交易政府债券、中央银行债券和金融债券等。由于银行间同业拆借市场和银行间债券市场隐含着较大的系统风险，银行间债券市场还是中国人民银行公开市场操作的主要平台，因此中国人民银行应该对其进行监督和管理。

5. 实施外汇管理，监督管理银行间外汇市场

外汇存储、外汇的汇出汇入、购入外汇、人民币与外汇的兑换以及银行间的外汇买卖等，均由中国人民银行管理。

6. 监督管理黄金市场

黄金市场是指黄金买卖和兑换的交易市场。我国对金银实行统一管理、统购统配的政策。黄金管理的主管机关是中国人民银行。中国人民银行不仅负责国家的黄金储备，还负责收购与配售；会同国家物价主管机关制定和管理黄金的收购与配售价格；会同国家有关主管机关审批经营金银制品等。根据有关规定，市场监督管理部门、海关等单位在金银管理中有相应的职责，但黄金市场主要是并且一直是由中国人民银行监督管理的。

7. 持有、管理、经营国家外汇储备、黄金储备

外汇储备是指一国政府所持有的国际储备资产中的外汇部分，它是国际收支最后结算手段的可兑换货币，其主要作用是：平衡国际收支逆差和干预外汇市场，以维护本国货币的汇率。外汇储备一般包括国际上广泛使用的可兑换货币。黄金储备是指一国政府

为了应付国际支付和维护货币信用而储备的金块、金币总额。虽然黄金的作用目前已削弱，但仍然是主要的国际储备资产和国际结算的最后手段。一国黄金储备的多少关系到它的国际支付能力和本国货币的国际信用。因此，外汇、黄金始终是稳定纸币的重要储备。为了集中储备、调节资金、改善结构、稳定金融市场的币值，各国银行法一般明确规定中央银行负责掌管外汇储备和黄金储备，在必要时可以开展外汇、黄金的买卖业务。

8. 经理国库

中央银行作为政府的银行，一般被授权经理国库，即财政的收支由中央银行代理完成。同时，那些依靠国家财政拨款的行政事业单位，必须将有关款项交由中央银行保存，中央银行对此一般不支付利息。金库存款、行政事业存款构成了中央银行资金的主要来源。

9. 维护支付、清算系统的正常运行

商业银行或者其他金融机构之间进行的资金往来，必须通过中央银行或者商业银行联办的票据交换所进行结算，其差额一般通过中央银行在各商业银行账户上转账实现。因此，中国人民银行有维护支付、清算系统正常运行的职责。

10. 指导、部署金融业反洗钱工作，负责反洗钱的资金监测

金融体制改革后，原由公安机关组织、协调国家反洗钱工作的职责，转由中国人民银行负责。中国人民银行应当组织、协调国家反洗钱工作，加强金融业反洗钱制度建设及业务指导，提高对大额资金异常流动的监测水平。中国人民银行设立反洗钱局，承办组织协调国家反洗钱工作；研究和拟订金融机构反洗钱规划和政策；承办反洗钱的国际合作与交流工作；汇总和跟踪分析各部门提供的人民币、外币等可疑支付交易信息，涉嫌犯罪的，移交司法部门处理，并协助司法部门调查涉嫌洗钱犯罪案件。

11. 负责金融业的统计、调查、分析和预测

中央银行的地位和职能决定了它有能力对商业银行以及其他金融机构的业务活动进行系统的分析研究，对经济、金融形势作出预测，以影响整个社会资金的营运，在比例关系和经济效益等方面服从国家宏观经济的要求；同时，代表政府对商业银行以及其他金融机构实行行政管理，控制全国的金融活动，促进货币流通正常化，保障宏观决策的顺利实现。

12. 作为国家的中央银行，从事有关的国际金融活动

中国人民银行作为我国的中央银行，从事的国际金融活动主要有代理政府参加国际金融机构、签订国际金融协定以及从事国际金融活动、与外国中央银行进行交易等。

13. 国务院规定的其他职责

四、中国人民银行的业务

（一）中国人民银行业务活动的原则

中央银行开展业务是为履行其中央银行职能而开展的，因而中国人民银行与商业银行在经营方针、经营原则和管理方法等方面存在很大的不同。其业务活动主要特点表现

在：不以营利为目的、不经营普通银行业务、业务活动是代表国家的、资产具有高度流动性、定期公布业务状况。

（二）中国人民银行的主要业务

中国人民银行的业务主要有三类：①负债业务。包括发行货币、吸收存款、其他负债和资本项目。②资产业务。包括再贴现及放款，买卖政府债券和金融债券，买卖黄金、外汇，以及其他资产业务。③清算业务。清算业务是指为商业银行等金融机构提供跨行支付服务。

中国人民银行的主要业务具体包括：

1. 要求银行业金融机构按照规定的比例交存存款准备金

所谓存款准备金，是指具有存款业务的金融机构为应付存款人提款而保留的库存现金和按规定存入中央银行的存款。实行存款准备金制度，主要目的在于保护存款人的资金安全以及金融机构本身的安全，有利于中央银行调节信用规模和控制货币供应量。《中华人民共和国中国人民银行法》规定，中国人民银行为执行货币政策，可以要求银行业金融机构按照规定的比例交存存款准备金。中国人民银行规定的这个比例叫存款准备金率。中央银行通过提高或者降低存款准备金率，实现扩张或者收缩信用规模。

2. 确定中央银行基准利率

基准利率是中国人民银行公布的商业银行存款、贷款、贴现等业务的指导性利率，各金融机构的存款利率和贷款利率可以在基准利率的基础上上下浮动一定的比率。基准利率是金融市场上具有普遍参照作用的利率，其他利率水平或金融资产价格均可根据这一基准利率水平来确定。基准利率是利率市场化的重要前提之一，在利率市场化条件下，融资者衡量融资成本，投资者计算投资收益，客观上都要求有一个普遍公认的利率水平作参考。基准利率是利率市场化机制形成的核心。

3. 为在中国人民银行开立账户的银行业金融机构办理再贴现

中国人民银行可以根据需要为金融机构开立账户，为已开立账户的金融机构办理再贴现。再贴现是指商业银行或其他金融机构将其所持有的未到期票据向中央银行所做的票据转让，即商业银行向中央银行卖出未到期票据，中央银行买进商业银行持有的未到期票据。

再贴现之所以成为货币政策工具，是因为中央银行通过制定或者调整再贴现率，可以干预和影响市场利率及货币市场的供给和需求，以调整货币供应量，实现对宏观经济的调控作用。

4. 向商业银行提供贷款

中央银行不办理普通银行贷款业务，其贷款对象必须是银行业金融机构。

向商业银行提供贷款是中央银行的一种重要货币政策工具，对于中央银行调节市场货币供应量和信用规模，实现货币政策目标具有重要作用。中央银行对商业银行提供贷款，意味着中央银行注入市场的基础货币增加；反之，中央银行收回对商业银行的贷款，就意味着基础货币的减少。

5. 在公开市场上买卖国债、其他政府债券及外汇

《中华人民共和国中国人民银行法》规定，中国人民银行可以在公开市场上买卖国债、其他政府债券及外汇，可以代理国务院财政部门向各金融机构组织发行、兑付国债和其他政府债券。

为了防止国家财政出现赤字时向中国人民银行透支，增加过多的货币供应量，中国人民银行不得直接认购、包销国债和其他政府债券。

6. 经理国库

国库就是国家金库，是负责办理国家预算资金的收入和支出的出纳机关。在我国，财政部门代表国家管理预算资金，中国人民银行负责经理国库。国库的设置和预算的级次相匹配，一级财政一级国库。

中央银行经理国库，管理政府存款。财政部门是国库管理者，在中央银行开设账户。当财政部门征缴税款、国有企业的利润以及收进国有股份的股息和发行政府债券时，其收入款项都记在财政部门的存款账户上，以支票的方式，从有关的存款机构的账户转入中央银行的账户。当财政部门拨付政府各项经费和资金给指定部门时，就直接从财政部门存款账户划拨到有关单位存款账户。

7. 代理财政部向各金融机构发行、组织兑付政府债券

政府债券的发行是指政府向政府债券的投资者转移债券的过程。在我国，政府债券的发行，都是由政府委托中国人民银行代理发行，发行对象仅限于金融机构。

政府债券的兑付是指政府债券发行后，经过规定的期限后，发行者收回债券并偿还本金，按券面规定的利率支付利息。

8. 提供清算服务

所谓清算，是指为避免现款支付的麻烦而以转账方式了结债权债务关系的法律程序。银行之间的债权债务关系需要通过某个中枢机构办理转账结算，这个中枢机构一般由中央银行兼任。

中央银行建立清算系统，有利于保障金融业健康有序发展，避免商业银行大量占有汇差资金，减少在途资金，分清汇兑资金和信贷资金，保证正常支付秩序；有利于加速资金周转，提高资金效益，促进经济健康发展；有利于中国人民银行清晰地掌握全社会的金融状况和资金运用趋势，从而有效地进行宏观金融管理和监督。

（三）中国人民银行业务的禁止性规定

1. 不得对银行业金融机构账户透支

银行业金融机构是中国人民银行的存款客户，中国人民银行与银行业金融机构之间主要通过账户进行业务往来，但中国人民银行不得对银行业金融机构账户透支。如果允许在中国人民银行开户的银行业金融机构向中国人民银行透支，就会导致银行业金融机构不断扩大信贷规模，造成信用膨胀，使存款准备金率、再贴现率等货币政策工具失去国家宏观调节作用，进而加剧金融市场的混乱，甚至导致金融危机。

2. 贷款的期限不得超过一年

向商业银行提供贷款作为一种中央银行的货币政策工具，对于调节市场货币供应量

和信用规模、实现货币政策目标具有重要作用。中央银行对商业银行提供贷款，意味着中央银行注入市场的基础货币增加；反之，中央银行收回对商业银行的贷款，就意味着基础货币的减少。中央银行对商业银行的贷款是一种调控货币市场、执行国家货币政策的重要工具，直接影响金融市场的稳定和发展，因此对中央银行向商业银行的贷款必须实行严格的限制，中国人民银行对商业银行的贷款应当以短期贷款为主，贷款期限最长不得超过一年。

3. 不得对政府财政透支

中央银行和政府财政的收支都是货币收支，都属于社会货币流通的组成部分。只有中央银行的货币政策和政府的财政政策互相协调、互相配合，才能维护国家货币收支的平衡、保持人民币币值的稳定。规定中国人民银行不得对政府财政透支，就是为了防止政府财政以透支方式弥补财政赤字，导致货币贬值和通货膨胀，妨碍经济的健康稳定发展。这就要求国家财政尽量保持收支平衡，如收支难以平衡，可以通过发行债券的方式来解决困难，不得向银行透支。

4. 不得直接认购、包销国债和其他政府债券

中国人民银行直接认购、包销国债和其他政府债券，等于政府财政以国债和其他政府债券作为抵押向中国人民银行借款。而这部分借款是没有物质保证的，必然导致通货膨胀的发生。因此，禁止中国人民银行直接认购、包销国债和其他政府债券。

中国人民银行不得直接认购、包销国债和其他政府债券，并不意味着中国人民银行不能从事任何与国债和其他政府债券有关的业务，中国人民银行根据执行国家货币政策的需要，可以在公开市场上买卖国债、其他政府债券和金融债券及外汇。

5. 不得向地方政府、各级政府部门和非银行金融机构提供贷款，不得向任何单位和个人提供担保

中国人民银行非法提供贷款的危害性很大，一方面，有悖于中国人民银行作为中央银行的职能。当中央银行紧缩银根的货币政策与扩大生产、追求生产增长速度发生冲突时，地方政府、各级政府部门和中央银行的矛盾加剧，甚至强令中央银行提供贷款，这会造成中央银行对货币信贷供应失控的被动局面。另一方面，此类贷款和担保往往给国家带来巨大的财产损失。因为这类贷款往往很难收回，直接给国家造成损失。

中国人民银行向单位或个人提供担保也具有很大的危害性。中国人民银行作为国家行政机构是不具有代偿债务能力的。中国人民银行非法提供贷款和担保不能保证其中央银行职能的发挥，还会导致国家财产的损失，妨碍正常的金融管理秩序。

五、人民币的发行和保护

（一）人民币的法定地位

《中华人民共和国中国人民银行法》规定："中华人民共和国的法定货币是人民币。以人民币支付中华人民共和国境内的一切公共的和私人的债务，任何单位和个人不得拒收。"

人民币是我国的法定货币，我国境内的一切公共费用的支出，包括各类行政经费、国债、国家赔偿费用等，都必须使用人民币；各种经济合同的债务履行、劳务报酬以及其他原因形成的债权债务也必须以人民币计价结算。当以人民币进行实际支付时，任何单位和个人不得以任何理由拒绝接受人民币。

（二）人民币的发行

1. 人民币的发行部门

人民币由中国人民银行统一印制、发行，其他任何部门、个人、地区都无权印制、发行人民币。由中央银行行使本国货币发行权是世界各国的通行做法。由中国人民银行集中统一负责人民币的印制和发行，对于稳定货币币值、发展国民经济、适应货币流通规律是十分必要的。

中国人民银行行使货币发行权的具体职责有负责人民币票券的设计、印刷及人民币的储备，编制货币、信贷、外汇信贷和社会信用计划，确定货币供给增长率指标等。

2. 人民币的发行原则

（1）集中统一发行。只有集中统一发行，才能保证币值稳定，促进国民经济健康可持续发展。

（2）有计划地印制、发行。要从国民经济发展的需要出发，有计划地印制、发行人民币。

（3）信贷发行。货币的发行主要有两种途径：一种是财政发行，即用发行货币的办法来弥补财政赤字。这种办法容易造成货币过度发行，从而导致通货膨胀。另一种是信贷发行，即根据国民经济发展的需要，有计划地通过信贷收支活动来发行货币。信贷发行适应国民经济发展的需要，所以我国人民币的印制、发行主要采用这种办法。

（三）人民币的保护

《中华人民共和国中国人民银行法》和其他相关法律法规对人民币的流通和保护作了一系列的规定。

1. 禁止非法买卖人民币

禁止非法买卖流通人民币。纪念币的买卖应当遵守中国人民银行的有关规定。装帧流通人民币和经营流通人民币，应当经中国人民银行批准。

2. 禁止损害人民币

禁止下列损害人民币的行为：①故意毁损人民币。②制作、仿制、买卖人民币图样。③未经中国人民银行批准，在宣传品、出版物或者其他商品上使用人民币图样。④中国人民银行规定的其他损害人民币的行为。

3. 禁止使用人民币代币券

任何单位和个人不得印制、发售代币票券，以代替人民币在市场上流通。

发放、使用各种代币购物券，对整个经济生活危害很大。一是扰乱金融秩序。各种代币购物券在市场上流通，实际上是一种变相货币，直接影响人民币的信誉。二是给税收和财务管理带来混乱。发代币购物券，违反发票管理的有关规定，逃避税款的征收；有的单位将购买代币购物券款项直接摊入成本或费用，违反了财务管理制度，扩大了消费基金支出。三是有的单位通过送代币购物券拉关系，助长了不正之风。为了维护正常的金融秩序，必须采取有力措施，坚决制止任何单位印制、发售、购买和使用各种代币购物券。

4. 禁止超限额携带人民币出入境

中国公民出入境、外国人入出境携带人民币实行限额管理制度，具体限额由中国人民银行规定。

5. 禁止伪造、变造人民币

禁止伪造、变造人民币。禁止出售、购买伪造、变造的人民币。禁止走私、运输、持有、使用伪造、变造的人民币。

伪造人民币是指模仿真的货币形象，非法印刷、影印、描画、加工制作人民币的行为。用伪造的货币冒充国家统一发行的法定货币，以假乱真，投入市场流通，是一种扰乱金融市场秩序、破坏国家经济建设、损害人民群众利益的非法行为。

变造人民币是指采用揭张（将纸币正、背面揭开）、剪割拼凑、涂改面额等手段制作货币的行为。变造货币的目的，在于以一张变为两张或经过分割拼凑、涂改币面，以少变多，从中牟取非法利益。

出售伪造、变造的人民币是指以营利为目的，以各种方式、途径出售伪造、变造人民币的行为。购买伪造、变造的人民币是指行为人以一定的价格用货币换回伪造、变造人民币的行为。

运输伪造、变造的人民币是指行为人明知是伪造、变造的人民币，而使用工具运输或将伪造、变造的人民币从一地携带到另一地的行为。

6. 对伪造变造人民币的处理

单位和个人持有伪造、变造的人民币的，应当及时上交中国人民银行、公安机关或者办理人民币存取款业务的金融机构；发现他人持有伪造、变造的人民币的，应当立即向公安机关报告。

中国人民银行、公安机关发现伪造、变造的人民币，应当予以没收，加盖"假币"字样的戳记，并登记造册；持有人对公安机关没收的人民币的真伪有异议的，可以向中国人民银行申请鉴定。

公安机关应当将没收的伪造、变造的人民币解缴当地中国人民银行。中国人民银行授权的国有独资商业银行的业务机构应当将没收的伪造、变造的人民币解缴当地中国人民银行。办理人民币存取款业务的金融机构应当将收缴的伪造、变造的人民币解缴当地中国人民银行。

伪造、变造的人民币由中国人民银行统一销毁。

中国人民银行和中国人民银行授权的国有独资商业银行的业务机构应当无偿提供鉴定人民币真伪的服务。办理人民币存取款业务的金融机构应当在营业场所无偿提供鉴别人民币真伪的服务。

7. 人民币的停止流通

不能兑换的残缺、污损的人民币以及停止流通的人民币，不得流通。

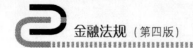

【知识拓展】残缺、污损的人民币的兑换

残缺、污损的人民币，按照中国人民银行的规定兑换，并由中国人民银行负责收回、销毁。

凡残缺人民币属于下列情况之一者，应持向中国人民银行照全额兑换：①票面残缺不超过 1/5，其余部分的图案、文字能照原样连接者；②票面污损、熏焦、水湿、油浸、变色，但能辨别真假，票面完整或残缺不超过 1/5，票面其余部分的图案、文字，能照原样连接者。

票面残缺 1/3 以上至 1/2，其余部分的图案文字能照原样连接者，应持向中国人民银行照原面额半数兑换，但不得流通使用。

残缺人民币属于下列情况之一者不予兑换：①票面残缺 1/2 以上者；②票面污损、熏焦、水湿、油浸、变色，不能辨别真假者；③故意挖补、涂改、剪贴、拼凑、揭去一面者。不予兑换的残缺人民币由中国人民银行打洞作废，不得流通使用。

六、中国人民银行的金融监督管理

中国人民银行的金融监督管理是指中国人民银行依法对金融机构和金融业务及金融市场进行直接限制和约束的一系列行为的总称。

中国人民银行的金融监督管理主要包括以下三个方面：

（一）对金融机构以及其他单位和个人的检查监督

检查监督的具体内容如下：

（1）执行有关存款准备金管理规定的行为。

（2）与中国人民银行特种贷款有关的行为。特种贷款是指国务院决定的由中国人民银行向金融机构发放的用于特定目的的贷款。

（3）执行有关人民币管理规定的行为。

（4）执行有关银行间同业拆借市场、银行间债券市场管理规定的行为。

（5）执行有关外汇管理规定的行为。

（6）执行有关黄金管理规定的行为。

（7）代理中国人民银行经理国库的行为。

（8）执行有关清算管理规定的行为。

（9）执行有关反洗钱规定的行为。

（二）当可能发生金融风险时，对金融机构的监督检查

在国务院领导下制定和执行货币政策、防范和化解金融风险、维护金融稳定是中国人民银行的法定职责。当银行业金融机构出现支付困难，可能引发金融风险时，为了维护金融稳定，经国务院批准，中国人民银行有权对银行业金融机构进行检查监督。

（三）中国人民银行的内部监管管理

中国人民银行作为我国的中央银行，承担着维护金融业合法、稳健运行，对部分金融机构及其业务实施监督管理的职责。《中华人民共和国中国人民银行法》规定，中国人民银行应当建立、健全本系统的稽核、检查制度，加强内部监督管理。

中国人民银行内部稽核、检查的对象是中国人民银行总行以及分行、支行。内部稽核、检查的主要内容包括以下三个方面：

（1）对中国人民银行行使中央银行职能，从事有关业务活动方面的稽核检查。

（2）对中国人民银行工作人员有无违法违纪情况进行检查监督。

（3）对中国人民银行的财务收支和会计事务进行稽核检查。

第三节　商业银行法律制度

商业银行法是调整商业银行的设立、变更、终止及其业务经营活动的法律规范的总称。

一、商业银行的性质

《中华人民共和国商业银行法》规定了我国商业银行的性质。与一般企业相比，我国的商业银行具有以下三个特征：

1. 商业银行是按照公司制度建立的企业法人

商业银行具有企业法人的一般特征，即自主经营、自负盈亏，以其全部法人财产独立承担民事责任。商业银行的组织形式可以是有限责任公司，也可以是股份有限公司。

2. 商业银行具有较一般企业法人更严格的设立条件

商业银行作为专门经营货币的企业，其设立条件更为严格，如注册资本金，银行的董事长、总经理和其他高级管理人员具备任职专业知识和业务工作经验以及健全的管理制度等方面均要高于一般企业。

3. 商业银行是按照《中华人民共和国商业银行法》规定的审批程序设立的

商业银行的审批程序较为严格。设立商业银行应当经中国银行保险监督管理委员会审查批准。未经中国银行保险监督管理委员会批准，任何单位和个人不得从事吸收公众存款等商业银行业务，不得在名称中使用"银行"字样。经批准设立的商业银行，由中国银行保险监督管理委员会颁发经营许可证，并凭该许可证向市场监督管理部门办理注册登记，领取营业执照。

二、商业银行的组织机构

商业银行实行公司治理，其组织形式分为有限责任公司和股份有限公司。其中，股份制商业银行的组织机构包括股东会、董事会、监事会及经理。

1. 股东会

股东会是商业银行的决策机关，也是最高权力机关，由全体股东组成。股东会是非常设的会议机关，对公司重大事务行使决议权，股东通过股东会行使自己的权利。

2. 董事会

董事会是商业银行的业务执行机关，由股东大会选举产生的董事组成，代表股东执行股东大会的决议，向股东大会负责并报告工作。董事会负责制订商业银行的有关经营方案，商业负责监督银行的经营活动。董事会设董事长，董事长是商业银行的法定代表人。

3. 监事会

监事会是商业银行的监督机构，其成员由股东大会选举产生的监事组成。监事会的主要职责是代表股东大会检查商业银行的财务状况，对董事、经理执行职务时是否有违反法律、法规或银行章程的行为进行监督，对董事和经理损害银行利益的行为予以纠正。

4. 经理

经理（行长）是商业银行的行政首长，是负责银行业务活动的高级管理人员。经理由董事会聘任或解聘，并对董事会负责，可以列席董事会会议。经理的主要职责是组织实施董事会决议，主持银行的经营管理工作，拟定银行内部的机构设置方案和有关的管理制度等。

国有独资商业银行的组织形式采用有限责任公司形式，不设股东会，董事会行使股东会的部分职权，决定公司重大事项。

三、商业银行的业务范围

（一）商业银行的业务种类

商业银行的业务，按照资金来源和用途可归纳为三类：

（1）负债业务，其主要方式是吸收存款、发行金融债券、借款（同业拆借、向中央银行借款、向国内国外货币市场借款）、应付款等。

（2）资产业务，其主要方式是发放贷款、票据承兑与贴现、买卖外汇等。

（3）中间业务，商业银行的中间业务并不运用自己的资金，而是凭借自己的业务条件经营金融服务，如代理客户承办支付和其他委托事项，并收取手续费的业务，其主要方式是办理国内外结算、代理发行、代理兑付承销政府债券等。

（二）商业银行的具体业务范围

具体来说，商业银行可以经营下列部分或者全部业务：

1. 吸收公众存款

吸收公众存款是商业银行最基本的业务。公众存款是商业银行资产的主要来源，商业银行吸收社会上的闲散资金提供给工商企业等使用，是商业银行最基本的信用中介职能的体现。

2. 发放短期、中期和长期贷款

商业银行吸收公众存款的目的就是将其贷放给工商企业，满足贷款者的资金需要，支持生产、建设等。同时，商业银行也收取贷款利息，获取利润，维持商业银行的运营、对存款人支付存款利息。商业银行依据企业等的不同需要，发放不同期限的贷款，分为短期、中期和长期贷款。

3. 办理国内外结算

办理国内外结算也是商业银行最基本的业务之一，是商业银行支付中介职能的体现。结算按形式可分为现金结算和转账结算，按区域可分为同域结算和异域结算。结算的方式有汇付、托付、信用证、即期付款、迟期付款、货到付款、凭单付款等。

4. 办理票据承兑与贴现

承兑是指按照票据的要求进行支付。贴现是指当事人为了取得现金，以未到期的票据融通资金，商业银行按市场利率以及票据的信誉程度确定一个贴现率，扣去贴现日至到期日的贴现利息后，将票面余额支付给持票人。办理票据承兑与贴现也是商业银行的基本业务之一，是商业银行支付中介职能的体现。

5. 发行金融债券

公司对外借款发行的债券称为公司债券，商业银行对外借款发行的债券称为金融债券。商业银行不得随意发行金融债券，必须按照有关规定执行。

6. 代理发行、代理兑付、承销政府债券

政府向企业、单位、个人等借款而发行的债券如国库券等称为政府债券。对于政府债券，商业银行可以代理发行，还款时代理兑付，同时也可以承销。简单地讲，承销就是包销，即从政府买进来再卖出去。

7. 买卖政府债券、金融债券

买卖政府债券、金融债券是指在公开市场上买卖政府债券、金融债券以获取利润。买卖政府债券、金融债券是商业银行调整资产结构、保持资产流动性的重要手段。

8. 从事同业拆借

同业拆借是指商业银行之间为了满足头寸不足相互之间的短期借款。通过同业拆借，商业银行可以及时对其资金头寸进行余缺调剂。

9. 买卖、代理买卖外汇

商业银行可以买进或者卖出外汇，或者代理他人买进或者卖出外汇。

10. 从事银行卡业务

使用银行卡可以使付款、结算极为简捷，减少现金的使用，对于广大消费者而言也十分便利。

11. 提供信用证服务及担保

信用证是信用结算方式的简称，是指付款人将款项预先交给商业银行，由商业银行开出信用证，通知异地收款人开户银行转告收款人，收款人按照合同和信用证规定的条件发货，或者付款人将商品自行提运以后，商业银行代付款人支付货款的结算方式。担保是指商业银行为在商业银行有存款的工商企业向与其有业务关系的当事人提

供保证。

12. 代理收付款项及代理保险业务

代理收付款是商业银行的基本业务之一，是商业银行支付中介职能的体现。代理保险业务是指代理保险公司收付款。

13. 提供保管箱服务

提供保管箱服务是指商业银行提供保管箱，为客户保管贵重物品。

14. 经国务院银行保险监督管理机构批准的其他业务

（三）商业银行禁止从事的业务

商业银行在中华人民共和国境内不得从事信托投资和证券经营业务，不得向非自用不动产投资或者向非银行金融机构和企业投资，但国家另有规定的除外。

四、商业银行存款业务的规则

（一）存款的概念及其种类

存款是单位和个人把货币资金存入银行或其他可吸收公众存款的金融机构并获取利息的一种信用活动。在我国，存款业务实行特许经营制度，未经国务院银行保险监督管理机构批准，任何单位和个人不得从事吸收公众存款等业务。目前，我国经过批准可以从事吸收公众存款业务的金融机构有商业银行、农村信用合作联社和中国邮政储蓄银行等。

存款可以按照不同的标准加以分类：

（1）根据存款期限的不同，存款可分为活期存款、定期存款和定活两便存款。

（2）根据存款人的不同，存款可分为单位存款和个人储蓄存款。其中，单位存款分为结算户存款和专用基金专户存款两类。前者是单位的暂时闲置资金，是短期周转性质的存款。后者是单位按照国家规定提存的具有特定用途的资金，是存期相对较长的存款。

（3）按照存款的币种不同，存款可分为人民币存款和外币存款。

（4）按照支取的形式不同，存款可分为支票存款、存单（折）存款、通知存款、透支存款、存贷合一存款和特种存款等。

（二）存款业务基本规定

（1）商业银行办理个人储蓄存款业务，应当遵循存款自愿、取款自由、存款有息、为存款人保密的原则。

（2）对个人储蓄存款和单位存款，商业银行有权拒绝任何单位或者个人查询，有权拒绝任何单位或者个人冻结、扣划，但法律、行政法规另有规定的除外。

（3）商业银行应当按照中国人民银行规定的存款利率的上下限确定存款利率，并予以公告。

（4）商业银行应当按照中国人民银行的规定，向中国人民银行交存存款准备金，留足备付金。

（5）商业银行应当保证存款本金和利息的支付，不得拖延、拒绝支付存款本金和利息。

（三）存款业务具体规则

储蓄存款业务规则如下：

1. 储蓄存款的计息规则

（1）未到期的定期储蓄存款，全部提前支取的，按支取日挂牌公告的活期储蓄存款利率计付利息；部分提前支取的，提前支取的部分按支取日挂牌公告的活期储蓄存款利率计付利息，其余部分到期时按存单开户日挂牌公告的定期储蓄存款利率计付利息。

（2）逾期支取的定期储蓄存款，其超过原定存期的部分，除约定自动转存的外，按支取日挂牌公告的活期储蓄存款利率计付利息。

（3）定期储蓄存款在存期内遇有利率调整，按存单开户日挂牌公告的相应的定期储蓄存款利率计付利息。

（4）活期储蓄存款在存入期间遇有利率调整，按结息日挂牌公告的活期储蓄存款利率计付利息。全部支取活期储蓄存款，按清户日挂牌公告的活期储蓄存款利率计付利息。

（5）储户认为储蓄存款利息支付有错误时，有权向经办的储蓄机构申请复核；经办的储蓄机构应当及时受理、复核。

2. 储蓄存款支取规则

储户支取未到期的定期储蓄存款，必须持存单和本人居民身份证明（居民身份证、户口簿、军人证，外籍储户凭护照、居住证。下同）办理。代他人支取未到期定期存款的，代支取人还必须出具其居民身份证明。办理提前支取手续，出具其他身份证明无效，特殊情况的处理，可由储蓄机构业务主管部门自定。如定期存款恰逢法定节假日到期，造成储户不能按期取款，储户可在储蓄机构节假日前一天办理支取存款，对此，手续上视同提前支取，但利息按到期支取计算。

3. 储蓄存款挂失规则

存单、存折分为记名式和不记名式。记名式的存单、存折可以挂失，不记名式的存单、存折不能挂失。储户的存单、存折或者预留印鉴的印章如有遗失，必须立即持本人居民身份证明，并提供姓名、存款时间、种类、金额、账号及住址等有关情况，书面向原储蓄机构正式声明挂失止付。储蓄机构在确认该笔存款未被支取的前提下，方可受理挂失手续，挂失7天后，储户须与储蓄机构约定时间，办理补领新存单（折）或支取存款手续。如储户本人不能前往办理，可委托他人代为办理挂失手续，但被委托人要出示其身份证明。如储户不能办理书面挂失手续，而用电话、电报、信函挂失，则必须在挂失5天之内补办书面挂失手续，否则挂失不再有效。若存款在挂失前或挂失失效后已被他人支取，储蓄机构不负责任。

4. 储蓄业务禁止规则

（1）禁止公款私存。任何单位不得将公款存入个人储蓄存款账户。

（2）禁止使用不正当手段吸收储蓄存款。例如，以礼品吸收储蓄存款，发放各种名目的揽储费，利用不确切的广告宣传欺骗、诱导客户，利用汇款、贷款或其他业务手段强迫储户存款，利用各种名目多付利息、奖品或其他费用，等等。

【例2-2】存款人的前妻以存款人的名义挂失并提取银行存欲，银行有无责任？

2020年8月，申某在某银行办理了整存整取储蓄，并留有密码。2021年2月，申某的前妻庄某到银行，称存单丢失，要求挂失。庄某提供了申某的个人情况，包括姓名、存款时间、金额、种类、账号、住址、身份证号码等，但未能提供密码。银行为庄某办理了挂失手续。此后，银行为庄某补办了新存单，并将姓名改为庄某。2021年9月，当申某到银行取款时，发现存款已被庄某取走。为此，申某要求银行予以赔偿。银行认为，庄某办理挂失时持有申某的身份证，并且口头核对过密码，因而认为庄某是受申某委托。即便是冒领，银行也坚持了审慎原则，申某只能向冒领者追偿而不能持作废的存单要求银行支付。

资料来源：根据百度文库相关资料整理。

【解析】本案主要涉及银行办理挂失支付的手续问题。根据《储蓄管理条例》，办理挂失手续时，银行必须查验申请人的身份证件；要求其提供详细的个人及存款资料；挂失后银行只能依法补办存单或支取现金，涉及过户的，必须要有相关的证明资料。对于储户而言，办理挂失手续应当持有合法的证明文件并且提供书面材料，委托他人办理的应当出示有关委托书。本案中，银行在办理挂失止付申请时，有几个明显的错误：一是庄某不能提供存折密码，银行没有审慎核对；二是银行没有审查申某是否委托庄某办理挂失的证明材料；三是银行在补办存单时，没有经过申某同意即更改了存单的储户姓名。据此，银行应当承担赔偿责任，依照申某提供的存单计付存款本息。对庄某的行为，银行可以向法院提起诉讼，通过司法程序予以解决。

（四）单位存款业务具体规则

1. 单位定期存款的利率及计息规则

单位定期存款的期限分3个月、半年、1年三个档次。1万元起存，多存不限。

单位定期存款在存期内按存入日挂牌公告的定期存款利率计付利息，遇利率调整，不分段计息。单位定期存款全部提前支取的，按支取日挂牌公告的活期存款利率计息；部分提前支取的，提前支取的部分按支取日挂牌公告的活期存款利率计息，其余部分如不低于起存金额，按原存款开户日挂牌公告的同档次定期存款利率计息；不足起存金额则予以清户。

单位定期存款到期不取的，逾期部分按支取日挂牌公告的活期存款利率计付利息。

2. 单位活期存款、通知存款、协定存款的计息、结息规则

单位活期存款按日计息，按季结息，计息期间遇利率调整分段计息，每季度末月的20日为结息日。通知存款按支取日挂牌公告的同期同档次通知存款利率计息。协定存款利率由中国人民银行确定并公布。

3. 单位存款的挂失

单位存款的密码或印鉴遗失、损毁，必须持单位公函，向存款所在金融机构申请挂失。金融机构受理挂失后，挂失生效。存款在挂失生效前已被人按规定手续支取的，金融机构不负赔偿责任。

五、商业银行贷款业务的基本规则

（一）贷款的概念

贷款是指金融机构依法把货币资金按约定的利率贷给客户，并约定期限由客户偿还本息的一种信用活动。贷款可以按照以下不同的标准加以分类：

1. **按照期限，分为短期贷款、中期贷款和长期贷款**

短期贷款是指贷款期限在 1 年以内（含 1 年）的贷款。中期贷款是指贷款期限在 1 年以上（不含 1 年）5 年以下（含 5 年）的贷款。长期贷款是指贷款期限在 5 年（不含 5 年）以上的贷款。

2. **按照有无担保及担保方式，分为信用贷款、担保贷款和票据贴现**

信用贷款是不需要提供担保，而是凭借款人的信誉发放的贷款。担保贷款是指需要提供担保的贷款，按照担保方式不同又分为保证贷款、抵押贷款、质押贷款。票据贴现是指贷款人以购买借款人未到期商业票据的方式发放的贷款。

3. **根据贷款资金用途，分为固定资产贷款和流动资金贷款**

固定资产贷款用于借款人固定资产投资，流动资金贷款用于借款人日常生产经营周转。

（二）商业银行贷款业务基本规定

（1）商业银行应该根据国民经济和社会发展的需要，在国家产业政策指导下开展贷款业务。

（2）商业银行贷款，应当对借款人的借款用途、偿还能力、还款方式等情况进行严格审查。商业银行贷款，应当实行审贷分离、分级审批的制度。

（3）商业银行贷款，借款人应当提供担保。商业银行应当对保证人的偿还能力，抵押物、质物的权属和价值以及实现抵押权、质权的可行性进行严格审查。经商业银行审查、评估，确认借款人资信良好，确能偿还贷款的，可以不提供担保。

（4）商业银行贷款，应当与借款人订立书面合同。商业银行决定对借款人发放贷款后，应当与借款人以书面形式订立贷款合同，约定贷款种类、用途、金额、利率、还款期限、还款方式、违约责任和双方认为需要约定的其他事项。

（5）商业银行应当按照中国人民银行规定的贷款利率的上下限，确定贷款利率。

（6）商业银行贷款，应当遵守下列资产负债比例管理的规定：

1）资本充足率不得低于8%；

2）流动性资产余额与流动性负债余额的比例不得低于25%；

3）对同一借款人的贷款余额与商业银行资本余额的比例不得超过10%；

4）国务院银行保险监督管理机构对资产负债比例管理的其他规定。

（7）商业银行不得向关系人发放信用贷款；向关系人发放担保贷款的条件不得优于其他借款人同类贷款的条件。所谓关系人是指：①商业银行的董事、监事、管理人员、信贷业务人员及其近亲属。②前项所列人员投资或者担任高级管理职务的公司、企业和

其他经济组织。

（8）任何单位和个人不得强令商业银行发放贷款或者提供担保。商业银行有权拒绝任何单位和个人强令要求其发放贷款或者提供担保。

（9）借款人应当按期归还贷款的本金和利息。借款人到期不归还担保贷款的，商业银行依法享有要求保证人归还贷款本金和利息或者就担保物优先受偿的权利。借款人到期不归还信用贷款的，应当按照合同约定承担责任。

六、商业银行的设立和变更

（一）商业银行的设立

商业银行的设立比一般公司的设立严格得多。一般公司的设立大多采取登记制度，无须有关部门的审批。商业银行的设立，世界各国大多采取"审批制"，非经有关主管部门审查批准，不得设立。我国对商业银行的设立实行行政许可制度。

1. 商业银行的设立条件

（1）有符合规定的章程。银行章程是关于银行组织和行为的基本准则，主要内容有银行的名称、住所、注册资本、经营范围、法定代表人、内部管理制度、利润分配等。银行章程一经有关部门批准，即产生法律效力。

（2）有符合规定的注册资本最低限额。注册资本是指银行在有关部门登记的资本总额，既是银行经营所需要的资本，又是银行对外承担民事责任的保障。鉴于注册资本对银行的极端重要性，因此设立商业银行应当有符合商业银行法规定的注册资本最低限额：设立全国性商业银行的注册资本最低限额为 10 亿元。设立城市商业银行的注册资本最低限额为 1 亿元，设立农村商业银行的注册资本最低限额为 5000 万元。注册资本应当是实缴资本。国务院银行保险监督管理机构根据审慎监管的要求可以调整注册资本最低限额，但不得少于前款规定的限额。

（3）有具备任职专业知识和业务工作经验的董事、高级管理人员。鉴于银行是一种特殊企业，其经营对象是货币这种特殊商品，因此，银行必须具有懂得金融专业知识、熟悉银行业务、拥有丰富工作经验的金融管理人员，否则不能有效地开展经营活动。2000 年中国人民银行发布的《金融机构高级管理人员任职资格管理办法》规定，担任金融机构高级管理职务的人员，应接受和通过中国人民银行任职资格审核。

（4）有健全的组织机构和管理制度。组织机构是银行开展业务的基础，管理制度是维持银行正常运行的保障。因此，商业银行必须有健全的组织机构和管理制度。

（5）有符合要求的营业场所、安全防范措施和与业务有关的其他设施。设立银行必须具有固定的、符合要求的营业场所。营业场所必须具有防盗、报警、通信、消防等安全防范设施和安全防范规章、制度等措施以及与业务有关的其他设施。

2. 商业银行的设立程序

商业银行的设立程序包括申请、审批、登记和公告四个环节。

（1）申请。设立商业银行，申请人应当向国务院银行保险监督管理机构提交下列文件、资料：①申请书。申请书应当载明拟设立的商业银行的名称、所在地、注册资本、业务范围等。②可行性研究报告。申请设立商业银行时，应当先作可行性研究，对拟从事的业务充分调查研究，并做好人力、物力、组织机构、资金、信息等方面的充分准备，并对市场的现状和将来的发展有一个合理的预期，综合上述情况的报告即为可行性报告。③国务院银行保险监督管理机构规定提交的其他文件、资料。

设立商业银行的申请经审查符合规定的，申请人应当填写正式申请表，并提交下列文件、资料：①章程草案。②拟任职的董事、高级管理人员的资格证明。③法定验资机构出具的验资证明。④股东名册及其出资额、股份。⑤持有注册资本 5% 以上的股东的资信证明和有关资料。⑥经营方针和计划。⑦营业场所、安全防范措施和与业务有关的其他设施的资料。⑧国务院银行保险监督管理机构规定的其他文件、资料。

（2）审批。经国务院银行保险监督管理机构对申请人提交的正式申请表及开业申请所提交的文件、资料审查后，认为符合设立商业银行的条件的，批准其申请，发给经营许可证。国务院银行保险监督管理机构应当自收到申请书之日起 6 个月内作出批准或者不批准的书面决定；审查董事和高级管理人员的任职资格，应当自收到申请文件之日起 30 日内作出批准不批准的决定；决定不批准的，应当说明理由。

（3）登记。申请人应当凭经营许可证向市场监督管理部门办理工商登记，领取营业执照。

（4）公告。经批准设立的商业银行及其分支机构，由国务院银行保险监督管理机构予以公告。商业银行及其分支机构自取得营业执照之日起无正当理由超过 6 个月未开业的，或者开业后自行停业连续 6 个月以上的，由国务院银行保险监督管理机构吊销其经营许可证，并予以公告。

3. 商业银行分支机构的设立

（1）商业银行根据业务需要可以设立分支机构。设立分支机构必须经国务院银行保险监督管理机构审查批准。在中华人民共和国境内的分支机构，不按行政区划设立。商业银行的分支机构在总行授权范围内依法开展业务，分支机构没有独立的资金，不具有法人资格，其民事责任由总行承担。商业银行分支机构的营运资金由总行拨付，拨付各分支机构营运资金的总和，不得超过总行资本金总额的 60%。

（2）设立商业银行分支机构，申请人应当向国务院银行保险监督管理机构提交相关文件、资料：①申请书。申请书应当载明拟设立的分支机构的名称、营运资金额、业务范围、总行及分支机构所在地等。②申请人最近两年的财务会计报告。③拟任职的高级管理人员的资格证明。④经营方针和计划。⑤营业场所、安全防范措施和与业务有关的其他设施的资料。⑥国务院银行保险监督管理机构规定的其他文件、资料。

（3）经批准设立的商业银行分支机构，由国务院银行保险监督管理机构颁发经营许可证，并凭该许可证向市场监督管理部门办理工商登记，领取营业执照。

（4）经批准设立的商业银行分支机构，由国务院银行保险监督管理机构予以公告。商业银行分支机构自取得营业执照之日起无正当理由超过 6 个月未开业的，或者开业后自行停业连续 6 个月以上的，由国务院银行保险监督管理机构吊销其经营许可证，并予

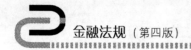

以公告。

（二）商业银行的变更

商业银行有下列变更事项之一的，应当经国务院银行保险监督管理机构批准：

（1）变更名称。

（2）变更注册资本。

（3）变更总行或者分支行所在地。

（4）调整业务范围。

（5）变更持有资本总额或者股份总额5%以上的股东。

（6）修改章程。

（7）国务院银行保险监督管理机构规定的其他变更事项。

上述事项的变更，可能关系到存款人和其他客户的合法权益，关系到商业银行的稳健运行和国家金融秩序的稳定。所以，这些事项的变更，应当经过国务院银行保险监督管理机构的批准。

商业银行在报请国务院银行保险监督管理机构批准其变更以前，应依照《公司法》和银行章程的规定完成内部批准程序；变更批准以后，应当依法向市场监督管理部门办理变更登记并予以公告。

七、商业银行的接管和终止

（一）商业银行的接管

商业银行接管是国务院银行保险监督管理机构在商业银行已经或者可能发生信用危机，严重影响存款人利益时，对该银行采取的整顿、改组等措施。

1. 接管的前提

（1）商业银行已经发生信用危机。经营管理不善或者违反法律、公司章程的规定，造成银行资金无法收回，存款人到期存款不能兑现，严重影响存款人利益的，国务院银行保险监督机构可以采取接管措施。

（2）银行可能发生信用危机。有的商业银行虽然从目前的经营状况看还可以支付到期的债务，但是由于发生重大事项，该银行将没有能力支付存款人存款，例如，某商业银行的巨额贷款无法收回，必然会影响存款人的利益。在这种可能发生信用危机的情况下，国务院银行保险监督管理机构也可以采取接管措施。

2. 接管的目的和性质

接管的目的是对被接管的商业银行采取必要措施，以保护存款人的利益，恢复商业银行的正常经营能力。被接管的商业银行的债权债务关系不因接管而变化。接管不是商业银行破产前的必经程序，国务院银行保险监督管理机构有权根据具体情况，决定是否接管。

3. 接管程序

（1）接管决定。接管由国务院银行保险监督管理机构决定并组织实施。国务院银行保险监督管理机构决定采取接管措施时，应当以书面形式作出接管决定。接管决定应当包括以下内容：①被接管的商业银行的名称。②接管理由。③接管组织。④接管期限。接管决定作出后，国务院银行保险监督管理机构应当予以公告，使被接管银行的存款人、客户及广大公众能了解该银行已经被接管的情况，从而配合接管组织采取相关措施。

（2）接管期限。接管期限届满，国务院银行保险监督管理机构可以决定延期，但接管期限最长不得超过两年。

（3）接管终止。接管终止是指由于发生法律规定的情形，导致接管工作停止。有以下情形之一的，接管终止：①接管决定规定的期限届满或者国务院银行保险监督管理机构决定的接管延期届满；②接管期限届满前，该商业银行已恢复正常经营能力；③接管期限届满前，该商业银行被合并或者被依法宣告破产。

（二）商业银行的终止

商业银行终止是指商业银行由于出现法律规定的情形，其权利和义务全部结束，即退出市场的行为。商业银行的终止会对存款人的利益以至整个金融秩序产生一定的影响。因此，商业银行没有自行决定其终止的最终权利，只有经国务院银行保险监督管理机构同意后，商业银行才能依法终止。商业银行在以下三种情况下终止：

（1）因解散而终止。商业银行出现可以解散的情况时，必须向国务院银行保险监督管理机构提出申请，并附解散理由和支付存款的本金和利息等债务清偿计划，经国务院银行保险监督管理机构批准后才能解散。

（2）因被撤销而终止。因被撤销而终止主要是商业银行的经营许可证被吊销的情况。商业银行设立后，如果违反法律、行政法规的规定进行经营活动，国务院银行保险监督管理机构有权吊销其经营许可证，撤销违法经营的商业银行。

（3）因被宣告破产而终止。商业银行不能支付到期债务，经国务院银行保险监督管理机构同意，由人民法院依法宣告其破产。

商业银行无论因为哪种情形终止，都应当依法成立清算组，进行清算，按照清偿计划及时偿还存款本金和利息等。

【本章参考法规】

1. 《中华人民共和国中国人民银行法》（1995 年 3 月 18 日第八届全国人民代表大会第三次会议通过，2003 年 12 月 27 日第十届全国人民代表大会常务委员会第六次会议修正）。

2. 《中华人民共和国商业银行法》（1995 年 5 月 10 日第八届全国人民代表大会常务委员会第十三次会议通过，2015 年 8 月 29 日第十二届全国人民代表大会常务委员会第十六次会议第二次修正）。

3. 《储蓄管理条例》（中华人民共和国国务院 1992 年 12 月 11 日发布，2011 年 1 月 8 日修订）。

4. 《人民币单位存款管理办法》（中国人民银行 1997 年 11 月 15 日发布）。

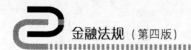
5. 《贷款通则》（中国人民银行 1996 年 6 月 28 日发布）。

【课后练习】

一、单项选择题

1. 下列各项中，属于我国货币政策目标的是（　　）。

A. 稳定物价　　　　　　　　　　B. 充分就业

C. 平衡国际收支　　　　　　　　D. 保持币值稳定，并以此促进经济增长

2. 下列各项中，对中国人民银行货币政策委员会的性质和地位表述正确的是（　　）。

A. 中国人民银行货币政策的决策机构

B. 中国人民银行货币政策的执行机构

C. 中国人民银行货币政策实施的监督机构

D. 中国人民银行制定货币政策的咨询议事机构

3. 下列各项中，不属于中国人民银行货币政策委员会当然成员的是（　　）。

A. 中国人民银行行长　　　　　　B. 中国农业发展银行行长

C. 国家外汇管理局局长　　　　　D. 中国证监会主席

4. 下列各项中，属于人民币发行部门的是（　　）。

A. 财政部　　　B. 国务院　　　C. 中国银行　　　D. 中国人民银行

5. 下列各项中，不属于中国人民银行职能的是（　　）。

A. 服务职能　　　B. 调控职能　　　C. 领导职能　　　D. 管理和监督职能

6. 下列各项中，中国人民银行可以进行的业务是（　　）。

A. 向商业银行提供贷款　　　　　B. 向非金融机构提供贷款

C. 为单位提供担保　　　　　　　D. 直接认购、包销国债

7. 根据商业银行法律制度的规定，商业银行的资本充足率不得低于（　　）。

A. 8%　　　　B. 5%　　　　C. 10%　　　　D. 13%

8. 下列各项中，可以充当贷款合同保证人的是（　　）。

A. 法人的分支机构　　　　　　　B. 国家机关

C. 具有代偿能力的法人　　　　　D. 人民银行

9. 根据商业银行法律制度的规定，单位定期存款到期不取，逾期部分支取的计息规则是（　　）。

A. 按存款存入日挂牌公告的定期存款利率计息

B. 按存款存入日挂牌公告的活期存款利率计息

C. 按存款支取日挂牌公告的定期存款利率计息

D. 按存款支取日挂牌公告的活期存款利率计息

二、多项选择题

1. 下列各项中，属于中国人民银行实现货币政策目标运用的货币政策工具的有（　　）。

A. 存款准备金　　B. 再贴现政策　　C. 公开市场业务　　D. 利率

2. 下列各项中，属于货币发行根据性质所作的分类的有（ ）。

A. 统一发行　　　B. 财政发行　　　C. 集中发行　　　D. 经济发行

3. 下列各项行为中，违反保护人民币图样的法律规定的有（ ）。

A. 印制代币票券　　　　　　　B. 使用人民币制作商品

C. 使用人民币作为祭拜物品　　D. 使用人民币装饰工艺品

4. 下列各项行为中，属于商业银行经营原则的有（ ）。

A. 依法经营原则　B. 安全性原则　C. 流动性原则　D. 营利性原则

5. 下列各项行为中，属于借款合同的担保方式的有（ ）。

A. 保证　　　　　B. 抵押　　　　　C. 质押　　　　　D. 扣押

6. 下列各项行为中，属于商业银行三大业务的有（ ）。

A. 负债业务　　　B. 资产业务　　　C. 中间业务　　　D. 贷款业务

7. 下列各项中，属于储蓄存款原则的有（ ）。

A. 存款自愿　　　B. 取款自由　　　C. 存款有息　　　D. 为储户保密

8. 下列各项行为中，属于我国商业银行监管体制构成部分的有（ ）。

A. 商业银行内部监督　　　　　B. 中国人民银行的监督

C. 全国人大的监督　　　　　　D. 审计机关的监督

三、判断题

1. 中国人民银行应当向国务院提出有关货币政策情况和金融监督管理情况的工作报告。（ ）

2. 中国人民银行各分支机构具有独立的法人资格。（ ）

3. 中国人民银行可以向金融机构提供再贷款。（ ）

4. 中国人民银行是国家机关，不是企业法人。（ ）

5. 中国人民银行可以为在中国人民银行开立账户的金融机构办理再贴现。（ ）

6. 中国人民银行可以向非金融机构提供有担保的贷款。（ ）

7. 经国务院批准，中国人民银行可以向地方政府提供贷款。（ ）

8. 对于直接负责的董事、高级管理人员和其他责任人员从事银行业工作的任职资格没有任何限制。（ ）

9. 依据我国《中华人民共和国商业银行法》的规定，商业银行不得发放信用贷款。（ ）

10. 我国商业银行在境内可以向非银行金融机构投资。（ ）

11. 人民法院依法宣告商业银行破产时，须经中国人民银行同意。（ ）

12. 对个人储蓄存款，商业银行有权拒绝任何单位或个人查询、冻结、扣划。（ ）

13. 商业银行可以向符合发放信用贷款条件的关系人发放信用贷款，但发放信用贷款的条件不得优于其借款人同类贷款的条件。（ ）

四、简答题

1. 简述储蓄机构办理储蓄存款业务的原则。

2. 设立商业银行，应当具备什么条件？

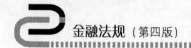

五、案例题

【材料】某县公安局田花镇派出所在办理一起盗窃案的过程中，了解到犯罪嫌疑人李某在该县某商业银行田花镇储蓄所拥有 10 万元存款。侦查人员立即来到该储蓄所，因为与储蓄所业务人员十分熟悉，所以说明情况后，储蓄所值班人员张某即取来李某 10 万元存款的原始凭证，侦查人员过目后留下一张收条后带走。侦查人员去李某所在的村庄进行调查，得知李某的 10 万元存款是继承所得。

回答下列问题：

（1）公安机关是否可以查询李某的个人存款？说明理由。

（2）本案中的查询程序是否合法？说明理由。

（3）对本案中犯罪嫌疑人李某的 10 万元存款，依法是否可以没收？说明理由。

第三章　证券法律制度

【学习目标】

掌握股票、债券发行和交易的基本制度，掌握股票和债券上市的条件和程序，掌握禁止的交易行为；理解证券法的基本原则，理解证券投资基金的有关知识；了解我国证券立法的基本情况，了解我国各种证券机构的职能和我国证券监管体制。

【本章知识结构】

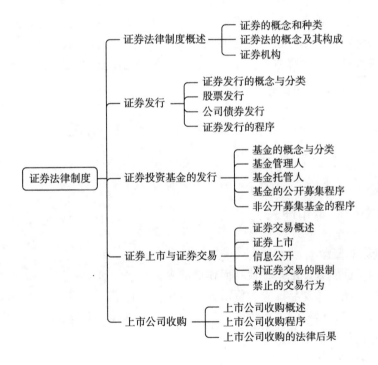

【案例导入】

内幕交易的认定

A先生是上市公司甲公司的独立董事，从甲公司董事长处获悉，甲公司与前期一直

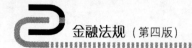

谈判的某美资公司合并协议将在两个月后正式签署，A先生于是先后给其妻B女士、朋友C先生分别暗示，让他们大量购买甲公司的股票。两个月后，甲公司公开宣布了与该美资公司合并成功的消息，甲公司的股票随即暴涨，B女士获利20万元，C先生获利25万元。

回答下列问题：

（1）什么是内幕交易？

（2）本案中，A先生的行为是否构成内幕交易，为什么？

（3）对B女士、C先生的获利应如何处理？

资料来源：全国高等教育自学考试金融法规试题。

【解析】（1）内幕交易是指内幕人员以获取利益或者减少损失为目的，利用内幕信息进行证券发行、交易的活动。

（2）是。首先，A先生作为公司的独立董事是公司的高级管理人员，其次，公司合并事项属于内幕信息的范畴。A先生将公司的内幕信息透露给自己的妻子、朋友，属于内幕交易行为。

（3）①没收违法所得。②根据《中华人民共和国证券法》，证券交易内幕信息的知情人或非法获取内幕信息的人，在涉及证券的发行、交易或者其他对证券的价格有重大影响的信息公开前，买卖该证券，或者泄露该信息，或者建议他人买卖该证券的，责令依法处理非法持有的证券，没收违法所得，并处以违法所得1倍以上5倍以下的罚款；没有违法所得或者违法所得不足3万元的，处以3万元以上60万元以下的罚款。

第一节　证券法律制度概述

一、证券的概念和种类

（一）证券的概念

证券是为了证明或设定某种权利而作成的书面凭证。证券有广义和狭义之分。广义的证券包括资本证券、商品证券和货币证券。狭义的证券，仅指资本证券即证明持有人享有一定的所有权和债权的书面凭证，包括股票、债券及其衍生品。《中华人民共和国证券法》规定的证券是狭义的证券。

（二）证券的特征

1. 证券是财产性权利凭证

证券是权利凭证，但这种权利不是一般的权利，而是财产性权利。持有证券就意味着持有人对该证券所代表的财产的终极支配权和控制权。

2. 证券是收益性权利凭证

拥有证券所代表的财产权利本身不是证券持有者的终极目的，终极目的是获得收益，所以说，证券是收益性权利凭证。证券的收益性表现在两个方面：①证券持有人可通过行使证券财产权而获得收益，如取得股息收入或者利息收入。②证券持有人可以转让证券获得收益，如在二级市场买卖证券，通过赚取差价而获得收益。

3. 证券是要式凭证

证券作为一种特殊的财产凭证，其书面形式具有法定的格式要求，包括对券样的尺寸、印刷纸张、券面记载内容等有严格的要求。

4. 证券是流通性凭证

证券的活力就在于其流通性。传统的民事权利的行使，由于受诸多限制，如债权人转让债权须通知债务人，欠缺方便快捷。但民事权利证券化后，财产权利分成品质相同的若干份额，就可以在更广的范围内，以更高的频率进行转让，甚至通过公开市场进行交易，这就是证券的流通性。

（三）证券的种类

我国证券市场上发行和流通的证券主要有以下几类：

1. 股票

股票是股份有限公司公开发行的用以证明投资者股东权益的凭证。股票可以按照不同的标准进行分类：

（1）以票面上是否记载股东名称，分为记名股票与无记名股票。

（2）以股东是否享有表决权，分为有表决权的股票与无表决权的股票。

（3）以股东承担风险程度和享有权利，分为普通股与优先股。普通股在公司经营管理和财产分配上享有普通权利，其股东既可获取股息与红利，又可参与公司的经营管理，是发行量最大、最重要的股票。优先股的股东可优先获取股息与红利，优先分配公司剩余资产，但不参与公司的经营管理。

【知识拓展】股票的起源

股票的出现和大航海时代引起的殖民侵略有千丝万缕的关系。

1492 年 10 月 12 日，哥伦布发现美洲，正式开启了大航海时代。1522 年麦哲伦船队完成了人类历史上首次环球航行，证明地球是圆的。随后，葡萄牙、西班牙、荷兰、法国等国家开始了开拓全球贸易航线和争夺全球殖民地。当时，贸易和争夺殖民地都是高成本、高风险、高收益的活动。面对这样的活动，对于葡萄牙、西班牙、英国、法国等中央集权的王权国家，可以国家统筹管理，制订方案。

当时有一个小国尼德兰，刚从西班牙殖民统治中独立出来，没有国王，但商业很繁荣，国家呈现出非常精明的商人治国氛围。尼德兰作为一个小国想逆袭只能依靠全民的力量，所以他们想从民间筹措资金，一来能扩大远洋贸易的规模，二来对老百姓可以借投资分得红利。

于是股票集资就出现了，在远航前，船队向大众发行股票，人们出资换取股票份额，船队回来后，把货物卖出，赚到的钱按持股比例分配给相应的投资人。

但是船队出行的时间有长有短，有些投资人中途需要用钱，想卖掉股票变现，这就催生了股票交易平台的产生。1602 年，世界第一个股票交易所在荷兰首都阿姆斯特丹诞生，这种金融形式出现后，达到了"众人拾柴火焰高"的效果，荷兰的国力得到了很大的提升。其他欧洲国家看到荷兰的发展后，都开始效仿成立股份有限公司和股票交易所，这也逐渐成为后来资本主义重要的象征。

资料来源：https://zhuanlan.zhihu.com/p/393801839。

2. 公司债券

公司债券是指公司依照法定程序发行的、约定在一定期限还本付息的有价证券。债券持有人享有还本付息权，不参与公司决策经营。债券收益比较稳定，风险比股票小。

公司债券可以按照不同的标准加以分类：

（1）以是否在公司债券上记载公司债权人的姓名为标准，公司债券可分为记名公司债券和无记名公司债券。记名公司债券支取本息要凭印鉴领取，转让时必须背书并到发行债券的公司进行登记；不记名公司债券的还本付息及流通转让仅以债券为凭，不需要登记。

（2）以能否转换为股票为标准，公司债券可分为转换公司债券和非转换公司债券，前者可以转换为公司股票，后者不能转换为公司股票。

（3）以是否提供还本付息的担保为标准，公司债券可分为担保公司债券和无担保公司债券。

3. 证券投资基金份额

证券投资基金份额是基金投资人持有基金单位的权利凭证。所谓证券投资基金，是指通过公开发行基金证券的方式，将投资者的资金集中起来由基金托管人托管，由资金管理人运用其专业知识在证券交易市场以资产组合方式进行证券投资活动，如买卖股票、投资国债等，并由投资者按其持有的基金份额分享利益和分担风险的制度。

4. 证券衍生品种

证券衍生品种是原生证券的衍生产品，如认股权证、期货等。认股权证是发行人给予持证人在一定期限内以确定的价格购买规定数量的普通股份的权利凭证。认股权证到期前，可以转让交易。到期后，可以行权，即按权证上规定的价格买入规定的股票，也可以弃权，即放弃购买规定的股票的权利。期货是买卖双方通过签订标准化合约，同意按指定的时间、价格与其他交易条件，交收指定数量的现货。期货可以分为商品期货（如石油、贵金属、农产品等）与金融期货（如证券市场的股票指数等）。

二、证券法的概念及其构成

证券法是规范证券发行与交易的法律。证券法的概念有狭义和广义之分。广义的证券法是指在调整证券发行、交易以及证券监管过程中所发生的社会关系的法律规范的总称，包括以下三个层次：

1. 法律

证券法律由全国人民代表大会及其常务委员会制定。现行的证券法律有两部，即《中华人民共和国证券法》和《中华人民共和国证券投资基金法》。狭义的证券法是指《中华人民共和国证券法》。

2. 行政法规

证券行政法规由国务院制定。包括《期货交易管理条例》《证券公司监督管理条例》《证券公司风险处置条例》等。

3. 部门规章

证券部门规章主要由国务院证券监督管理机构制定。包括《首次公开发行股票并上市管理办法》《上市公司证券发行管理办法》《证券发行与承销管理办法》《上市公司信息披露管理办法》《上市公司收购管理办法》《证券期货规章制定程序规定》等。

三、证券机构

《中华人民共和国证券法》规定，证券机构包括证券交易所、证券公司、证券登记结算机构、证券服务机构、证券业协会和证券监督管理机构。

（一）证券交易所

1. 证券交易所的概念

证券交易所是提供证券集中竞价交易场所的不以营利为目的的法人。证券交易所的设立和解散由国务院决定。

按照组织形式不同，证券交易所可以分为会员制证券交易所和公司制证券交易所两类。会员制证券交易所是非营利性的法人组织；公司制证券交易所是以公司形式出现的营利性法人。根据《中华人民共和国证券法》的规定，进入证券交易所参与集中交易的，必须是证券交易所的会员。我国现有三个证券交易所：上海证券交易所、深圳证券交易所和北京证券交易所。

2. 证券交易所的组织机构

（1）会员大会。会员大会是证券交易所的权力机构，决定证券交易所的重大问题。

（2）理事会。理事会是证券交易所的执行机构，负责证券交易所的日常业务活动的管理与指挥，并执行会员大会的有关决议。理事会由会员大会选举产生。

（3）总经理。证券交易所设总经理一人，由国务院证券监督管理机构任免。

3. 证券交易所的职责

（1）制定有关证券交易规则。证券交易所依照证券法律、行政法规制定上市规则、交易规则、会员管理规则和其他有关规则，并报国务院证券监督管理机构批准。

（2）保障公平交易和信息公开。证券交易所应当为组织公平的集中交易提供保障，公布证券交易即时行情，并按交易日制作证券市场行情表，予以公布。未经证券交易所许可，任何单位和个人不得发布证券交易即时行情。

（3）办理股票、公司债券的暂停上市、恢复上市或者终止上市的事务。证券交易所依照法律、行政法规，以及国务院证券监督管理机构的规定，办理股票、公司债券的暂停上市、恢复上市或者终止上市的事务。

（4）处置交易中的突发性事件。因突发性事件而影响证券交易的正常进行时，证券交易所可以采取技术性停牌的措施；因不可抗力的突发性事件或者为维护证券交易的正常秩序，证券交易所可以决定临时停市。证券交易所采取技术性停牌或者决定临时停市，必须及时报告国务院证券监督管理机构。

（5）对证券交易实行实时监控。证券交易所对证券交易实行实时监控，并按照国务院证券监督管理机构的要求，对异常交易的情况提出报告。证券交易所应当对上市公司及相关信息披露义务人披露的信息进行监督，督促其依法及时、准确地披露信息。证券交易所根据需要，可以对出现重大异常交易情况的证券账户限制交易，并报国务院证券监督管理机构备案。

（6）收取并管理风险基金。证券交易所应当从其收取的交易费用和会员费、席位费中提取一定比例的金额设立风险基金。风险基金由证券交易所理事会管理。证券交易所应当将收存的风险基金存入开户银行专门账户，不得擅自使用。

4. 证券交易基本规定

（1）进入证券交易所参与集中竞价交易的，必须是具有证券交易所会员资格的证券公司。在证券交易所参与集中竞价交易的是证券公司。该证券公司必须是证券交易所的会员，如果证券公司不是证券交易所的会员则不能成为在证券交易所内参与集中竞价交易的主体。投资者即买卖证券的单位或者个人，更不能直接进入证券交易所参与集中竞价交易。

（2）投资者应当在证券公司开立证券交易账户，以书面、电话以及其他方式，委托为其开户的证券公司代其买卖证券。

（3）投资者通过其开户的证券公司买卖证券的，应当采用市价委托或者限价委托。投资者买卖证券必须依法在证券公司开立证券交易账户。投资者在委托证券公司代为买卖证券以前，必须先与证券公司签订委托买卖证券的合同，确立委托与受委托的关系。投资者可以选择下述证券买卖委托方式：书面方式、电话方式和其他方式（如使用计算机通过网络）进行委托等。

【知识拓展】投资者委托证券公司买卖证券的报价方式

（1）市价委托。市价委托是指投资者要求所委托的证券公司按照市场的价格买卖证券，也就是按照最高价卖出或者最低价买进。这种委托的特点是速度快，常常是在出售证券特别是在市场价格下跌时采用，这是委托价格方式中最主要的、比较普遍的一种委托方式。

（2）限价委托。限价委托是指投资者要求自己委托的证券公司按照限定的价格幅度买卖证券，即投资者限定买进的最高价或者卖出的最低价，证券公司也应当按照限定的价格标准进行买卖。一般来讲，证券公司以低于限价买进或者高于限价卖出，属于允许的范围。这种委托的特点是投资者可以以低于市价的价格来购买证券或者以高于市价的价格出售证券，从中获得较大的利润。

（4）证券公司根据投资者的委托，按照时间优先的规则提出交易申报，参与证券交易所场内的集中竞价交易；证券登记结算机构根据成交结果，按照清算交割规则，进行证券和资金的清算交割，办理证券的登记过户手续。证券公司按照时间优先的规则，参与证券交易所场内的集中竞价交易。所谓按照时间优先的原则处理，是指当多个投资者向证券公司提出委托时，证券公司的业务人员将按照时间的先后将投资者的委托事项通过计算机，进行买卖申报。证券登记结算机构办理登记过户。清算交割是指证券买卖的最后的结算行为。证券登记结算机构根据成交的结果，按照清算交割的规则，进行证券和资金的清算交割，办理证券的登记过户手续。

（5）证券公司接受委托或者自营，当日买入的证券，不得在当日再行卖出，即实行"T+1"规则。作此规定是为了防止证券市场上的过度投机。

（6）证券交易所应当为组织公平的集中竞价交易提供保障，即时公布证券交易行情，并按交易日制作证券市场行情表，予以公布。

（二）证券公司

1. 证券公司的概念

证券公司是指依法成立的经营证券业务以及相关业务的机构。证券公司按照组织形式分为有限责任公司和股份有限公司，证券公司必须在其名称中标明证券有限责任公司或者证券股份有限公司字样。证券公司按照业务范围分为综合类证券公司和经纪类证券公司，经纪类证券公司必须在其名称中标明经纪字样。

2. 证券公司的设立条件

国家对证券公司实行分类管理，并由国务院证券监督管理机构按照其分类颁发业务许可证。未经国务院证券监督管理机构批准，任何单位和个人不得经营证券业务。

设立证券公司，除了必须符合《中华人民共和国公司法》规定的条件外，综合类证券公司和经纪类证券公司还应分别符合相应的条件。

（1）设立综合类证券公司必须具备下列条件：①注册资本最低限额为人民币5亿元。②主要管理人员和业务人员必须具有证券从业资格。③有固定的经营场所和合格的交易设施。④有健全的管理制度和规范的自营业务与经纪业务分业管理的体系。

（2）设立经纪类证券公司必须具备下列条件：①注册资本最低限额为人民币5000万元。②主要管理人员和业务人员必须具有证券从业资格。③有固定的经营场所和合格的交易设施。④有健全的管理制度。

由于经纪类证券公司只允许从事证券经纪业务，业务范围单一，经营风险较小，故对经纪类证券公司注册资本最低限额的要求远比对综合类证券公司的要求低。

3. 证券公司的业务范围

经纪类证券公司只允许专门从事证券经纪业务。综合类证券公司可以经营下列证券业务：

（1）证券经纪业务。

（2）证券自营业务。是指证券公司以自己的名义和资金进行证券买卖，并从中获取收益的业务活动。

（3）证券承销业务。是指证券公司通过与证券发行人签订证券承销协议，在规定的证券发行有效期内协助证券发行人推销其所发行的证券的业务活动。

（4）经国务院证券监督管理机构核定的其他证券业务。如接受委托代付代收股息红利业务，企业并购与资产重组业务，代销政府债券业务等。

4. 证券公司的经营权限和业务规则

（1）证券公司不得为其股东或者股东的关联人提供融资或者担保。

（2）证券公司应当建立健全内部控制制度，采取有效隔离措施，防范公司与客户之间、不同客户之间的利益冲突。证券公司必须将其证券经纪业务、证券承销业务、证券自营业务和证券资产管理业务分开办理，不得混合操作。

（3）证券公司的自营业务必须以自己的名义进行，不得假借他人名义或者以个人名义进行。证券公司不得将其自营账户借给他人使用。

（4）证券公司客户的交易结算资金应当存放在商业银行，以每个客户的名义单独立户管理。证券公司不得将客户的交易结算资金和证券归入其自有财产。禁止任何单位或者个人以任何形式挪用客户的交易结算资金和证券。

（5）证券公司办理经纪业务，不得接受客户的全权委托而决定证券买卖、选择证券种类、决定买卖数量或者买卖价格。

（6）证券公司不得以任何方式对客户证券买卖的收益或者赔偿证券买卖的损失作出承诺。

（7）证券公司及其从业人员不得未经过其依法设立的营业场所私下接受客户委托买卖证券。

（8）证券公司应当妥善保存客户开户资料、委托记录、交易记录和与内部管理、业务经营有关的各项资料，任何人不得隐匿、伪造、篡改或者毁损。上述资料的保存期限不得少于 20 年。

（9）证券公司应当按照规定向国务院证券监督管理机构报送业务、财务等经营管理信息和资料。国务院证券监督管理机构有权要求证券公司及其股东、实际控制人在指定的期限内提供有关信息、资料。证券公司及其股东、实际控制人向国务院证券监督管理机构报送或者提供的信息、资料，必须真实、准确、完善。

（三）证券登记结算机构

证券登记结算机构是为证券交易提供集中登记、存管与结算服务，不以营利为目的的法人。设立证券登记结算机构必须经国务院证券监督管理机构批准。

（四）证券服务机构

证券服务机构是指依法设立的从事证券服务业务的法人机构。主要包括证券投资咨询公司、财务顾问机构、资信评级机构、资产评估机构、会计师事务所等。

投资咨询机构、财务顾问机构、资信评级机构从事证券服务业务的人员，必须具备证券专业知识和从事证券业务或者证券服务业务 2 年以上经验。

投资咨询机构及其从业人员从事证券服务业务不得有下列行为：

（1）代理委托人从事证券投资。

（2）与委托人约定分享证券投资收益或者分担证券投资损失。

（3）买卖本咨询机构提供服务的上市公司股票。

（4）利用传播媒介或者通过其他方式提供、传播虚假或者误导投资者的信息。

（5）法律、行政法规禁止的其他行为。

有上述所列行为之一，给投资者造成损失的，依法承担赔偿责任。

证券服务机构为证券的发行、上市、交易等证券业务活动制作、出具审计报告、资产评估报告、财务顾问报告、资信评级报告或者法律意见书等文件，应当勤勉尽责，对所依据的文件资料内容的真实性、准确性、完整性进行核查和验证。其制作、出具的文件有虚假记载、误导性陈述或者重大遗漏，给他人造成损失的，应当与发行人、上市公司承担连带赔偿责任，但是能够证明自己没有过错的除外。

（五）证券业协会

证券业协会是证券业的自律性组织，是社会团体法人。证券公司应当加入证券业协会。

证券业协会的权力机构为全体会员组成的会员大会。证券业协会章程由会员大会制定，并报国务院证券监督管理机构备案。证券业协会设理事会，理事会成员依章程的规定由选举产生。

（六）证券监督管理机构

国务院证券监督管理机构是中国证券监督管理委员会（以下简称中国证监会）。中国证监会是国务院直属正部级事业单位，依照法律、行政法规和国务院授权，统一监督管理全国证券期货市场，维护证券期货市场秩序，保障其合法运行。

1. 证券监督管理机构的职责

（1）依法制定有关证券市场监督管理的规章、规则，并依法行使审批或者核准权。

（2）依法对证券的发行、上市、交易、登记、存管、结算进行监督管理。

（3）依法对证券发行人、上市公司、证券交易所、证券公司、证券登记结算机构、证券投资基金管理公司、证券服务机构的证券业务活动进行监督管理。

（4）依法制定从事证券业务人员的资格标准和行为准则，并监督实施。

（5）依法监督检查证券发行、上市和交易的信息公开情况。

（6）依法对证券业协会的活动进行指导和监督。

（7）依法对违反证券市场监督管理法律、行政法规的行为进行查处。

（8）法律、行政法规规定的其他职责。

国务院证券监督管理机构可以和其他国家或者地区的证券监督管理机构建立监督管理合作机制，实施跨境监督管理。

2. 证券监督管理机构履行职责时的措施

（1）对证券发行人、上市公司、证券公司、证券投资基金管理公司、证券服务机构、证券交易所、证券登记结算机构进行现场检查。

（2）进入涉嫌违法行为发生场所调查取证。

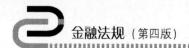

（3）询问当事人和与被调查事件有关的单位和个人，要求其对与被调查事件有关的事项作出说明。

（4）查阅、复制与被调查事件有关的财产权登记、通信记录等资料。

（5）查阅、复制当事人和与被调查事件有关的单位和个人的证券交易记录、登记过户记录、财务会计资料及其他相关文件和资料；对可能被转移、隐匿或者毁损的文件和资料，可以予以封存。

（6）查询当事人和与被调查事件有关的单位和个人的资金账户、证券账户和银行账户；对有证据证明已经或者可能转移或者隐匿违法资金、证券等涉案财产或者隐匿、伪造、毁损重要证据的，经国务院证券监督管理机构主要负责人批准，可以冻结或者查封。

（7）在调查操纵证券市场、内幕交易等重大证券违法行为时，经国务院证券监督管理机构主要负责人批准，可以限制被调查事件当事人的证券买卖，但限制的期限不得超过15个交易日；案情复杂的，可以延长15个交易日。

第二节　证券发行

一、证券发行的概念与分类

（一）证券发行的概念

证券发行是指发行人或承销商依照法律规定的条件和程序，向投资者出售股票、公司债券以及国务院认定的其他证券的活动。

（二）证券发行的分类

证券发行可以按照不同的标准加以分类。

1. 按照发行对象是否限定于特定对象，分为公开发行与非公开发行

（1）公开发行。公开发行是指发行人面向不特定的社会公众出售证券。根据《中华人民共和国证券法》的规定，公开发行证券必须符合法律、行政法规规定的条件，并依法报经国务院证券监督管理机构或者国务院授权的部门注册。未经依法注册，任何单位和个人不得公开发行证券。

有下列情形之一的，为公开发行：①向不特定对象发行证券。②向特定对象发行证券累计超过200人，但依法实施员工持股计划的员工人数不计算在内。③法律、行政法规规定的其他发行行为。

公开发行证券的发行对象不特定，任何合法的投资者均可购买公开发行的证券，发行范围广，筹集资金潜力大，所发行的证券可以申请在证券交易所上市，增强了证券的流通性，投资者易于分散风险，比较愿意购买，也有利于提高发行人的社会信誉。所

以，筹资金额较大、证券发行数量较多的发行人，一般采用公开发行的方式发行证券募集资金。

（2）非公开发行。不具备公开发行三个条件中的任一条件的，为非公开发行。非公开发行面向少数特定的投资者，该"特定的"投资者包括：①公司内部人员，如股东、公司员工等。②与发行人有密切联系的公司和金融机构等。③有关的专业机构和个人投资者，如投资基金、保险基金等。

非公开发行手续简单，可以节省发行费用和时间，不足之处是发行对象有限，所发行的证券流通性较差。根据《中华人民共和国证券法》规定，非公开发行证券不得采用广告、公开劝诱和变相公开方式。

2. 按照发行渠道的不同，分为上网定价发行、上网询价发行、网上网下累计投标询价发行、市值配售发行

（1）上网定价发行是指证券保荐人利用证券交易所的交易系统发行所承销的股票，证券投资者在指定的时间内以确定的发行价格通过与证券交易所联网的各证券营业网点委托申购股票的发行方式。

（2）上网询价发行与上网定价发行类似，不同点在于：发行当日（申购日），保荐机构只给出股票的发行价格区间而不是固定的发行价格。投资者在申购价格区间进行申购委托（区间之外的申购为无效申购），申购结束后，保荐机构根据申购结果按照发行方案确定有效申购，之后由交易所及证券登记结算公司确定申购者的认购数量。

（3）网上网下累计投标询价发行又称询价配售，这种发行方式比较复杂，发行价格及网上与网下发行数量都是在申购日之后根据申购情况确定的。发行当日，保荐机构给出申购价格区间，以及网上、网下的预计发行数量，最终的发行数量和发行价格须根据网上、网下的申购结果而定。这种方式是目前证券发行的主要方式。

（4）市值配售发行是指向二级市场投资者配售发行，即按投资者持有的已上市流通人民币普通股市值向其配售股票的发行方式。

3. 按照证券发行人是否委托其他证券机构承销，分为直接发行和间接发行

（1）直接发行即自办发行，是指证券发行人不通过证券承销机构，自行承担风险，自行办理发行事宜。

（2）间接发行即承销发行，是指证券发行人委托证券承销机构发行证券，并由证券承销机构办理证券发行事宜，承担证券发行风险。

4. 按照发行的证券类别，分为股票发行、债券发行和证券投资基金发行

证券投资基金发行，本书将在另一节单独介绍。

5. 根据证券的发行目的，可以分为设立发行和增资发行

（1）设立发行是指发行人为设立股份有限公司，而向社会投资者发行股票的行为。设立发行的法律结果是成立新的股份有限公司。

（2）增资发行是指已成立的股份有限公司因生产经营需要，为追加资本而发行股票的行为。增资发行的法律结果是扩大已有的公司规模。

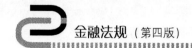

6. 根据证券发行价格与证券票面金额是否等值，分为平价发行、溢价发行和折价发行

（1）平价发行又称面值发行或等价发行，证券的发行价格与该证券的票面金额相同。

（2）溢价发行，证券的发行价格超过该证券的票面金额。

（3）折价发行又称贴现发行，证券的发行价格低于该证券的票面金额。

《中华人民共和国证券法》规定，股票发行价格既可以按票面金额，也可以超过票面金额，但不得低于票面金额。为了保障公司资本的充足，我国法律禁止折价发行。

二、股票发行

（一）设立股份有限公司公开发行股票的条件

设立股份有限公司公开发行股票也称"首次公开发行股票"，是指股份有限公司设立时公开发行股票，其应当符合下列条件：①具备健全且运行良好的组织机构。②具有持续经营能力。③最近三年财务会计报告被出具无保留意见审计报告。④发行人及其控股股东、实际控制人最近3年不存在贪污、贿赂、侵占财产、挪用财产或者破坏社会主义市场经济秩序的刑事犯罪。⑤经国务院批准的国务院证券监督管理机构规定的其他条件。

（二）上市公司公开发行新股的条件

上市公司公开发行新股是指股票已经在证券交易机构公开挂牌交易的股份有限公司发行股票，分为两种情形，即向原股东公开配售股份（以下简称配股）和向不特定的对象公开募集股份（以下简称"增发"）。

1. 上市公司公开发行新股必须具备的基本条件（以下简称基本条件）

上市公司公开发行新股，无论是配股还是增发，都应当符合《中华人民共和国证券法》《中华人民共和国公司法》以及国务院证券监督管理机构规定的发行条件。

《中华人民共和国证券法》规定的上市公司公开发行新股的条件：①具备健全且运行良好的组织机构。②具有持续盈利能力，财务状况良好。③最近3年财务会计文件无虚假记载，无其他重大违法行为。④经国务院批准的国务院证券监督管理机构规定的其他条件。

《上市公司证券发行管理办法》规定，上市公司公开发行新股应符合以下条件：①上市公司的组织机构健全、运行良好。②上市公司的盈利能力具有可持续性。③上市公司的财务状况良好。④上市公司最近36个月内财务会计文件无虚假记载，且不存在重大违法行为。⑤上市公司募集资金的数额和使用符合规定。⑥上市公司不存在不得公开发行证券的情形。

2. 上市公司向原股东配售股份的条件

上市公司向原股东配售股份，除必须具备上述基本条件外，还必须具备《上市公司证券发行管理办法》规定的下列条件：①拟配售股份数量不超过本次配售股份前股本总额的 30%。②控股股东应当在股东大会召开前公开承诺认配股份的数量。③采用《证券法》规定的代销方式发行。

控股股东不履行认配股份的承诺，或者代销期限届满，原股东认购股票的数量未达到拟配售数量 70% 的，发行人应当按照发行价并加算银行同期存款利息返还已经认购的股份。

3. 上市公司向不特定对象公开募集股份的条件

上市公司向不特定对象公开募集股份，除必须具备上述基本条件外，还必须具备《上市公司证券发行管理办法》规定的下列条件：①最近三个会计年度加权平均净资产收益率平均不低于 6%。扣除非经常性损益后的净利润与扣除前的净利润相比，以低者作为加权平均净资产收益率的计算依据。②除金融类企业外，最近一期末不存在持有金额较大的交易性金融资产和可供出售的金融资产、借与他人款项、委托理财等财务性投资的情形。③发行价格应不低于公告招股意向书前 20 个交易日公司股票均价或前一个交易日的均价。

（三）上市公司非公开发行股票的条件

1. 上市公司非公开发行股票的概念

非公开发行股票是指上市公司采用非公开方式，向特定对象发行股票的行为。

2. 上市公司非公开发行股票的条件

非公开发行股票的特定对象应当符合下列规定：①特定对象符合股东大会决议规定的条件。②发行对象不超过 35 名。发行对象为境外战略投资者的，应当经国务院相关部门事先批准。

上市公司非公开发行股票，应当符合下列规定：

（1）发行价格不低于定价基准日前 20 个交易日公司股票均价的 80%。

（2）本次发行的股份自发行结束之日起，6 个月内不得转让；控股股东、实际控制人及其控制的企业认购的股份，18 个月内不得转让。

（3）募集资金的数额和使用应当符合下列规定：①募集资金数额不超过项目需要量。②募集资金用途符合国家产业政策和有关环境保护、土地管理等法律和行政法规的规定。③除金融类企业外，本次募集资金使用项目不得为持有交易性金融资产和可供出售的金融资产、借与他人、委托理财等财务性投资，不得直接或间接投资于以买卖有价证券为主要业务的公司。④投资项目实施后，不会与控股股东或实际控制人产生同业竞争或影响公司生产经营的独立性。⑤建立募集资金专项存储制度，募集资金必须存放于公司董事会决定的专项账户。

（4）本次发行将导致上市公司控制权发生变化的，还应当符合中国证监会的其他规定。

3. 上市公司不得非公开发行股票的情形

上市公司存在下述情形之一的，不得非公开发行股票：

（1）本次发行申请文件有虚假记载、误导性陈述或重大遗漏。

（2）上市公司的权益被控股股东或实际控制人严重损害且尚未消除。

（3）上市公司及其附属公司违规对外提供担保且尚未解除。

（4）现任董事、高级管理人员最近36个月内受到过中国证监会的行政处罚，或者最近12个月内受到过证券交易所公开谴责。

（5）上市公司或其现任董事、高级管理人员因涉嫌犯罪正被司法机关立案侦查或涉嫌违法违规正被中国证监会立案调查。

（6）最近一年及一期财务报表被注册会计师出具保留意见、否定意见或无法表示意见的审计报告。保留意见、否定意见或无法表示意见所涉及事项的重大影响已经消除或者本次发行涉及重大重组的除外。

（7）严重损害投资者合法权益和社会公共利益的其他情形。

三、公司债券发行

公司债券可以公开发行也可以非公开发行。

（一）公开发行公司债券的条件

（1）具备健全且运行良好的组织机构。

（2）最近3年平均可分配利润足以支付公司债券1年的利息。

（3）国务院规定的其他条件。

上市公司发行可转换为股票的公司债券，除应当符合上述条件外，还应当遵守上市公司增发新股的规定。但是，按照公司债券募集办法，上市公司通过收购本公司股份的方式进行公司债券转换的除外。

公开发行公司债券筹集的资金，必须按照公司债券募集办法所列资金用途使用；改变资金用途，必须经债券持有人会议作出决议。公开发行公司债券筹集的资金，不得用于弥补亏损和非生产性支出。

（二）不得再次公开发行公司债券的情形

有下列情形之一的，不得再次公开发行公司债券：

（1）对已公开发行的公司债券或者其他债务有违约或者延迟支付本息的事实，仍处于继续状态；

（2）违反《中华人民共和国证券法》的规定，改变公开发行公司债券所募资金的用途。

（三）非公开发行债券的条件

（1）非公开发行的公司债券应当向合格投资者发行，不得采用广告、公开劝诱和变相公开方式，非公开发行的对象应当是合格投资者，每次发行对象不得超过200人。

（2）发行人、承销机构应当按照中国证监会、证券自律组织规定的投资者适当性制度，了解和评估投资者对非公开发行公司债券的风险识别和承担能力，确认参与非公开发行公司债券认购的投资者为合格投资者，并充分揭示风险。

（3）非公开发行的公司债券仅限于在合格投资者范围内转让。转让后，持有同次发行债券的合格投资者合计不得超过200人。

四、证券发行的程序

1. 作出决议

上市公司申请发行证券，董事会应当依法就下列事项作出决议，并提请股东大会批准：①本次证券发行的方案；②本次募集资金使用的可行性报告；③前次募集资金使用的报告；④其他必须明确的事项。

股东大会就发行证券事项作出决议，必须经出席会议的股东所持表决权的 2/3 以上通过。向本公司特定的股东及其关联人发行证券的，股东大会就发行方案进行表决时，关联股东应当回避。

2. 提交申请

上市公司申请公开发行证券或者非公开发行新股，应当由保荐人保荐，并向国务院证券监督管理机构申报。保荐人应当按照国务院证券监督管理机构的有关规定编制和报送发行申请文件。发行人申请公开发行股票、可转换为股票的公司债券，依法采取承销方式的，或者公开发行法律、行政法规规定实行保荐制度的其他证券的，应当聘请具有保荐资格的机构担任保荐人。保荐人应当遵守业务规则和行业规范，诚实守信，勤勉尽责，对发行人的申请文件和信息披露资料进行审慎核查，督导发行人规范运作。

3. 依法注册

国务院证券监督管理机构或者国务院授权的部门应当自受理证券发行申请文件之日起 3 个月内，依照法定条件和法定程序作出予以注册或者不予注册的决定，发行人根据要求补充、修改发行申请文件的时间不计算在内。不予注册的，应当说明理由。

国务院证券监督管理机构或者国务院授权的部门对已作出的证券发行注册的决定，发现不符合法定条件或者法定程序，尚未发行证券的，应当予以撤销，停止发行。已经发行尚未上市的，撤销发行注册决定，发行人应当按照发行价并加算银行同期存款利息返还证券持有人；发行人的控股股东、实际控制人以及保荐人，应当与发行人承担连带责任，但是能够证明自己没有过错的除外。

股票的发行人在招股说明书等证券发行文件中隐瞒重要事实或者编造重大虚假内容，已经发行并上市的，国务院证券监督管理机构可以责令发行人回购证券，或者责令负有责任的控股股东、实际控制人买回证券。

【例 3-1】2021 年 12 月至 2022 年 8 月，郑某担任上市公司 A 公司的董事长、法定代表人，为了给单位募集资金，经股东会集体决定，在未经证券监管部门批准的情况下，擅自委托中介公司与个人代理，向社会不特定公众发行股票，共计向 260 余人发行股票 322 万股，募集资金达人民币 1109 万余元。上述募集资金全部用于 A 公司的经营活动和支付中介代理费。

回答下列问题：

（1）根据发行对象的范围，股票发行分为哪几种类型？本案 A 公司的股票发行属哪

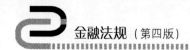

种类型？

（2）根据《中华人民共和国证券法》的相关规定，A公司的股票发行行为是否合法？为什么？

资料来源：全国高等教育自学考试金融法规试题。

【解析】（1）根据发行对象的范围，股票发行分为公开发行和非公开发行。本案中，A公司的股票发行属于公开发行。

（2）不合法。因为，根据《中华人民共和国证券法》的有关规定，向不特定对象发行证券属于公开发行，公开发行必须报国务院证券监督机构或者国务院授权的部门核准。而本案中，A公司的发行行为未经相关部门审核批准，因此不合法。

4. 证券承销

（1）承销的概念。证券承销是指证券经营机构依照协议包销或者代销发行人向社会公开发行证券的行为。发行人向不特定对象发行的证券，法律、行政法规规定应当由证券公司承销的，发行人应当同证券公司签订承销协议。

（2）承销方式。证券承销业务采取代销或者包销方式。代销是指证券公司代发行人发售证券，承销期结束时，未售出的证券全部退还给发行人。包销是指证券公司将发行人的证券按照协议全部购入或者在承销期结束时将未售出的剩余证券全部自行购入。公开发行证券的发行人有权依法自主选择承销的证券公司。

（3）承销机构的义务。证券公司承销证券，应当对公开发行募集文件的真实性、准确性、完整性进行核查；发现有虚假记载、误导性陈述或者重大遗漏的，不得进行销售活动；已经销售的，必须立即停止销售活动，并采取纠正措施。

（4）承销期限。证券的代销、包销期限最长不得超过90日。证券公司在代销、包销期内，对所代销、包销的证券应当保证先行出售给认购人，证券公司不得为本公司预留所代销的证券和预先购入并留存所包销的证券。

（5）承销失败。股票发行采用代销方式，代销期限届满，向投资者出售的股票数量未达到拟公开发行股票数量70%的，为发行失败。发行人应当按照发行价并加算银行同期存款利息返还股票认购人。

（6）承销备案。公开发行股票，代销、包销期限届满，发行人应当在规定的期限内将股票发行情况报国务院证券监督管理机构备案。

【例3-2】A公司是一家综合类证券公司，为取得B股份公司公开发行的票面总值达7000万元人民币股票的承销权，请B股份公司所在市有关政府领导出面打招呼，A证券公司在承销B股份公司股票时，恰逢牛市，于是A证券公司同B股份公司签订了包销协议，在销售过程中，A证券公司置包销协议中与B股份公司协商确定并报中国证监会核准的价格于不顾，单方面提高销售价格，获利3000万元，并且A证券公司以包销协议中所列价格预先购入并留存B股份公司股票500万股，以备日后股价上涨时抛售获利。

回答下列问题：

（1）什么是证券承销，它包括几种类型？

（2）B 股份公司的股票由 A 证券公司单独承销是否合法，为什么？

（3）本案中 A 证券公司作为承销商，其哪些行为属违约行为或违法行为？

资料来源：全国高等教育自学考试金融法规试题。

【解析】（1）股票承销是指证券公司依照其与发行人之间的承销协议，承办股票发行事宜，筹集发行人所需资金的行为。根据承销商对股票发行结果的承诺程度，承销可分为代销和包销两种方式。

（2）不合法。依照《中华人民共和国证券法》第 31 条的规定，向不特定对象公开发行的证券票面总值超过人民币 5000 万元的，应当由承销团承销。B 公司将超过 7000 万元的股票承销权全部给予 A 公司，是不合法的。

（3）为取得包销权，A 公司请 B 股份公司所在市有关政府领导出面打招呼违法；在销售过程中，A 证券公司置包销协议中与 B 股份公司协商确定并报证监会核准的价格于不顾，单方面提高销售价格，此行为违法；A 证券公司以包销协议中所列价格预先购入并留存 B 股份公司股票 500 万股，以备日后股价上涨时抛售获利，此行为违法。

第三节　证券投资基金的发行

一、基金的概念与分类

1. 基金的概念

证券投资基金是指通过发售基金份额募集资金，由基金托管人托管、由基金管理人运用自己的专门知识和技能实际管理和运作资金，进行证券投资的一种利益共享、风险共担的集合投资方式。

2. 基金的分类

按照基金的运作方式，分为封闭式基金和开放式基金。

（1）封闭式基金是指基金的发起人在设立基金时，限定了基金单位的发行总额，筹集到这个总额后，基金即宣告成立，并进行封闭，在一定时期内不再接受新的投资，也不能赎回，但是可以在证券交易所上市交易。

（2）开放式基金是指基金管理公司在设立基金时，发行基金单位的总份额不固定，可视投资者的需求追加发行。投资者也可根据市场状况和各自的投资决策，或者要求发行机构按现期净资产值扣除手续费后赎回股份或受益凭证，或者再买入股份或受益凭证，增持基金单位份额。

【知识拓展】基金的起源

基金诞生于何时何地并没有一致的看法。有人认为 1822 年荷兰国王威廉一世创立的私人信托投资基金是最早的基金。也有人认为，1774 年荷兰商人凯特威士（Ketwich）

最早创办了一只信托基金。一般认为，1868 年英国的"海外及殖民地政府信托基金"是世界上第一只封闭基金；而 1924 年诞生于美国的"马萨诸塞投资信托基金"是世界上第一只开放式基金。

在不同的国家或地区，投资基金有不同的称谓。英国和中国香港称为"单位信托投资基金"，美国称为"共同基金"，日本和中国台湾则称为"证券投资信托基金"。投资基金在西方国家早已成为一种重要的融资、投资手段，并得到迅猛发展。20 世纪 60 年代以来，部分发展中国家积极仿效，越来越注重运用投资基金这一形式吸收国内外资金，促进本国经济的发展。

二、基金管理人

基金管理人是指凭借自己的专门知识与经验，根据法律、法规及基金章程或契约的规定，实际运作基金资产，谋求基金资产保值增值，并使基金持有人获取尽可能多收益的机构。

基金管理人由依法设立的公司或者合伙企业担任。公开募集基金的基金管理人由基金管理公司或者经国务院证券监督管理机构按照规定核准的其他机构担任。

设立管理公开募集基金的基金管理公司应当具备下列条件，并经国务院证券监督管理机构批准：

（1）有符合《中华人民共和国证券投资基金法》和《中华人民共和国公司法》规定的章程。

（2）注册资本不低于 1 亿元人民币，且必须为实缴货币资本。

（3）主要股东应当具有经营金融业务或者管理金融机构的良好业绩、良好的财务状况和社会信誉，资产规模达到国务院规定的标准，最近 3 年没有违法记录。

（4）取得基金从业资格的人员达到法定人数。

（5）董事、监事、高级管理人员具备相应的任职条件。

（6）有符合要求的营业场所、安全防范设施和与基金管理业务有关的其他设施。

（7）有良好的内部治理结构、完善的内部稽核监控制度、风险控制制度。

（8）法律、行政法规规定的和经国务院批准的国务院证券监督管理机构规定的其他条件。

公开募集基金的基金管理人及其董事、监事、高级管理人员和其他从业人员不得有下列行为：

（1）将其固有财产或者他人财产混同于基金财产从事证券投资。

（2）不公平地对待其管理的不同基金财产。

（3）利用基金财产或者职务之便为基金份额持有人以外的人牟取利益。

（4）向基金份额持有人违规承诺收益或者承担损失。

（5）侵占、挪用基金财产。

（6）泄露因职务便利获取的未公开信息、利用该信息从事或者明示、暗示他人从事相关的交易活动。

（7）玩忽职守，不按照规定履行职责。

（8）法律、行政法规和国务院证券监督管理机构规定禁止的其他行为。

三、基金托管人

1. 基金托管人的概念

基金托管人也称基金保管人，是根据法律法规的要求，在证券投资基金运作中承担资产保管、交易监督、信息披露、资金清算与会计核算等相应职责的当事人。基金托管人与基金管理人签订托管协议，在托管协议规定的范围内履行其职责。

2. 基金托管人的资格

基金托管人由依法设立的商业银行或者其他金融机构担任。

商业银行担任基金托管人的，由国务院证券监督管理机构会同国务院银行业监督管理机构核准；其他金融机构担任基金托管人的，由国务院证券监督管理机构核准。

基金托管人与基金管理人不得为同一机构，不得相互出资或者持有股份。

3. 基金托管人条件

担任基金托管人应当具备下列条件：①净资产和风险控制指标符合有关规定。②设有专门的基金托管部门。③取得基金从业资格的专职人员达到法定人数。④有安全保管基金财产的条件。⑤有安全高效的清算、交割系统。⑥有符合要求的营业场所、安全防范设施和与基金托管业务有关的其他设施。⑦有完善的内部稽核监控制度和风险控制制度。⑧法律、行政法规规定的和经国务院批准的国务院证券监督管理机构、国务院银行业监督管理机构规定的其他条件。

四、基金的公开募集程序

（1）公开募集基金，应当经国务院证券监督管理机构注册。未经注册，不得公开或者变相公开募集基金。

此处所称"公开募集基金"，包括向不特定对象募集资金、向特定对象募集资金累计超过 200 人，以及法律、行政法规规定的其他情形。公开募集基金应当由基金管理人管理，基金托管人托管。

（2）注册公开募集基金，由拟任基金管理人向国务院证券监督管理机构提交下列文件：①申请报告。②基金合同草案。③基金托管协议草案。④招募说明书草案。⑤律师事务所出具的法律意见书。⑥国务院证券监督管理机构规定提交的其他文件。

（3）国务院证券监督管理机构应当自受理公开募集基金的募集注册申请之日起 6 个月内依照法律、行政法规及国务院证券监督管理机构的规定进行审查，作出注册或者不予注册的决定，并通知申请人；不予注册的，应当说明理由。基金募集申请经注册后，方可发售基金份额。

（4）基金份额的发售，由基金管理人或者其委托的基金销售机构办理。

（5）基金管理人应当在基金份额发售的 3 日前公布招募说明书、基金合同及其他有关文件。

（6）基金管理人应当自收到准予注册文件之日起 6 个月内进行基金募集。超过 6 个月开始募集，原注册的事项未发生实质性变化的，应当报国务院证券监督管理机构备案；发生实质性变化的，应当向国务院证券监督管理机构重新提交注册申请。基金募集不得超过国务院证券监督管理机构准予注册的基金募集期限。

（7）基金募集期限届满，封闭式基金募集的基金份额总额达到准予注册规模的 80% 以上，开放式基金募集的基金份额总额超过准予注册的最低募集份额总额，并且基金份额持有人人数符合国务院证券监督管理机构规定的，基金管理人应当自募集期限届满之日起 10 日内聘请法定验资机构验资，自收到验资报告之日起 10 日内，向国务院证券监督管理机构提交验资报告，办理基金备案手续，并予以公告。

（8）基金募集期限届满，不能满足上述第（7）项条件的，基金管理人应当承担下列责任：以其固有财产承担因募集行为而产生的债务和费用；在基金募集期限届满后 30 日内返还投资人已交纳的款项，并加计银行同期存款利息。

（9）投资人缴纳认购的基金份额的款项时，基金合同成立；基金管理人依法向国务院证券监督管理机构办理基金备案手续，基金合同生效。

五、非公开募集基金的程序

（1）非公开募集基金应当向合格投资者募集，合格投资者累计不得超过 200 人。此处所称的"合格投资者"，是指达到国务院证券监督管理机构规定的资产规模或者收入水平，并且具备相应的风险识别能力和风险承担能力、其基金份额认购金额不低于规定限额的单位和个人。

（2）非公开募集基金不得向合格投资者之外的单位和个人募集资金，不得通过报刊、电台、电视台、互联网等公众传播媒体或者讲座、报告会、分析会等方式向不特定对象宣传推介。

（3）非公开募集基金应当制定并签订基金合同。

基金合同应当包括下列内容：①基金份额持有人、基金管理人、基金托管人的权利、义务。②基金的运作方式。③基金的出资方式、数额和认缴期限。④基金的投资范围、投资策略和投资限制。⑤基金收益分配原则、执行方式。⑥基金承担的有关费用。⑦基金信息提供的内容、方式。⑧基金份额的认购、赎回或者转让的程序和方式。⑨基金合同变更、解除和终止的事由、程序。⑩基金财产清算方式。⑪当事人约定的其他事项。

（4）按照基金合同约定，非公开募集基金可以由部分基金份额持有人作为基金管理人负责基金的投资管理活动，并在基金财产不足以清偿其债务时对基金财产的债务承担无限连带责任。

（5）非公开募集基金募集完毕，基金管理人应当向基金行业协会备案。对募集的资金总额或者基金份额持有人的人数达到规定标准的基金，基金行业协会应当向国务院证券监督管理机构报告。

第四节　证券上市与证券交易

一、证券交易概述

（一）证券交易的概念

证券交易也称证券买卖、证券转让，即证券持有人依照证券交易规则，依法转让证券给其他证券投资者的行为。证券交易当事人依法买卖的证券，必须是依法发行并交付的证券。

证券交易的方式分为集中竞价交易和非集中竞价交易两种，分别适用于证券交易所和场外交易市场。《中华人民共和国证券法》规定："证券在证券交易所上市交易，应当采用公开的集中交易方式或者国务院证券监督管理机构批准的其他方式。"集中竞价交易是指所有该类证券的买主和卖主集中在证券交易所公开申报和竞价交易，实行价格优先、时间优先的原则。

（二）证券交易的类型

根据交易形式的不同，证券交易分为现货交易、期货交易、信用交易和期权交易。

（1）现货交易是指证券交易双方在成交后即时清算交割证券和价款的交易形式。现货交易是证券交易的基本形式，为各国证券交易所广泛采用。现货交易双方分别为持券待售者和持币待购者。

（2）期货交易是指证券交易双方在期货交易所集中交易标准化期货合约的交易形式。期货交易对象是期货合约，是指由期货交易所统一制定的、规定在将来某一特定的时间和地点交割一定数量标的物的标准化合约。根据期货合约，一方当事人应于交割期限内，向持有期货合约的另一方交付期货合约指定数量的商品或金融产品。

（3）信用交易又称保证金交易，是指证券投资者按照法律规定，在买卖证券时只向证券公司交付一定的保证金，由证券公司进行融资或融券进行交易的交易形式。证券公司为客户买卖证券提供融资融券服务，应当按照国务院的规定并经国务院证券监督管理机构批准。

融资交易是指投资者提供一定数量的现款作为保证金，而由证券商为投资者垫付部分交易资金以购买证券的保证金交易方式。投资者融资买入证券，只有证券价格上涨才可以盈利，否则会亏损。

融券交易又称保证金卖空交易，是指投资者向证券商缴纳一定比例的保证金，由证券商向投资者借贷一定数量的证券，投资者将借入的证券先行卖出，然后在约定期限内再偿还同等数量的证券，并支付一定费用的证券交易方式。融券交易，只有当证券价格下跌的情况下，投资者才可能盈利。融资交易和融券交易，具有放大盈利和损失的杠杆效应，故只有合格的投资者才可以使用这种交易方式。

（4）期权交易是指证券交易双方在期货交易所集中交易标准化期权合约的交易形式。

期权交易是当事人为获得证券市场价格波动带来的利益，约定在一定时间内，以特定价格买进或卖出指定证券，或者放弃买进或卖出指定证券的交易。期权交易的对象是期权合约，是指由期货交易所统一制定的、规定买方有权在将来某一时间以特定价格买入或者卖出约定标的物的标准化合约。期权分为看涨期权和看跌期权两种基本类型。期权交易属于选择权交易。

【知识拓展】看涨期权与看跌期权

看涨期权是指在协议规定的有效期内，协议持有人按规定的价格和数量购进特定交易标的物的权利。看涨期权又称"多头期权""买权""延买权"。期权购买者购进这种买进期权，是因为他对特定交易标的物未来的价格看涨，将来可获利。购进期权后，当特定交易标的物高于协议价格加期权费用之和时（未含佣金），期权购买者可按协议规定的价格和数量购买特定交易标的物，然后按市价出售，或转让买进期权，获取利润；当特定交易标的物市价在协议价格加期权费用之和之间波动时，期权购买者将受到一定损失；当特定交易标的物市价低于协议价格时，期权购买者的期权费用将全部消失，并将放弃买进期权。因此，期权购买者最大的损失不过是期权费用加佣金。

看跌期权是指期权买方按照一定的价格，在规定的期限内享有向期权卖方出售特定交易标的物的权利，但不负担必须卖出的义务。看跌期权又称"空头期权""卖权""延卖权"。在看跌期权买卖中，买入看跌的投资者是因为他对特定交易标的物未来价格看跌，所以买入看跌期权；而卖出看跌期权方则预计价格会上升或不会下跌。

资料来源：https://baike.so.com/doc/132576-140059.html。

二、证券上市

（一）证券上市的概念

证券上市是指公开发行的有价证券，依据法律规定的条件和程序，在证券交易所或其他依法设立的交易市场公开挂牌交易的行为。在证券交易所内买卖的有价证券称为上市证券，发行上市证券的公司称为上市公司。

根据上市的有价证券的种类不同，分为股票上市、债券上市和证券投资基金上市。

股票上市是指符合规定条件的公司的股票在证券交易所挂牌交易。股份有限公司申请股票上市交易，应当向证券交易所提出申请，由证券交易所依法审核同意，并由双方签订上市协议。同时应聘请有保荐资格的机构担任保荐人，依法保荐。

债券上市主要是指经证券交易所依法审核同意的公司债券在证券交易所挂牌交易。

此外，证券交易所根据国务院授权的部门的决定安排政府债券上市交易。

证券投资基金上市是指经证券交易所依法审核同意的证券投资基金份额在证券交易所挂牌交易。

（二）证券上市的条件

1. 股票上市的条件

（1）股份有限公司申请股票上市，应当符合下列条件：①股票经国务院证券监督管理机构核准已公开发行。②公司股本总额不少于人民币3000万元。③公开发行的股份达到公司股份总数的25%以上；公司股本总额超过人民币4亿元的，公开发行股份的比例为10%以上。④公司最近3年无重大违法行为，财务会计报告无虚假记载。证券交易所可以规定高于上述规定的上市条件，并报国务院证券监督管理机构批准。国家鼓励符合产业政策并符合上市条件的公司股票上市交易。

（2）申请股票上市交易，应当向证券交易所报送下列文件：①上市报告书。②申请股票上市的股东大会决议。③公司章程。④公司营业执照。⑤依法经会计师事务所审计的公司最近3年的财务会计报告。⑥法律意见书和上市保荐书。⑦最近一次的招股说明书。⑧证券交易所上市规则规定的其他文件。

2. 公司债券上市的条件

（1）公司申请其公司债券上市交易，应当符合下列条件：①公司债券的期限为1年以上。②公司债券实际发行额不少于人民币5000万元。③公司申请债券上市时仍符合法定的公司债券发行条件。

（2）申请公司债券上市交易，应当向证券交易所报送下列文件：①上市报告书。②申请公司债券上市的董事长决议。③公司章程。④公司营业执照。⑤公司债券募集办法。⑥公司债券的实际发行数额。⑦证券交易所上市规则规定的其他文件。

申请可转换为股票的公司债券上市交易，还应当报送保荐人出具的上市保荐书。

3. 证券投资基金的上市条件

（1）公开募集基金的基金份额的交易、申购与赎回。①申请基金份额上市交易，基金管理人应当向证券交易所提出申请，证券交易所依法审核同意的，双方应当签订上市协议。②基金份额上市交易，应当符合下列条件：基金的募集符合《中华人民共和国证券投资基金法》的规定；基金合同期限为5年以上；基金募集金额不低于人民币2亿元；基金份额持有人不少于1000人；基金份额上市交易规则规定的其他条件。③基金份额上市交易后，有下列情形之一的，由证券交易所终止其上市交易，并报国务院证券监督管理机构备案：不再具备《中华人民共和国证券投资基金法》规定的上市交易条件；基金合同期限届满；基金份额持有人大会决定提前终止上市交易；基金合同约定的或者基金份额上市交易规则规定的终止上市交易的其他情形。④开放式基金的基金份额的申购、赎回、登记，由基金管理人或者其委托的基金服务机构办理。基金管理人应当在每个工作日办理基金份额的申购、赎回业务；基金合同另有约定的，从其约定。

（2）非开放式基金的基金份额的转让。非开放式基金的基金份额持有人转让其基金份额的，必须符合的条件包括：①受让人只能是合格投资者，不得向合格投资者之外的单位和个人募集资金，不得通过公众传播媒体或者讲座、报告会、分析会等方式向不特定对象宣传推介。②基金份额转让后，合格投资者人数应当符合有关法律规定，累计不得超过 200 人。

（三）证券上市的程序

1. 申请与审核

证券上市交易应当向证券交易所提出申请，由证券交易所依法审核同意，并由双方签订上市协议。证券交易所根据国务院授权的部门的决定安排政府债券上市交易。

2. 聘请保荐人

申请股票、可转换为股票的公司债券或者法律、行政法规规定实行保荐制度的其他证券上市交易，应当聘请具有保荐资格的机构担任保荐人。

3. 公告

股票（或公司债券）上市交易申请经证券交易所审核同意后，签订上市协议的公司应当在规定的期限内公告股票（或公司债券）上市的有关文件，并将该文件置备于指定场所供公众查阅。签订股票上市协议的公司除公告上述文件外，还应当公告下列事项：①股票获准在证券交易所交易的日期。②持有公司股份最多的前 10 名股东的名单和持股数额。③公司的实际控制人。④董事、监事、高级管理人员的姓名及其持有本公司股票和债券的情况。

4. 对证券交易所作出的不予上市、暂停上市、终止上市决定不服的，可以向证券交易所设立的复核机构申请复核

（四）证券上市的暂停与终止

1. 股票上市的暂停与终止

上市公司丧失公司法规定的上市条件的，其股票依法暂停上市或者终止上市。

（1）上市暂停。上市公司有下列情形之一的，由证券交易所决定暂停其股票上市交易：①公司股本总额、股权分布等发生变化不再具备上市条件。②公司不按照规定公开其财务状况，或者对财务会计报告作虚假记载，可能误导投资者。③公司有重大违法行为。④公司最近 3 年连续亏损。⑤证券交易所上市规则规定的其他情形。

（2）上市终止。上市公司有下列情形之一的，由证券交易所决定终止其股票上市交易：①公司股本总额、股权分布等发生变化不再具备上市条件，在证券交易所规定的期限内仍不能达到上市条件。②公司不按照规定公开其财务状况，或者对财务会计报告作虚假记载，且拒绝纠正。③公司最近 3 年连续亏损，在其后 1 个年度内未能恢复盈利。④公司解散或者被宣告破产。⑤证券交易所上市规则规定的其他情形。

2. 公司债券上市的暂停与终止

（1）上市暂停。公司债券上市交易后，公司有下列情形之一的，由证券交易所决定暂停其公司债券上市交易：①公司有重大违法行为。②公司情况发生重大变化不符合公司债券上市条件。③公司债券所募集资金不按照核准的用途使用。④未按照公司债券募集办法履行义务。⑤公司最近两年连续亏损。

（2）上市终止。公司有上列第①项、第④项所列情形之一，经查实后果严重的，或者有第②项、第③项、第⑤项所列情形之一，在限期内未能消除的，由证券交易所决定终止其公司债券上市交易。

公司解散或者被宣告破产的，由证券交易所终止其上市交易。

3. 证券投资基金上市的终止

基金份额上市交易后，有下列情形之一的，由证券交易所终止其上市交易，并报国务院证券监督管理机构备案：①不再具备《中华人民共和国证券投资基金法》规定的上市交易条件。②基金合同期限届满。③基金份额持有人大会决定提前终止上市交易。④基金合同约定的或者基金份额上市交易规则规定的终止上市交易的其他情形。

三、信息公开

信息公开也称信息披露，是证券发行人、上市公司及其他主体，依照法律规定的方式和程序，在证券发行、上市和交易过程中，依法向有关机关和社会公众报告和披露有关的重大信息并予以公开的一种法律制度。信息公开是建立公平、公开、公正的证券市场的基础，也是证券市场存在和发展的前提。

信息公开包括首次信息公开和持续信息公开。

（一）首次信息公开

首次信息公开也称发行信息公开、发行信息披露、初次信息公开，是指证券公开发行时对发行人、拟发行的证券以及与发行证券有关的信息进行的披露。该类信息披露文件主要有招股说明书、债券募集说明书、上市公告书等。

（二）持续信息公开

持续信息公开也称继续信息公开、持续信息披露，是指证券上市交易过程中发行人、上市公司等在证券上市及上市期间对证券上市交易及与证券交易有关的信息进行的持续的披露。该类信息披露文件主要有上市公司定期报告和上市公司临时报告，定期报告又包括年度报告、中期报告和季度报告。凡是对投资者作出投资决策有重大影响的信息，均应当披露。除上市公司定期报告外，发生可能对上市公司证券及其衍生品种交易价格产生较大影响的重大事件，投资者尚未得知时，上市公司应当立即披露，说明事件的起因、目前的状态和可能产生的影响。

（三）上市公司信息披露的基本要求

（1）信息披露义务人应当真实、准确、完整、及时地披露信息，不得有虚假记载、误导性陈述或者重大遗漏。信息披露义务人应当同时向所有投资者公开披露信息。在境内外市场发行证券及其衍生品种并上市的公司在境外市场披露的信息，应当同时在境内市场披露。

（2）发行人、上市公司的董事、监事、高级管理人员应当忠实、勤勉地履行职责，保证披露信息的真实、准确、完整、及时、公平。

（3）在内幕信息依法披露前，任何知情人不得公开或者泄露该信息，不得利用该信息进行内幕交易。

（4）上市公司及其他信息披露义务人依法披露信息，应当将公告文稿和相关备查文件报送证券交易所登记，并在国务院证券监督管理机构指定的媒体发布。

（5）信息披露义务人在公司网站及其他媒体发布信息的时间不得先于指定媒体，不得以新闻发布或者答记者问等任何形式代替应当履行的报告、公告义务，不得以定期报告形式代替应当履行的临时报告义务。

四、对证券交易的限制

（一）对交易主体的限制

（1）证券交易所、证券公司和证券登记结算机构的从业人员、证券监督管理机构的工作人员以及法律、行政法规禁止参与股票交易的其他人员，在任期或者法定期限内，不得直接或者以化名、借他人名义持有、买卖股票，也不得收受他人赠送的股票。任何人在成为上述所列人员时，其原已持有的股票，必须依法转让。

（2）为股票发行出具审计报告、资产评估报告或者法律意见书等文件的证券服务机构和人员，在该股票承销期内和期满后6个月内，不得买卖该种股票。为上市公司出具审计报告、资产评估报告或者法律意见书等文件的证券服务机构和人员，自接受上市公司委托之日起至上述文件公开后5日内，不得买卖该种股票。

（3）公司董事、监事、高级管理人员，在任职期间每年转让的股份不得超过其所持有本公司股份总数的25%；所持有公司股份自公司股票上市交易之日起1年内不得转让。

上述人员离职后半年内，不得转让其所持有的本公司股份。

（二）对交易客体的限制

（1）证券交易当事人依法买卖的证券，必须是依法发行并交付的证券。非依法发行的证券不得买卖。

（2）依法发行的股票、公司债券及其他证券，法律对其转让期限有限制性规定的，在限定的期限内不得买卖。

（3）发起人持有的本公司股份，自公司成立之日起1年内不得转让。公司公开发行股份前已发行的股份，自公司股票在证券交易所上市交易之日起1年内不得转让。

（三）对短线交易的限制

上市公司董事、监事、高级管理人员、持有上市公司股份5%以上的股东，将其持有的该公司的股票在买入后6个月内卖出，或者在卖出后6个月内又买入，由此所得收益归该公司所有，公司董事会应当收回其所得收益。证券公司因包销购入售后剩余股票而持有5%以上股份的，卖出该股票不受6个月的时间限制。

【例3-3】甲股份有限公司（以下简称甲公司）于2015年1月成立，专门从事药品生产。王某担任总经理，未持有甲公司股票。2019年11月，甲公司公开发行股票并上市。

2021年5月，甲公司股东刘某在查阅公司2020年年度报告时发现：

2020 年 9 月，王某买入甲公司股票 20000 股；2020 年 12 月，王某将其中的 5000 股卖出。

2021 年 6 月，刘某向甲公司董事会提出：王某无权取得转让股票的收益，董事会未予理睬。

2021 年 8 月，刘某向法院提起诉讼。经查：该公司章程对股份转让未作特别规定；王某 12 月转让股票取得的 3 万元收益归其个人所有。

回答下列问题：

王某是否有权将 3 万元收益归其个人所有？简要说明理由。

【解析】王某无权将 3 万元收益收归个人所有。根据规定，上市公司董事、监事、高级管理人员、持有上市公司股份 5% 以上的股东，将其持有的该公司的股票在买入后 6 个月内卖出，或者在卖出后 6 个月内又买入，由此所得收益归该公司所有，公司董事会应当收回其所得收益。王某是总经理，属于高级管理人员，因此不能实施上述短线交易行为，其收益应归该公司所有。

五、禁止的交易行为

（一）禁止内幕交易

禁止证券交易内幕信息的知情人和非法获取内幕信息的人利用内幕信息从事证券交易活动，包括自己买卖和建议他人买卖该证券。

1. 证券交易内幕信息的知情人

证券交易内幕信息的知情人包括：

（1）发行人及其董事、监事、高级管理人员。

（2）持有公司 5% 以上股份的股东及其董事、监事、高级管理人员，公司的实际控制人及其董事、监事、高级管理人员。

（3）发行人控股或者实际控制的公司及其董事、监事、高级管理人员。

（4）由于所任公司职务或者因与公司业务往来可以获取公司有关内幕信息的人员。

（5）上市公司收购人或者重大资产交易方及其控股股东、实际控制人、董事、监事和高级管理人员。

（6）因职务、工作可以获取内幕信息的证券交易场所、证券公司、证券登记结算机构、证券服务机构的有关人员。

（7）因职责、工作可以获取内幕信息的证券监督管理机构工作人员。

（8）因法定职责对证券的发行、交易或者对上市公司及其收购、重大资产交易进行管理可以获取内幕信息的有关主管部门、监管机构的工作人员。

（9）国务院证券监督管理机构规定的可以获取内幕信息的其他人员。

在内幕交易中，行为人买卖的应当是可能受内幕信息影响的证券，假如某位会计师知悉甲公司的财务状况的有关信息，但是他在知悉内幕信息期间从事的是与甲公司毫无关系的乙公司股票的买卖，那么，尽管他属于内幕人员，他的这一买卖行为也不是内幕

交易。

2. 证券交易的内幕信息

在证券交易活动中，涉及发行人的经营、财务或者对该发行人证券的市场价格有重大影响的尚未公开的信息，为内幕信息。

【知识拓展】证券交易内幕信息

证券交易内幕信息是指《中华人民共和国证券法》第80条、第81条分别规定的可能影响股票交易的"重大事件"。

《中华人民共和国证券法》第80条规定的"重大事件"是：①公司的经营方针和经营范围的重大变化。②公司的重大投资行为，公司在一年内购买、出售重大资产超过公司资产总额30%，或者公司营业用主要资产的抵押、质押、出售或者报废一次超过该资产的30%。③公司订立重要合同、提供重大担保或者从事关联交易，可能对公司的资产、负债、权益和经营成果产生重要影响。④公司发生重大债务和未能清偿到期重大债务的违约情况。⑤公司发生重大亏损或者重大损失。⑥公司生产经营的外部条件发生的重大变化。⑦公司的董事、1/3以上监事或者经理发生变动，董事长或者经理无法履行职责。⑧持有公司5%以上股份的股东或者实际控制人持有股份或者控制公司的情况发生较大变化，公司的实际控制人及其控制的其他企业从事与公司相同或者相似业务的情况发生较大变化。⑨公司分配股利、增资的计划，公司股权结构的重要变化，公司减资、合并、分立、解散及申请破产的决定，或者依法进入破产程序、被责令关闭。⑩涉及公司的重大诉讼、仲裁，股东大会、董事会决议被依法撤销或者宣告无效。⑪公司涉嫌犯罪被依法立案调查，公司的控股股东、实际控制人、董事、监事、高级管理人员涉嫌犯罪被依法采取强制措施。⑫国务院证券监督管理机构规定的其他事项。

《中华人民共和国证券法》第81条规定的"重大事件"是：①公司股权结构或者生产经营状况发生重大变化。②公司债券信用评级发生变化。③公司重大资产抵押、质押、出售、转让、报废。④公司发生未能清偿到期债务的情况。⑤公司新增借款或者对外提供担保超过上年末净资产的20%。⑥公司放弃债权或者财产超过上年末净资产的10%。⑦公司发生超过上年末净资产10%的重大损失。⑧公司分配股利，作出减资、合并、分立、解散及申请破产的决定，或者依法进入破产程序、被责令关闭。⑨涉及公司的重大诉讼、仲裁。⑩公司涉嫌犯罪被依法立案调查，公司的控股股东、实际控制人、董事、监事、高级管理人员涉嫌犯罪被依法采取强制措施。⑪国务院证券监督管理机构规定的其他事项。

证券交易内幕信息的知情人和非法获取内幕信息的人，在内幕信息公开前，不得买卖该公司的证券，或者泄露该信息，或者建议他人买卖该证券。持有或者通过协议、其他安排与他人共同持有公司5%以上股份的自然人、法人、其他组织收购上市公司的股份，《中华人民共和国证券法》另有规定的，适用其规定。

【例3-4】 股民陈某是一名电脑爱好者，2021年10月20日，陈某在上网时利用黑客技术进入了甲上市公司的内部信息系统，得知甲上市公司近期将增资的计划，陈某就立即买入了甲上市公司的股票1万股。陈某在买入公司股票后，又将甲公司近期将增资的消息在网上发布传播。

回答下列问题：

（1）陈某买入甲上市公司股票的行为是否合法？为什么？

（2）陈某将获悉的消息在网上发布传播是何种性质的行为？

（3）陈某应承担何种行政法律责任？

【解析】（1）陈某的行为不合法，因为该行为属于内幕交易行为，违反了《中华人民共和国证券法》的规定。

（2）陈某将上述内幕消息在网上传播的行为属于泄露内幕信息行为，违反了《中华人民共和国证券法》的规定。

（3）根据《中华人民共和国证券法》，陈某应承担如下法律责任：责令依法处理非法持有的证券，没收违法所得，并处以违法所得1倍以上5倍以下的罚款；没有违法所得或者违法所得不足3万元的，处以3万元以上60万元以下的罚款。

（二）禁止操纵证券市场

操纵证券市场是指以获取利益或减少损失为目的，利用手中掌握的资金等优势影响证券市场价格，制造证券市场假象，诱导或者致使投资者在不了解事实真相的情况下作出证券投资决定，扰乱证券市场秩序的行为。禁止任何人以下列手段操纵证券市场，影响或者意图影响证券交易价格或者证券交易量。

（1）单独或者通过合谋，集中资金优势、持股优势或者利用信息优势联合或者连续买卖。

（2）与他人串通，以事先约定的时间、价格和方式相互进行证券交易。

（3）在自己实际控制的账户之间进行证券交易。

（4）不以成交为目的，频繁或者大量申报并撤销申报。

（5）利用虚假或者不确定的重大信息，诱导投资者进行证券交易。

（6）对证券、发行人公开作出评价、预测或者投资建议，并进行反向证券交易。

（7）利用在其他相关市场的活动操纵证券市场。

（8）操纵证券市场的其他手段。

操纵证券市场行为给投资者造成损失的，应当依法承担赔偿责任。

（三）禁止虚假陈述

虚假陈述是指信息披露义务人违反证券法律规定，在证券发行或者交易过程中，对重大事件作出违背事实真相的虚假记载和误导性陈述，或者在披露信息时故意发生重大遗漏、不正当披露信息的行为。

禁止任何单位和个人编造、传播虚假信息或者误导性信息，扰乱证券市场。

禁止证券交易场所、证券公司、证券登记结算机构、证券服务机构及其从业人员，证券业协会、证券监督管理机构及其工作人员，在证券交易活动中作出虚假陈述或者信息误导。

各种传播媒介传播证券市场信息必须真实、客观，禁止误导。传播媒介及其从事证券市场信息报道的工作人员不得从事与其工作职责发生利益冲突的证券买卖。编造、传

播虚假信息或者误导性信息，扰乱证券市场，给投资者造成损失的，应当依法承担赔偿责任。

在证券市场上，各种各样信息的传播对证券交易都会造成影响，公布真实的信息，有助于投资者了解市场真实情况，作出正确选择；而散布虚假信息，进行信息误导，则会使投资者作出错误的判断，利益受到损失，所以，对编造、传播虚假信息，恶意进行信息误导的行为，应当坚决予以禁止。

（四）禁止欺诈客户

欺诈客户是指证券公司及其从业人员在证券交易及相关活动中，违背客户真实意思表示、损害其利益的行为。禁止证券公司及其从业人员从事下列损害客户利益的欺诈行为：

（1）违背客户的委托为其买卖证券。

（2）不在规定时间内向客户提供交易的书面确认文件。

（3）挪用客户所委托买卖的证券或者客户账户上的资金。

（4）未经客户的委托，擅自为客户买卖证券，或者假借客户的名义买卖证券。

（5）为牟取佣金收入，诱使客户进行不必要的证券买卖。

（6）利用传播媒介或者通过其他方式提供、传播虚假或者误导投资者的信息。

（7）其他违背客户真实意思表示、损害客户利益的行为。

欺诈客户行为给客户造成损失的，行为人应当依法承担赔偿责任。

【例3-5】某年5月初，甲证券公司以100多人的名义开设自营账户炒作M股票，成为炒作M股票的庄家。5月底，甲证券公司大量买入M股票，持仓量由5月初占总股本的15%，增加到5月底的19%，至6月底，再次大量建仓，持仓量占股票总股本的22%。甲证券公司用自营账户买卖M股票，运用资金共5.2亿元，并使用不同的账户对M股票作价格数量相近、方向相反的交易，拉高股票价格，使该股票价格由6.52元/股升至13.74元/股，甲证券公司实际上已操纵了M股票价格的涨跌。

回答下列问题：

（1）操纵证券交易价格行为有几种？

（2）甲证券公司的行为属于哪几种？

（3）你认为操纵市场行为有什么危害？

（4）应该如何防范证券市场操作行为？

（5）甲证券公司可能承担什么法律责任？

资料来源：根据百度文库相关资料整理。

【解析】（1）①单独或者合谋，集中资金优势，联合或者连续买卖，操纵证券交易价格的行为。②与他人串通，以事先约定的时间、价格和方式相互买卖证券或者进行虚买虚卖，制造证券交易虚假价格或者证券交易量的行为。③以自己为交易对象进行不转移证券所有权的自买自卖，以影响证券价格或者证券交易量的行为。

（2）本案中，甲证券公司动用资金5.2亿元，使用不同的账户对M股票作价格数量相近、方向相反的交易，提高股票价格，是集中资金优势连续买卖证券的行为，属于第一种。甲公司以自己为交易对象进行不转移所有权的自买自卖，影响证券价格，属于第三种。

（3）这种操作行为是竞争机制的天敌、是盘剥投资者的工具、是形成虚构的供求关系的罪魁祸首。

（4）①大量持股报告义务。②禁止单位以个人名义开户买卖证券。③禁止挪用公款买卖证券。④禁止国有企业及上市公司炒作上市交易股票。

（5）根据不同情况单处或者并处警告、没收非法所得、罚款、限制或暂停其证券经营活动和证券业务。

（五）其他禁止的违法证券交易行为

（1）禁止法人非法利用他人账户从事证券交易，禁止法人出借自己或者他人的证券账户。

（2）依法拓宽资金入市渠道，禁止资金违规流入股市。

（3）禁止任何人挪用公款买卖证券。

国有企业和国有资产控股企业买卖上市交易的股票，必须遵守国家有关规定。

证券交易所、证券公司、证券登记结算机构、证券服务机构及其从业人员对证券交易中发现的禁止的交易行为，应当及时向证券监督管理机构报告。

第五节　上市公司收购

一、上市公司收购概述

（一）上市公司收购的概念

上市公司收购是指收购人通过在证券交易所的股份转让行为公开收购某上市公司依法发行上市的股份达到一定比例，或者通过投资等其他合法方式和途径取得某上市公司的股份达到一定的比例，从而导致收购人获得对该上市公司的控制权的法律行为。如甲投资者收购乙上市公司的股份，则甲投资者为收购方即收购人，乙上市公司为被收购方即目标公司，被收购的乙上市公司的股份是收购的标的物。

收购人包括投资者及与其一致行动的他人。

（二）上市公司收购条件

为了防止收购人通过虚假收购或者恶意收购损害被收购公司及其股东的合法权益，《上市公司收购管理办法》规定，收购人有下列情形之一的，不得收购上市公司：

（1）收购人负有数额较大债务，到期未清偿，且处于持续状态。

（2）收购人最近3年有重大违法行为或者涉嫌有重大违法行为。

（3）收购人最近3年有严重的证券市场失信行为。

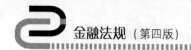

（4）收购人为自然人的，存在《中华人民共和国公司法》第147条规定情形。

（5）法律、行政法规规定以及中国证券监督管理机构认定的不得收购上市公司的其他情形。

（三）上市公司控制权标准

有下列情形之一的，为拥有上市公司控制权：

（1）投资者为上市公司持股50%以上的控股股东。

（2）投资者可以实际支配上市公司股份表决权超过30%。

（3）投资者通过实际支配上市公司股份表决权能够决定公司董事会半数以上成员选任。

（4）投资者依其可实际支配的上市公司股份表决权足以对公司股东大会的决议产生重大影响。

（5）国务院证券监督管理机构认定的其他情形。

【知识拓展】上市公司收购的特征

（1）上市公司收购的目标是上市公司，收购的标的物是上市公司发行的股份，而不是目标公司的具体资产。

（2）上市公司收购的主体是投资者，投资者既可以是个人，也可以是法人或其他经济实体。

（3）收购的目的是实现对目标公司的控制股或者取得控制权。收购成功后，收购方一般并不将目标公司的法人资格解散，更不会将目标公司的上市资格主动取消。在中国，保持上市公司的上市资格，并利用该宝贵的壳资源从事资本运作以获得发展，是收购的终极目的。所以，单纯地购买某上市公司的股票，并不构成上市公司收购。

二、上市公司收购程序

上市公司收购方式主要有：①股份转让形式，即收购人通过取得股份的方式成为一个上市公司的控股股东，包括要约收购和协议收购。②通过投资关系、协议、其他安排的途径成为一个上市公司的实际控制人。③同时采取上述方式和途径取得上市公司控制权。本书仅介绍通过股份转让形式进行公司收购的程序。

（一）要约收购

1. 要约收购的概念

要约收购是指投资者向被收购公司的所有股东发出要约，表明愿意以要约中的条件购买其所持有的该被收购公司的股票，以期获得或巩固对该被收购公司控制权的法律行为。要约收购是通过证券交易所的场内交易完成的。

投资者自愿选择以要约方式收购上市公司股份的，可以向被收购公司所有股东发出收购其所持有的全部股份的要约（以下简称全面要约），也可以向被收购公司所有股东发出收购其所持有的部分股份的要约（以下简称部分要约）。

2. 要约收购的程序

（1）报送要约收购报告书。收购人在发出收购要约前须事先向国务院证券监督管理机构报送上市公司收购报告书，收购报告书载明下列事项：收购人的名称、住所；收购人关于收购的决定；被收购的上市公司名称；收购目的；收购股份的详细名称和预定收购的股份数额；收购的期限和价格；收购所需资金额及资金保证；报送上市收购报告书时持有被收购公司股份数与该公司已发行的股份总数的比例。收购人还应当将公司收购报告书提交证券交易所。

（2）公告收购要约。收购人从依照规定报送上市公司收购报告书之日起 15 日后，公告其收购要约，收购要约公告有效的期限不得少于 30 日，也不得超过 60 日。在收购要约的有效期内，收购人不得撤回其收购要约。在此期限内，收购人若需变更收购要约事项的，必须事先向国务院证券监督管理机构及证券交易所提出报告，经获准后予以公告。收购要约中提出的各项收购条件，适用于被收购公司所有的股东。收购人在要约有效期限内，不得采取要约规定以外的形式和超出要约规定的条件买卖被收购公司的股票。

（3）预受和收购。预受是指被收购公司股东同意接受要约的初步意思表示。预受股东应该委托证券公司办理相关手续。收购期限届满，发出部分收购要约的收购人，应按照收购要约约定的条件购买被收购公司股东预受的股份，预受要约股份的数量超过预定收购数量时，收购人应按同比例收购预受要约的股份。

（4）收购结束报告与公告。收购上市公司的行为结束后，收购人应当在 15 日内将收购情况报告国务院证券监督管理机构和证券交易所，并予公告。

（二）协议收购

1. 协议收购的概念

协议收购是指收购人直接向持有大比例股权的股东提出收购其所持股权的意向，以双方协议的形式收购上市公司股权的行为。协议收购属于场外交易，不通过证券交易所的场内竞价系统交易，但是仍然在证券交易所和证券登记结算机构监督之下完成。

2. 协议收购的程序

（1）协商并签订收购协议。采取协议收购方式的，收购人可以依照法律、行政法规的规定同被收购公司的股东以协议方式进行股份转让，达成一致意见并签订书面协议。收购上市公司中涉及国家授权投资机构持有的股份，应当按照国务院的规定，经有关主管部门批准，批准后才可以正式签订收购协议。

（2）报告并公告收购协议。以协议方式收购上市公司时，达成协议后，收购人必须在 3 日内将该收购协议向国务院证券监督管理机构及证券交易所作出书面报告，并予公告。在公告前不得履行收购协议。

（3）保存股票与资金存放。采取协议收购方式的，协议双方可以临时委托证券登记结算机构保管协议转让的股票，并将资金存放于指定的银行。

（4）履行收购协议。协议收购的当事人在履行报告、公告义务后，应该按照证券交易所和证券登记结算机构的业务规则，申请办理股份转让和过户登记手续。

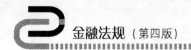

（5）收购结束报告与公告。收购行为结束后，收购人应当在15日内将收购情况报告国务院证券监督管理机构和证券交易所，并予公告。

三、上市公司收购的法律后果

（1）收购期限届满，被收购公司股权分布不符合上市条件的，该上市公司的股票应当由证券交易所依法终止上市交易；其余仍持有被收购公司股票的股东，有权向收购人以收购要约的同等条件出售其股票，收购人应当收购。收购行为完成后，被收购公司不再具备股份有限公司条件的，应当依法变更企业形式。

（2）在上市公司收购中，收购人持有的被收购的上市公司的股票，在收购行为完成后的12个月内不得转让。

（3）收购行为完成后，收购人与被收购公司合并，并将该公司解散的，被解散公司的原有股票由收购人依法更换。

（4）收购行为完成后，收购人应当在15日内将收购情况报告国务院证券监督管理机构和证券交易所，并予公告。

（5）上市公司中由国家授权投资的机构持有的股份，应当按照国务院的规定，经有关主管部门批准。

【例3-6】 甲投资者收购一家股本总额为4.5亿元的上市公司。下列关于该上市公司收购的法律后果的表述中，符合证券法律制度规定的有（　　）。

A. 收购期限届满，该上市公司公开发行的股份占公司股份总数的8%，该上市公司的股票应由证券交易所终止上市交易

B. 收购期限届满，持有该上市公司股份2%的股东，要求以收购要约的同等条件向甲投资者出售其股票的，甲投资者可拒绝收购

C. 甲投资者持有该上市公司股票，在收购行为完成后的36个月内不得转让

D. 收购行为完成后，甲投资者应当在15日内将收购情况报告国务院证券监督管理机构和证券交易所，并予公告

【答案】 AD

【解析】（1）收购行为完成前，其余仍持有被收购公司股票的股东，有权在收购报告书规定的合理期限内向收购人以收购要约的同等条件出售其股票，收购人应当收购，因此选项B的说法错误。

（2）在上市公司收购中，收购人持有的被收购公司的股份，在收购完成后12个月内不得转让，因此选项C的说法错误。

【本章参考法规】

1. 《中华人民共和国证券法》（1998年12月29日第九届全国人民代表大会常务委员会第六次会议通过，2019年12月28日第十三届全国人民代表大会常务委员会第十五次会议第二次修订）。

2.《中华人民共和国证券投资基金法》（2003年10月28日第十届全国人民代表大会常务委员会第五次会议通过，2015年4月24日第十二届全国人民代表大会常务委员会第十四次会议修订）。

3.《上市公司收购管理办法》（中国证券监督管理委员会2006年5月17日通过，2020年3月20日第四次修订）。

4.《上市公司证券发行管理办法》（中国证券监督管理委员会2006年4月26日通过，2020年2月14日第二次修正）。

5.《公司债券发行与交易管理办法》（中国证券监督管理委员会2021年2月23日通过）。

6.《上市公司信息披露管理办法》（中国证券监督管理委员会2021年3月4日通过）。

【课后练习】

一、单项选择题

1. 下列属于公开发行证券的是（　　）。

A. 向特定对象发行证券累计超过150人

B. 向特定对象发行证券

C. 向不特定对象发行证券

D. 向特定对象发行证券累计超过100人

2. 某有限责任公司的净资产额为1.2亿元，拟申请首次公开发行公司债券。下列关于该公司公开发行公司债券条件的表述中，不符合《中华人民共和国证券法》规定的是（　　）。

A. 拟发行的公司债券期限为3年

B. 该公司债券的拟发行额为4800万元

C. 筹集的资金拟用于修建职工活动中心

D. 该公司最近3年平均可分配利润足以支付公司债券1年的利息

3. 下列各项中符合股份有限公司股票上市条件的是（　　）。

A. 公司股本总额不少于6000万元

B. 公开发行的股份达到公司股份总数的25%以上，公司股本总额超过4亿元的，公开发行股份的比例为10%以上

C. 公司最近1年无重大违法行为，财务会计报告无虚假记载

D. 必须是国家鼓励发展的产业

4. 根据证券投资基金法律制度的规定，下列有关开放基金申购、赎回的表述中，正确的是（　　）。

A. 办理基金单位申购、赎回业务的人仅限于基金管理人

B. 除基金合同另有约定外，基金管理人应当在每个工作日办理基金申购、赎回业务

C. 投资人申购基金时，经基金管理人同意，可以在申购期满前缴纳部分申购款项，在申购期满后30日内补缴余款

D. 基金管理人应当在收到基金投资人申购、赎回申请的当日对该交易的有效性进行确认

5. 下列关于上市公司非公开发行股票的条件和方式的表述中，符合证券法律制度规定的是（　　）。

A. 发行对象不得超过 200 人

B. 发行价格不得低于定价基准日前一个交易日公司股票的均价

C. 自本次股份发行结束之日起，控股股东认购的股份 36 个月内不得转让

D. 可采用广告方式发行

6. 下列关于证券发行承销团承销证券的表述中，不符合证券法律制度规定的是（　　）。

A. 承销团承销适用于向不特定对象公开发行的证券

B. 发行证券的票面总值必须超过人民币 1 亿元

C. 承销团由主承销和参与承销的证券公司组成

D. 承销团代销、包销期最长不得超过 90 日

7. 某上市公司监事会有 5 名监事，其中监事赵某、张某为职工代表，监事任期届满，该公司职工代表大会在选举监事时，认为赵某、张某未能认真履行职责，故一致决议改选陈某、王某为监事会成员。根据证券法律制度的规定，该上市公司应通过一定的方式将该信息予以披露，该信息披露的方式是（　　）。

A. 中期报告　　　　B. 季度报告　　　　C. 年度报告　　　　D. 临时报告

8. 根据证券法律制度的规定，上市公司发生的下列事件中，可以不进行公告的是（　　）。

A. 公司经理发生变动　　　　　　　　B. 公司 40% 的监事发生变动

C. 公司财务负责人发生变动　　　　　D. 人民法院依法撤销董事会决议

9. 根据证券法律制度的规定，为股票发行出具审计报告的注册会计师在一定期限内不得购买该公司的股票。该期限为（　　）。

A. 该股票的承销期内和期满后 1 年内

B. 该股票的承销期内和期满后 6 个月内

C. 出具审计报告后 6 个月内

D. 出具审计报告后 1 年内

10. 上市公司非公开发行股票，其控股股东、实际控制人及其控制的企业认购的股份，不得转让的期限为（　　）个月。

A. 3　　　　　　B. 6　　　　　　C. 24　　　　　　D. 36

11. 根据证券法律制度的规定，某上市公司的下列事项中，不属于证券交易内幕信息的是（　　）。

A. 增加注册资本的计划　　　　　　B. 股权结构的重大变化

C. 财务总监发生变动　　　　　　　D. 监事会共 5 名监事，其中 2 名发生变动

12. 下列各项中，属于欺诈客户行为的是（ ）。

A. 在自己实际控制的账户之间进行证券交易，影响证券交易价格或者证券交易量

B. 与他人串通，以事先约定的时间、价格和方式相互进行证券交易，影响证券交易价格或者证券交易量

C. 单独或者通过合谋，集中资金优势、持股优势或者利用信息优势联合或者连续买卖，操纵证券交易价格或者证券交易量

D. 利用传播媒介或者通过其他方式提供、传播虚假或者误导投资者的信息

13. 下列关于上市公司收购人权利义务的表述中，不符合上市公司收购法律制度规定的是（ ）。

A. 收购人在要约收购期内，可以卖出被收购公司的股票

B. 收购人持有的被收购上市公司的股票，在收购行为完成后的 12 个月内不得转让

C. 收购人在收购要约期限届满前 15 日内，不得变更其收购要约，除非出现竞争要约

D. 收购人在收购要约确定的承诺期限内，不得撤销其收购要约

二、多项选择题

1. 根据证券法律制度的规定，下列属于证券公开发行情形的有（ ）。

A. 向不特定对象发行证券的

B. 向累计不超过 200 人的不特定对象发行证券的

C. 向累计不超过 200 人的特定对象发行证券的

D. 采取电视广告方式发行证券的

2. 根据证券法律制度的规定，下列属于公司公开发行新股的条件有（ ）。

A. 具备健全且运行良好的组织机构

B. 最近 3 年持续盈利，平均总资产报酬率达到 10% 以上

C. 最近 3 年财务会计文件无虚假记载

D. 最近 1 年无重大违法行为

3. 根据证券法律制度的规定，下列情形中，属于上市公司不得非公开发行股票的有（ ）。

A. 上市公司及其附属公司曾违规对外提供担保，但已解除

B. 上市公司现任董事最近 36 个月内受到过中国证监会的行政处罚

C. 最近 1 年及 1 期财务报表被注册会计师出具保留意见的审计报告，但保留意见所涉及事项的重大影响已消除

D. 上市公司的权益被控股股东或实际控制人严重损害且尚未消除

4. 根据证券法律制度的规定，某上市公司的下列人员中，不得将其持有的该公司的股票在买入后 6 个月内卖出，或者在卖出后 6 个月内又买入的有（ ）。

A. 董事会秘书　　B. 监事会主席　　C. 财务负责人　　D. 副总经理

5. 根据《证券投资基金法》的规定，下列有关证券投资基金发行和交易的表述中，不正确的有（ ）。

A. 封闭式基金的基金份额可以在证券交易所交易，基金份额持有人也可以申请赎回

B. 开放式基金可以在销售机构的营业场所销售及赎回，不可以上市交易

C. 申请上市基金的基金持有人不得少于500人

D. 基金上市后发生基金合同期限届满的情形将暂停上市

6. 根据《公司债券发行与交易管理办法》的规定，合格投资者应当具备相应的风险识别和承担能力，能够自行承担公司债券的投资风险，并符合一定资质条件。下列投资者符合该资质条件的有（ ）。

A. 净资产达到1100万元的合伙企业

B. 名下金融资产达到280万元的自然人

C. 社会保障基金

D. 企业年金

7. 根据证券法律制度的规定，下列关于公司债券非公开发行及转让的表述中，正确的有（ ）。

A. 非公开发行公司债券应当向合格投资者发行

B. 每次发行对象不得超过200人

C. 发行人的董事不得参与本公司非公开发行公司债券的认购

D. 非公开发行的公司债券可以公开转让

8. 根据证券法律制度的规定，上市公司发生的下列情形中，证券交易所可以决定暂停其股票上市的有（ ）。

A. 公司的股票被收购人收购达到该公司股本总额的70%

B. 公司最近3年连续亏损

C. 公司董事长辞职

D. 公司对财务会计报告作虚假记载，可能误导投资者

9. 甲公司收购乙上市公司时，下列投资者同时也在购买乙上市公司的股票。根据证券法律制度的规定，如无相反证据，与甲公司为一致行动人的投资者有（ ）。

A. 甲公司董事杨某   B. 甲公司董事长张某多年未联系的同学

C. 甲公司某监事的母亲   D. 甲公司总经理的配偶

三、判断题

1. 根据证券法律制度的规定，无论发行对象人数为多少，只要是向不特定的社会公众发行的，都属于公开发行。 （ ）

2. 股票发行采用代销方式，代销期限届满，向投资者出售的股票数量未达到拟公开发行股票数量的90%的，为发行失败。 （ ）

3. 为上市公司年度会计报表出具审计报告的人员，自接受上市公司委托之日起至审计报告公开后5日内，不得买卖该上市公司股票。 （ ）

4. 证券机构从业人员、证券监督管理机构工作人员在任职期内不得直接或者以化名、借他人名义持有、买卖股票，但他人赠送的股票除外。 （ ）

5. 无记名股票的转让，只要股东在依法设立的证券交易场所将股票交付给受让人后

即产生转让法律效力。 （ ）

6. 甲股份有限公司申请股票上市，已知其注册资本为 5 亿元，其公开发行的股份最少应当达到公司股份总数的 10%。 （ ）

7. 公司最近两年连续亏损的，应由国务院证券监督管理机构决定暂停其公司债券上市交易。 （ ）

8. 证券投资基金是指一种利益共享、风险共担的集合证券投资方式，即通过发行基金单位，集中投资者的资金，由基金托管人托管，由基金管理人管理和运用资金，从事股票、债券等金融工具投资的方式。 （ ）

9. 证券投资基金依照其运作方式，主要分为开放式基金和封闭式基金，这两个基金都可以赎回。 （ ）

10. 证券公司员工可以为客户操作股票交易并可以从中收取劳务费用。 （ ）

四、案例题

【材料 1】天达股份有限公司在其股票上市交易期间，与金泰证券公司共同发布虚假财务会计报告，虚增利润，诱导投资者，同时借用他人账户买卖其股票，致使其股价在短期内非正常上涨；金泰证券公司也提供虚假信息诱导其客户购买天达股份有限公司的股票，并向许多客户提供资金支持和自己持有的天达股份有限公司的股票。天达股份有限公司的董事张某明知公司的造假行为，于是在证监会查处之前将自己持有的本公司股票卖出，获利 5 万元。后证监会对以上违法行为依法查处。

（1）天达股份有限公司的行为是虚假陈述行为还是操纵市场行为？

（2）金泰证券公司的行为如何定性？如果给投资者造成损失，应当如何承担责任？

（3）天达股份有限公司董事张某的行为属于什么行为？

资料来源：豆丁网。

【材料 2】甲公司是由自然人乙和自然人丙于 2018 年 8 月共同投资设立的有限责任公司。2022 年 4 月，甲公司经过必要的内部批准程序，决定公开发行公司债券，并向国务院授权的部门报送有关文件，报送文件中涉及有关公开发行公司债券并上市的方案要点如下：

（1）截至 2021 年 12 月 31 日，甲公司经过审计后的财务会计资料显示：注册资本为 5000 万元，资产总额为 26000 万元，负债总额为 8000 万元；在负债总额中，没有既往发行债券的记录；2003～2005 年度的可分配利润分别为 1200 万元、1600 万元和 2000万元。

（2）甲公司拟发行公司债券 8000 万元，募集资金中的 1000 万元用于修建职工文体活动中心，其余部分用于生产经营；公司债券年利率为 4%，期限为 3 年。

（3）公司债券拟由丁承销商包销。根据甲公司与丁承销商签订的公司债券包销意向书，公司债券的承销期限为 120 天，丁承销商在所包销的公司债券中，可以预先购入并留存公司债券 2000 万元，其余部分向公众发行。

回答下列问题：

（1）甲公司是否具备发行公司债券的主体资格？

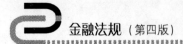

（2）甲公司的净资产和可分配利润是否符合公司债券的发行条件？并分别说明理由。

（3）甲公司发行的公司债券数额和募集资金用途是否符合有关规定？并分别说明理由。如果公司债券发行后上市交易，公司债券的期限是否符合规定？并说明理由。

（4）甲公司拟发行的公司债券由丁承销商包销是否符合规定？并说明理由。公司债券的承销期限和包销方式是否符合规定？并分别说明理由。

资料来源：2006年注册会计师考试经济法试题。

第四章　保险法律制度

【学习目标】

掌握保险法的基本原则，保险合同的内容、订立程序和订立形式；理解保险合同的概念、保险公司的设立、保险经营规则；了解保险及保险法的概念，了解保险业监督管理的内容。

【本章知识结构】

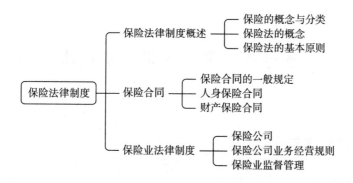

【案例导入】

免责条款的解释义务

高女士为自己向保险公司投保了重大疾病险，保险公司予以承保，高女士交纳了保险费，保险公司签发了保险单，双方保险合同成立。高在保险期限内患病，经三家医院诊断，一致认为其患有急性心肌梗死。高女士心想自己刚好有保险，算是不幸中的万幸，随即向保险公司提出理赔，要求保险公司给付保险金。保险公司明确答复：拒绝给付。保险公司认为高女士虽患心肌梗死，但其病不符合保险条款中"心肌梗死应同时具备的 3 项医学指标"的要求，故根据合同规定，如不能同时具备上述 3 项医学指标，保险公司应当免除赔付的责任。法医鉴定结论也显示：她所患的心肌梗死确有一项不符合保险条款规定的指标。高女士却认为，在订立合同时保险公司并未对"心肌梗死应同时具备的 3 项医学指标"才给予保险赔付规定作出说明，自己并不知道 3 项指标的医学含义；特别是该份保险单在字面上没有对保险公司的免责条款作出着重说明，保险公司也未做清楚的交代。保险公司辩解说，订立合同时，本公司已将免责条款对投保人进行了口头说明，该免责条款是有效的。但保险公司又不能证明其履行了明确解释说明的义务。

回答下列问题：

本案保险公司应否承担赔偿责任？如保险公司不承担责任，其前提如何？说明理由。

资料来源：http://www.docin.com/p-551843700.html。

【解析】保险公司应该承担保险责任，支付赔偿金。《中华人民共和国保险法》第17条规定："对保险合同中免除保险人责任的条款，保险人在订立合同时应当在投保单、保险单或者其他保险凭证上作出足以引起投保人注意的提示，并对该条款的内容以书面或者口头形式向投保人作出明确说明；未作提示或者明确说明的，该条款不产生效力。"根据《最高人民法院关于适用〈中华人民共和国保险法〉若干问题的解释》，"保险人对其履行了明确说明义务负举证责任"。鉴于保险公司不能证明其履行了明确解释说明的义务，法院应认定保险公司未就免责条款履行明确的解释说明义务，认定该免责条款无效，判决保险公司按照保险合同承担保险责任，支付赔偿金。

第一节　保险法律制度概述

一、保险的概念与分类

1. 保险的概念

保险是指投保人根据合同约定，向保险人支付保险费，保险人对于合同约定的可能发生的事故所造成的财产损失承担赔偿责任，或者当被保险人死亡、伤残、疾病或者达到合同约定的年龄、期限时承担给付保险金责任的行为。

保险的本质并不是保证不发生危险，或者不遭受损失，而是在于危险发生后对遭受的损失给予经济补偿。所以，保险本质上是一种经济保障制度，其主要功能在于分散风险、消化损失。

保险的起源与发展

2. 保险的分类

（1）依据保险的标的不同，保险可分为财产保险和人身保险。

（2）依据投保强制与否，保险可分为强制保险和自愿保险。

（3）依据保险设立是否以营利为目的，保险可分为社会保险和商业保险。本书仅介绍商业保险。

（4）依据保险人是否转移保险责任，保险可分为原保险和再保险。原保险也称第一次保险，再保险又称第二次保险或分保。

二、保险法的概念

保险法有广义和狭义之分。狭义的保险法是指《中华人民共和国保险法》。该法于1995 年 6 月 30 日由第八届全国人民代表大会常务委员会第十四次会议通过，自 1995 年10 月 1 日起施行。此后，于 2002 年、2009 年、2014 年、2015 年进行了四次修订，目前施行的《中华人民共和国保险法》是 2015 年 4 月 24 日第十二届全国人民代表大会常务委员会第十四次会议《关于修改〈中华人民共和国计量法〉等五部法律的决定》修正的。《中华人民共和国保险法》是我国第一部完备的保险基本法。

广义的保险法是调整保险关系的法律规范的总称，不仅包括狭义的保险法，还包括其他法律法规中有关保险的规定，以及《最高人民法院关于适用〈中华人民共和国保险法〉若干问题的解释》。

三、保险法的基本原则

1. 保险利益原则

（1）保险利益的含义。《中华人民共和国保险法》规定，人身保险的投保人在保险合同订立时，对被保险人应当具有保险利益。财产保险的被保险人在保险事故发生时，对保险标的应当具有保险利益。所谓保险利益，是指投保人或被保险人对保险标的具有的法律上承认的利益。

（2）保险利益的构成要件。要构成保险法上承认的利益，必须具备以下三方面的条件：①合法性。必须是合法利益，非法所得，如盗窃和赌博所得，不构成保险利益。②确定性。必须是确定的、可实现的利益，而不是主观的臆测或推断认为可以获得的利益。③经济性。必须是经济性的利益，能够以货币计量。

（3）保险利益原则的具体内容。《中华人民共和国保险法》规定，在人身保险中，投保人对下列人员具有保险利益：①本人。②配偶、子女、父母。③与投保人有抚养、赡养或者扶养关系的家庭其他成员、近亲属。④与投保人有劳动关系的劳动者。除前款规定外，被保险人同意投保人为其订立合同的，视为投保人对被保险人具有保险利益。在财产保险中，《中华人民共和国保险法》未明确规定，哪些人享有保险利益。一般认为，在财产保险中享有保险利益的人主要有：对财产享有所有权和其他物权的人，如所有权人、抵押权人、质押权人、留置权人等；财产的保管人；其他合法占有财产的人，如承租人、承包人等。

订立合同时，投保人对被保险人不具有保险利益的，合同无效。

【知识拓展】规定保险利益原则的意义

保险利益原则是保险法的一项重要原则。投保人对被保险人具有保险利益是保险合同成立的必要条件，投保人对保险人不具有保险利益的，保险合同无效。坚持保险利益

原则，具有重要意义：

（1）防止道德风险的发生。所谓道德风险，是指投保人在与保险人订立保险合同以后，为图谋保险金而违反道德，故意促使保险事故的发生、损坏保险标的或在保险事故发生时人为扩大损失程度的行为。投保人对于保险标的若不具有保险利益而与保险人订立了保险合同，很容易发生道德危险，甚至可能为得到保险赔偿而故意杀害被保险人。

（2）限制保险人的赔偿责任。财产和责任保险合同具有补偿性，在保险事故发生以后，保险人根据保险合同的约定对保险标的的损失负责赔偿，而保险人的赔偿责任正是以保险利益为依据确定的，当保险金额超过保险利益时，超过部分无效。

（3）遏制赌博行为的发生。保险合同是一种射幸合同，其所规定的风险事故不是必然发生的，而保险金的支付却以这种事故的发生为条件，如果允许没有保险利益的人用他人的财产或生命进行投保，这种保险必然带有赌博的性质。

资料来源：http：//www.npc.gov.cn/npc/flsyywd/jingji/2004-10/21/content_ 337770.htm。

【例4-1】赵某于1996年5月22日为其公公B投保10年期简易人身险5份，保额为8055元，指定受益人是B的孙子C，现年11岁。保险费按月从赵某的工资中扣缴。1998年1月，赵某与被保险人的儿子A因感情破裂离婚，离婚时经法院判决，C由A抚养。离婚后，赵某仍自愿按月从自己的工资中扣缴这笔保险费，从未间断过。1999年1月20日，被保险人B因病死亡。同年3月，赵某向保险公司申请给付保险金8055元。与此同时，A也提出被保险人是他的父亲，指定受益人又是由他抚养的，应由他作为监护人领取这笔保险金。赵某则认为投保人是她，交费人也是她，而且她是受益人C的母亲，这笔保险金应由她领取。而保险公司认为，赵某为B投保时虽然有保险利益，但离婚后不再是B的家庭成员，已失去保险利益，故保险单随婚姻解除而失效，应按无效保单处理。

回答下列问题：

保险公司的主张是否正确？为什么？

资料来源：https：//zhidao.baidu.com/question/490225660.html? qbl=relate_ question_ 0。

【解析】在本案中，保险公司的主张不正确。理由如下：

（1）所谓保险利益，是指投保人或被保险人对保险标的具有的法律上承认的利益。《中华人民共和国保险法》第12条规定："人身保险的投保人在保险合同订立时，对被保险人应当具有保险利益。"投保人对保险标的不具有保险利益的，保险合同无效。

（2）根据《中华人民共和国保险法》第31条的规定，赵某为其公公投保时双方存在赡养关系，因而对其公公具有保险利益，合同订立时有效。

（3）投保人后来虽然与被保险人之子A离婚，并不导致保险合同失效。其一，《中华人民共和国保险法》规定："人身保险的投保人在保险合同订立时，对被保险人应当具有保险利益。"规定的是保险合同"订立时"应当对被保险人具有保险利益，并未要求"订立以后"也必须持续具有保险利益。其二，《最高人民法院关于适用〈中华人民共和国保险法〉的若干问题的解释》规定："保险合同订立后，因投保人丧失对被保险人的保险利益，当事人主张保险合同无效的，人民法院不予支持。"即使投保人因与被保险人之子离婚而对被保险人不再具有保险利益，保险公司也不得主张保险合同无效。故该保险合同一直有效，应当认定这份保单有效，保险公司应当支付保险金。因为 C 是未成年人，无民事行为能力，保险金应由其监护人 A 代领并保管至 C 成年。

2. 最大诚信原则

民事主体在任何民事活动中都应当遵循诚实信用原则。保险活动相较于一般的民事活动，由于其特殊性，对诚信的要求比一般的民事活动更高。所谓最大诚信原则，是指保险合同当事人在订立合同时及合同有效期内，应依法向对方提供足以影响对方决定订约与否的全部实质性重要事实，并绝对信守合同的约定与承诺。这一原则的内容包括告知、保证、弃权与禁止反言三方面。

（1）告知。告知是指订立保险合同时，双方当事人如实申报、陈述重要事实的行为。

1）当事人的告知义务。订立保险合同时，保险人应当向投保人说明合同的条款内容，以便投保人充分了解保险人责任、免责条款、被保险人的义务、保险费的支付等内容。对于保险合同中的免责条款，保险人应当在订立合同时向投保人作明确的说明。保险人向投保人说明保险合同的条款内容时，可以就保险标的或者被保险人的有关情况提出询问，投保人应当如实告知。

2）告知的形式。《中华人民共和国保险法》采用询问告知形式，即有限告知，一般体现为如实填报保险单证上的有关项目。

3）违反告知义务的法律后果。投保人故意隐瞒事实，不履行如实告知义务的，或者因过失未履行如实告知义务，足以影响保险人决定是否同意承保或者提高保险费率的，保险人有权解除保险合同。投保人故意不履行如实告知义务的，保险人对于保险合同解除前发生的保险事故，不承担赔偿或者给付保险金的责任，并不退还保险费。投保人因过失未履行如实告知义务，对保险事故的发生有严重影响的，保险人对于保险合同解除前发生的保险事故，不承担赔偿或者给付保险金的责任，但可以退还保险费。保险人在订立保险合同时没有向投保人明确说明合同中关于保险人责任免除条款的，该条款不产生效力。

（2）保证。保证是指投保人在保险合同中对保险人作出的在规定的期限内履行某种特定义务的承诺，或担保某事项的真实性。保证是最大诚信原则的重要内容，是保险合同的基础。在被保险人违反保证义务的情况下，保险人享有解除合同，或者改变承保条件使保险合同继续存续的选择权。

（3）弃权与禁止反言。弃权是指保险合同一方放弃其根据保险合同可以主张的某种权利。禁止反言是合同当事人弃权后，不得要求行使其已经放弃的权利。

3. 近因原则

近因是指引起保险标的损失的起决定作用的原因，而不是指在时间或空间上最接近的原因。例如，雷击使大树折断，大树压塌房屋，房屋倒塌导致电路短路，电路短路引起大火，大火导致被保险人死亡，则导致被保险人死亡的近因是雷击，而不是大火。

近因原则是指只有当导致保险事故的近因属于保险责任范围内时，保险人才应当承担

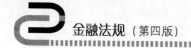

保险责任，其承担赔偿责任的范围以承保风险为近因造成的损失为限。

4. 损失补偿原则

财产保险的功能是补偿损失，人们参加保险不是为了盈利，而是为了尽量避免自己的经济利益，遭到损失。损失补偿原则是财产保险合同特有的原则。所谓损失补偿原则，是当保险事故发生时，被保险人从保险人处所得到的赔偿应正好补偿被保险人因保险事故所造成的保险金额范围内的损失。

损失补偿原则的具体体现如下：

（1）在保险财产遭受部分损失后仍有残值的情况下，保险人在进行赔偿时要扣除残值。

（2）在保险事故是由第三者责任引起的情况下，保险人在赔偿被保险人的损失后取代被保险人行使对第三者的追偿权。

（3）在重复保险情况下，如果各保险人的保险金额总和超过了保险标的的价值，则应采用分摊原则分摊损失。

（4）在不足额保险的情况下，对被保险人所遭受的损失应采取比例赔偿方式进行赔偿。

第二节　保险合同

一、保险合同的一般规定

（一）保险合同的概念与特征

保险合同是指投保人与保险人约定保险权利义务关系的协议。保险合同具有下列特征：

1. 保险合同是双务有偿合同

保险合同中的投保人要按照合同约定支付保险费，保险人应当按照合同约定承担保险责任，在保险事故发生或约定的事由出现时，承担支付保险金的责任，所以，保险合同属于有偿合同；保险合同成立后，投保人按照约定交付保险费，保险人按照约定的时间开始承担保险责任，所以，保险合同又属于双务合同。

2. 保险合同是射幸合同

保险合同订立时，投保人支付保险费的义务已经确定，但保险人是否支付保险金是不确定的，保险人是否实际履行赔偿义务带有偶然性，如果保险事故发生，保险人支付的保险金远远大于保险费；如果保险事故不发生，保险人则无须支付保险金。保险危险的发生，从而投保人得到保险金具有偶然性，所以保险合同是射幸合同。

3. 保险合同是格式合同

格式合同也称附和合同或标准合同，是指一方当事人提出合同的主要内容，另一方必须服从、接受或者拒绝对方提出的条件而成立的合同。保险合同在订立时，由保险人提供事先拟定的合同，投保人只能选择同意或者不同意，所以，保险合同是格式合同。

由于保险合同的附和性，为了确保保险合同的公平公正，保险法对格式条款规定了以下限制：

（1）订立保险合同，采用保险人提供的格式条款的，保险人向投保人提供的投保单应当附格式条款，保险人应当向投保人说明合同的内容。

（2）对保险合同中免除保险人责任的条款，保险人在订立合同时应当在投保单、保险单或者其他保险凭证上作出足以引起投保人注意的提示，并对该条款的内容以书面或者口头形式向投保人作出明确说明；未作提示或者明确说明的，该条款不产生效力。

（3）对格式条款的理解发生争议的，应当按照通常理解予以解释；对格式条款有两种以上解释的，应当作出不利于提供格式条款一方的解释。

（4）下列格式条款无效：免除保险人依法应承担的义务或者加重投保人、被保险人责任的；排除投保人、被保险人或者受益人依法享有的权利的。

【例4-2】在一份保险合同履行过程中，当事人对合同所规定的"意外伤害"条款的含义产生了不同理解，投保人认为其所受伤害应属于赔付范围，保险公司则认为不属于赔付范围，双方争执不下，诉至法院。法院认为当事人的观点都有合理性，但还是采用了对投保人有利的解释。法院的做法是否正确？

资料来源：全国会计专业技术资格考试经济法试题。

【答案】正确

【解析】根据规定，对格式条款的理解发生争议的，应当按照通常理解予以解释；对格式条款有两种以上解释的，应当作出不利于提供格式条款一方的解释。本题中，保险公司是提供格式条款的一方，出现不同理解的，应当作出不利于保险公司的解释。

（二）保险合同的当事人和关系人

1. 保险合同的当事人

保险合同的当事人，是指依法订立保险合同并享有权利和承担义务的利害关系人，包括投保人和保险人。

（1）投保人是指与保险人订立保险合同，并按照合同约定负有支付保险费义务的人。投保人应当具备以下条件：具有相应的权利能力和行为能力；对保险标的必须具有保险利益；承担支付保险费的义务。

（2）保险人是指与投保人订立保险合同，并按照合同约定承担赔偿或者给付保险金责任的保险公司。

2. 保险合同的关系人

保险合同的关系人是指并未参与保险合同的订立但享受保险合同约定利益的人，包括被保险人和受益人。

（1）被保险人是指其财产或者人身受保险合同保障，享有保险金请求权的人。被保险人可以是投保人，也可以是其他人。

（2）受益人是指人身保险合同中由被保险人或者投保人指定的享有保险金请求权的人。受益人可以是投保人、被保险人，也可以是其他人。

（三）保险合同的内容

保险合同的内容是指保险合同的当事人依法约定的双方的权利和义务。保险合同的内容是通过保险合同条款体现出来的。保险合同的主要条款如下：

（1）保险人名称和住所。

（2）投保人、被保险人名称和住所，以及人身保险的受益人的名称和住所。

（3）保险标的。保险标的是指保险合同所保障的对象。对于财产保险而言，保险标的是被保险的财产及其有关利益，人身保险的保险标的是被保险人的寿命、身体和健康。订立保险合同时，保险标的必须明确记载于保险合同中，以确定投保人对该保险标的是否具有保险利益，并确定保险人保险责任范围。

（4）保险责任和责任免除。保险责任是指保险合同约定的保险事故所造成的被保险人的财产损失，或者被保险人死亡、伤残、疾病或者达到合同约定的年龄、期限时，保险人应该承担的赔偿或者给付保险金的责任。在保险合同中，保险责任条款具体规定了保险人所承担的风险范围。责任免除是保险人不负赔偿或者不给付保险金责任的范围。保险人对责任免除范围内发生的危险事故造成的损害，不承担保险责任。对保险人的免责条款，保险人在订立合同时应以书面或者口头形式向投保人说明，未作提示或未明确说明的，该条款不产生法律效力。

（5）保险期间和保险责任开始时间。保险期间是指保险人为被保险人提供保险保障的期间，保险人就该期间内发生的并致使保险标的损害的保险事故承担保险责任。保险责任开始时间是指保险合同约定的保险人开始履行保险责任的时刻。保险责任开始时间和保险合同生效时间并不一致。保险合同依法成立即生效，但是，保险合同生效，并不等于保险责任开始。保险责任的开始时间是由当事人在保险合同中另行约定的。

（6）保险金额。保险金额是指保险人承担赔偿或者给付保险金责任的最高限额，是投保人对保险标的的实际投保金额。保险金额由投保人和保险人约定。在财产保险中，保险金额不得超过保险价值，但可以低于保险价值，超过保险价值的，超过部分无效。保险价值是指保险人与被保险人约定并记载于保险单中的保险标的的价值。保险价值可以由投保人和保险人约定并在合同中载明，也可以按照保险事故发生时保险标的的实际价值确定。人身保险的保险标的无保险价值，其保险金额由当事人约定。

（7）保险费以及支付办法。保险费是投保人向保险人支付的费用，是投保人获得保险保障应支付的对价。保险费采用一次付清还是分期付款以及具体付款时间，由保险合同规定。

（8）赔偿或者给付保险金的办法。保险人向被保险人或受益人赔偿或者给付保险金的方式和时间等，由投保人和保险人依法约定，并在保险合同中载明。

（9）违约责任和争议处理。违约责任是指合同当事人因其过错致使合同不能履行或者不能完全履行时，应当承担的法律后果。违约责任由当事人约定或由法律直接规定。

争议处理是指合同履行过程中发生争议时的处理方式办法，主要包括当事人双方协商、提请仲裁机构仲裁和提起诉讼。当事人应当在保险合同中事先约定争议处理方法。

（10）订立合同的时间。订立合同的时间对于确定投保人是否具有保险利益、保险合同是否有效、保险责任的开始时间以及计算保险期间等具有重要作用，保险合同应当记载订立合同的时间。

除以上所述外，投保人和保险人还可以约定与保险有关的其他事项。

（四）保险合同的订立、履行、变更、解除及终止

1. 保险合同的订立

投保人和保险人订立保险合同，应当协商一致，遵循公平原则确定各方的权利和义务。

（1）保险合同订立的程序。民事合同的订立包括要约和承诺两个程序，具体到保险合同，其订立包括投保和承保两个程序。①投保。投保是投保人向保险人提出订立保险合同的请求并提交投保单的行为，即保险要约。②承保。承保是保险人承诺投保人的保险要约的行为，即保险承诺。投保人的保险要约一经保险人承诺，保险合同即告成立。

保险合同成立后，保险人应当及时向投保人签发保险单或者其他保险凭证。保险单或者其他保险凭证应当载明当事人双方约定的合同内容，当事人也可以约定采用其他书面形式载明合同内容。

（2）保险合同的形式。

1）保险单。保险单是保险人签发给投保人的关于保险合同的正式的书面凭证。保险单中一般印有保险条款。保险单是证明保险合同成立的书面凭证，是保险合同双方当事人履行合同的依据，但保险单不是保险合同本身。

2）保险凭证。保险凭证是一种内容简化的保险单，一般不列明保险条款，只记载有当事人约定的主要内容。保险凭证与保险单具有同等法律效力。

3）投保单。投保单是保险人事先印制的供投保人向保险人递交保险要约的格式文件。空白的投保单经投保人填具后，如果其内容为保险人所接受，并在该投保单上加盖承保印鉴，则该投保单就成为保险合同的组成部分。

4）暂保单。暂保单是在正式保险单发出以前保险人给予投保人的一种临时保险凭证，在正式保险单发出前具有与正式保险单同等的法律效力。暂保单的有效期一般为15～30日，具体由保险人规定。

5）其他书面形式。投保人和保险人也可以协商采取上述四种形式之外的其他书面形式。

2. 投保人、被保险人和保险人的义务

（1）投保人、被保险人的义务。

1）支付保险费的义务。保险合同成立后，投保人须按合同约定的时间、地点和方式交付保险费，否则，保险人可以要求投保人尽快补交保险费或者依法终止保险合同。

2）危险增加的通知义务。在合同有效期内，保险标的的危险程度显著增加的，被保险人应当按照合同约定及时通知保险人，保险人可以按照合同约定增加保险费或者解除合同。保险人解除合同的，应当将已收取的保险费，按照合同约定扣除自保险责任开始之日起至合同解除之日止应收的部分后，退还投保人。被保险人未履行规定的通知义务的，因保险标的的危险程度显著增加而发生的保险事故，保险人不承担赔偿保险金的责任。

3）保险事故发生后的通知义务。投保人、被保险人或者受益人知道保险事故发生后，应当及时通知保险人。故意或者因重大过失未及时通知，致使保险事故的性质、原因、损失程度等难以确定的，保险人对无法确定的部分，不承担赔偿或者给付保险金的责任，但保险人通过其他途径已经及时知道或者应当及时知道保险事故发生的除外。

4）施救义务。保险事故发生时，投保人或被保险人有责任尽力采取必要的措施，防止或减少损失。保险人未采取措施防止损失扩大的，无权就扩大的损失部分请求赔偿。

（2）保险人的义务。保险人的义务主要是按照合同约定的时间开始承担保险责任，在保险事故发生后对保险责任范围内的损失给予赔偿或者在一定的期限到来时向受益人给付保险金。

此外，保险人还负有支付其他合理、必要费用的义务，如被保险人为防止或者减少保险标的损失所支付的合理、必要的费用；被保险人为查明和确定保险事故的性质、原因和保险标的的损失程度所支付的合理、必要的费用；责任保险中被保险人因给第三人造成损害的保险事故而被提起诉讼的，被保险人支付的仲裁费用、诉讼费用和其他合理、必要的费用。

3. 保险合同的履行

保险合同的履行是指保险合同成立并生效后，当事人全面完成各自承担的义务的行为。保险合同的履行包括投保人、被保险人和保险人对合同义务的履行。从程序上看，保险合同的履行包括索赔、理赔和代位求偿三个环节。

（1）索赔。索赔是指投保人或被保险人在发生保险事故、遭受财产损失或人身伤亡以后，要求保险人履行赔偿或给付保险金义务的行为。投保人、被保险人或者受益人知道保险事故发生后，应当及时通知保险人，并保护现场，接受保险人的现场勘验。投保人、被保险人或者受益人应当向保险人提供其所能提供的与确认保险事故的性质、原因、损失程度等有关的证明和资料，向保险人提出索赔请求。

索赔应当在规定的时效期内进行。人寿保险以外的其他保险的被保险人或者受益人，向保险人请求赔偿或者给付保险金的诉讼时效期间为2年，自其知道或者应当知道保险事故发生之日起计算。人寿保险的被保险人或者受益人向保险人请求给付保险金的诉讼时效期间为5年，自其知道或者应当知道保险事故发生之日起计算。

（2）理赔。理赔是保险人在投保人、被保险人或受益人提出索赔后，根据保险合同的约定履行有关保险赔偿责任的活动。理赔程序具体包括现场勘验、检查损失、审查单证、调查原因、确定责任、赔偿和给付等步骤。

（3）代位求偿。代位求偿权是指保险人在向被保险人支付保险金后，享有的代位行使被保险人对造成保险标的的损害负有赔偿责任的第三方请求赔偿的权利。代位求偿权只存在于财产保险中，人身保险中不存在代位求偿权。《中华人民共和国保险法》第60条规定，因第三者对保险标的的损害而造成保险事故的，保险人自向被保险人赔偿保险金之日起，在赔偿金额范围内代位行使被保险人对第三者请求赔偿的权利。保险事故发生后，保险人未赔偿保险金之前，被保险人放弃对第三者请求赔偿的权利的，保险人不承担赔偿保险金的责任。保险人向被保险人赔偿保险金后，被保险人未经保险人同意放弃对第三者请求赔偿的权利的，该行为无效。

【知识拓展】人身保险中为什么无代位求偿制度？

人身保险合同不同于财产保险合同，其保险标的是人的生命或者身体，是无法确定其价值的。虽然投保人与保险人约定保险金额，但这一金额并不代表被保险人的价值，只是双方约定的一个金额。同时，人的生命或者身体与财产不一样，是不可能发生权利转移的，保险人在给付保险金后，并不能由此而取得任何权利。因此，《中华人民共和国保险法》规定，人身保险的被保险人因第三者的行为而发生死亡、伤残或者疾病等保险事故的，保险人向被保险人或者受益人给付保险金后，不得享有向第三者追偿的权利，即保险人不享有代位求偿权。

【例4-3】 下述说法是否正确："因第三者对保险标的的损害而造成的保险事故发生后，保险人未赔偿保险金之前，即使被保险人放弃对第三者请求赔偿的权利，保险人仍应承担赔偿保险金的责任。"

【答案】 不正确

【解析】 保险事故发生后，保险人未赔偿保险金之前，被保险人放弃对第三者请求赔偿的权利的，保险人不承担赔偿保险金的责任。

4. 保险合同的变更、解除和终止

（1）保险合同的变更。保险合同的变更包括合同内容的变更和合同主体的变更，狭义的变更仅指保险合同内容的变更。

1）保险合同内容的变更。保险合同的变更是指保险合同存续期间，当事人依照法律规定的条件和程序，对原保险合同的某些内容进行的修改或补充，如保险标的的数量、品种、价值、保险期限、保险金额、保险责任，以及人身保险合同中的其他事项。变更时，应当由保险人在保险单或者其他保险凭证上批注或者附贴批单，或者由投保人和保险人订立变更的书面协议。

2）保险合同主体的变更。保险合同主体的变更是指投保人或被保险人的变更，也称保险合同的转让。如保险标的因发生买卖而转移所有权，从而导致保险标的的受让人继受被保险人的权利和义务，受让人成为新的被保险人。

（2）保险合同的解除。保险合同的解除是指在保险合同有效期限内，当事人依照法律规定或合同约定，提前消灭保险合同的权利和义务。为了保护投保人的权益，《中华人民共和国保险法》规定，除另有规定或者保险合同另有约定外，保险合同成立后，投保人可以解除合同，保险人不得解除合同。保险人有权解除保险合同的情形如下：

1）投保人故意或者因重大过失未履行规定的如实告知义务，足以影响保险人决定是否同意承保或者提高保险费率的，保险人有权解除合同。

2）未发生保险事故，被保险人或者受益人谎称发生了保险事故，向保险人提出赔偿或者给付保险金请求的，保险人有权解除合同，并不退还保险费。

3）投保人、被保险人故意制造保险事故的，保险人有权解除合同，不承担赔偿或者给付保险金的责任。

4）投保人申报的被保险人年龄不真实，并且其真实年龄不符合合同约定的年龄限制的，保险人可以解除合同，并按照合同约定退还保险单的现金价值。

5）自保险合同效力中止之日起满2年双方未达成协议恢复合同效力的，保险人有权解除合同。

6）在合同有效期内，保险标的的危险程度显著增加的，被保险人应当按照合同约定及时通知保险人，保险人可以按照合同约定增加保险费或者解除合同。

7）投保人、被保险人未按照约定履行其对保险标的的安全应尽责任的，保险人有权要求增加保险费或者解除合同。

（3）保险合同的终止。在保险合同的存续期间，因一定的法律事实而使保险合同的效力消失，谓之保险合同的终止。该等法律事实包括保险期限届满、保险人履行赔偿责任、保险标的全部灭失、保险人破产（人寿保险应转给其他的人寿保险公司的除外）、人寿保险中投保人不再按约定缴纳保险费等。

保险合同的终止，不发生溯及以往的效力，终止前的保险费不必偿还，终止后的保险费可以返还给被保险人或受益人。

【知识拓展】保险合同的解除与保险合同的终止

保险合同的解除是指在保险合同有效期限内，当事人依照法律规定或合同约定，提前消灭保险合同的权利和义务。保险合同的终止，是在保险合同的存续期间，因一定的法律事实使保险合同的效力消失。解除是一种主动的行为，而终止是一定的法律事实的发生导致的结果。解除是终止的原因之一。

二、人身保险合同

（一）人身保险合同的概念

人身保险合同是指以人的寿命或身体为保险标的的保险合同。人身保险合同的基本内容是，投保人与保险人约定，当被保险人死亡、伤残、疾病，或丧失劳动能力，或保险期限届满时，保险人根据合同约定，向投保人或受益人给付保险金。人身保险合同分为人寿保险合同、意外伤害保险合同和健康保险合同。

（二）人身保险合同的特征

人身保险合同除具有保险合同的一般属性外，还具有以下特征：

（1）人身保险合同中的被保险人只能是自然人。因为人身保险是以人的寿命和身体作为保险标的，以被保险人的死亡、伤残、疾病或达到合同约定的年龄、期限作为保险事故的保险，法人或未出生的胎儿以及死者，都不可以作为被保险人。

（2）人身保险合同中的保险金额，是由保险合同当事人根据被保险人的需要和投保人支付保险费的能力约定的。人的寿命和身体不能用金钱计量其价值，因此，在人身保险中不存在保险价值，人身保险的保险金额只能由保险人和投保人约定。

（三）人身保险合同的主要条款

1. 保险利益条款

投保人对下列人员具有保险利益：①本人。②配偶、子女、父母。③前项以外与投保人有抚养、赡养或者扶养关系的家庭其他成员、近亲属。④与投保人有劳动关系的劳动者。除上述规定外，被保险人同意投保人为其订立合同的，视为投保人对被保险人具有保险利益。

规定保险利益条款是为了防止道德风险的发生。《中华人民共和国保险法》规定，订立合同时，投保人对被保险人不具有保险利益的，合同无效。投保人不得为无民事行为能力人投保以死亡为给付保险金条件的人身保险，保险人也不得承保。父母为其未成年子女投保的人身保险，不受上述规定限制。保险法作此等规定的目的，是为了保护被保险人的利益，防止他人为谋取保险金杀害被保险人，避免被保险人因他人为其投保而遭受伤害。

2. 受益人条款

人身保险的受益人由被保险人或者投保人指定。投保人指定受益人时须经被保险人同意。投保人为与其有劳动关系的劳动者投保人身保险，不得指定被保险人及其近亲属以外的人为受益人。被保险人为无民事行为能力人或者限制民事行为能力人的，可以由其监护人指定受益人。

被保险人或者投保人可以指定一人或者数人为受益人。受益人为数人的，被保险人或者投保人可以确定受益顺序和受益份额；未确定受益份额的，受益人按照相等份额享有受益权。

被保险人或者投保人可以变更受益人并书面通知保险人。保险人收到变更受益人的书面通知后，应当在保险单或者其他保险凭证上批注或者附贴批单。投保人变更受益人时须经被保险人同意。

【例4-4】张某有配偶李某和儿子张甲，2004年1月，张甲经与张某协商取得其书面同意，为张某办理了人寿保险，期限为3年，张某指定受益人为其妻李某。保险合同约定张某死亡后保险公司一次性向李某支付保险金2万元。2004年4月，张某突感身体不适，经查为肝癌晚期，6月5日，张某死亡。李某根据张某的临终交代，向其子张甲索要保险单，张甲此时才告诉李某：他向同事许某借款1万元，将保险单质押给了许某。李某遂找许某索要保险单，许某则以保险单是质押物为由拒绝返还。李某诉至法院请求许某归还保险单。

回答下列问题：

（1）张甲与保险公司所订立的保险合同效力如何，为什么？

（2）李某能否要回保险单，为什么？

资料来源：全国高等教育自学考试金融法试题。

【解析】（1）该保险合同有效。首先，张甲与张某系父子关系，有保险利益，因此张甲可以作为投保人为张某投保人寿保险；其次，以死亡为给付条件的保险合同已经经过作为被保险人的张某的书面同意。以上两点均符合《中华人民共和国保险法》以及其

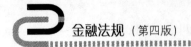

他有关法律的规定，该保险合同有效。

（2）李某可以要回保险单。作为该保险合同指定身故受益人，在被保险人身故前拥有的是期待权，在被保险人身故符合保险合同给付条件后，已经转化为可以实现的权利，李某按《中华人民共和国保险法》和保险合同的规定可以享受身故保险金，不受他人干涉。

3. 宽限期条款

人身保险合同的投保人应当按照约定的数额和方式如期交付保险费。未按期交付保险费的，并不一定导致合同失效，而是给予一定的宽限期，只要投保人在宽限期内支付保险费，保险合同继续有效。规定宽限期主要是为了保护投保人的利益。

合同约定分期支付保险费，投保人支付首期保险费后，除合同另有约定外，投保人自保险人催告之日起超过30日未支付当期保险费的，或者超过约定的期限60日未支付当期保险费的，合同效力中止，或者由保险人按照合同约定的条件减少保险金额。被保险人在上述规定期限内发生保险事故的，保险人应当按照合同约定给付保险金，但可以扣减欠缴的保险费。

4. 误报年龄条款

投保人申报的被保险人年龄不真实，并且其真实年龄不符合合同约定的年龄限制的，保险人可以解除合同，并按照合同约定退还保险单的现金价值。

投保人申报的被保险人年龄不真实，致使投保人支付的保险费少于应付保险费的，保险人有权更正并要求投保人补缴保险费，或者在给付保险金时按照实付保险费与应付保险费的比例支付。

投保人申报的被保险人年龄不真实，致使投保人支付的保险费多于应付保险费的，保险人应当将多收的保险费退还投保人。

5. 保险金额条款

人身保险合同中的保险金额，是由保险合同当事人根据被保险人的需要和投保人支付保险费的能力约定的。但是，以死亡为给付保险金条件的合同，未经被保险人同意并认可保险金额的，合同无效。

6. 不丧失价值条款

人身保险具有储蓄性质，投保人缴纳保险费达到一定年限后，保险单就具有相当的现金价值。该现金价值属于投保人所有，即使投保人不愿意继续投保要求退保而致使保险合同失效，投保人对保险单的现金价值的所有权并不因此丧失。

7. 复效条款

因投保人不按期缴纳保费，合同效力按照规定中止的，经保险人与投保人协商并达成协议，在投保人补交保险费后，合同效力恢复。但是，自合同效力中止之日起满2年双方未达成协议的，保险人有权解除合同。

8. 自杀条款

规定自杀条款是为了防止道德风险的发生。《中华人民共和国保险法》规定，以被保险人死亡为给付保险金条件的合同，自合同成立或者合同效力恢复之日起2年内，被保险人自杀的，保险人不承担给付保险金的责任，但被保险人自杀时为无民事行为能力人的除外。保险人依照上述规定不承担给付保险金责任的，应当按照合同约定退还保险单的现金价值。

三、财产保险合同

（一）财产保险合同的概念

财产保险合同是投保人和保险人以财产及其相关利益为保险标的的合同。财产保险合同的主要内容是，投保人向保险人缴纳保险费，在保险事故发生造成所保财产或利益损失时，保险人在保险责任范围内承担赔偿责任，或在约定期限届满时，由保险人承担给付保险金的责任。

（二）财产保险合同的特征

1. 保险标的表现为特定的财产以及与该财产有关的利益

财产保险合同的标的既可以是有形的物质财富，也可以是无形的与财产有关的利益。

2. 财产保险合同是一种填补损失的合同

财产保险合同以财产及与财产有关的利益作为保险的标的，财产保险合同以补偿被保险人的实际财产损失为其唯一目的。

3. 财产保险合同实行保险责任限定制度

在财产保险合同中，保险人的保险责任以保险合同约定的保险金额为限，超过合同约定的保险金额的损失，保险人不负保险责任。保险金额不得超过保险价值，超过保险价值的，超过的部分无效。保险金额低于保险价值的，除合同另有约定外，保险人按照保险金额与保险价值的比例承担赔偿责任。

4. 财产保险实行保险代位的原则

在财产保险中，如果事故的发生是由第三人造成的，被保险人有权向该责任者请求损害赔偿，为了避免被保险人获得双重赔偿，被保险人只能获得选择权：要么由被保险人请求保险人赔偿，要么由被保险人请求第三人赔偿。如果被保险人从保险人那里获得了赔偿，则保险人获得代位求偿权，代位行使对第三人的追偿权。

（三）财产保险合同的主要条款

1. 保险标的

财产保险合同的保险标的，是指投保人的财产及其有关利益，按照它的范围可以分为可保财产、特约财产和不保财产。

2. 保险金额

财产保险合同的保险金额，是指投保人在订立财产保险合同时，对保险标的实际投保的货币金额。它既是保险人向被保险人履行保险责任的最高限额，又是计算投保人应该缴纳的保险费的依据。

《中华人民共和国保险法》规定，投保人和保险人约定保险标的的保险价值并在合

同中载明的，保险标的发生损失时，以约定的保险价值为赔偿计算标准。投保人和保险人未约定保险标的的保险价值的，保险标的发生损失时，以保险事故发生时保险标的的实际价值为赔偿计算标准。

3. 保险责任

保险人应该承担保险责任的范围主要包括以下几种：①因自然灾害所造成的损失。②因意外事故所造成的损失。③其他保险危险所造成的经济损失。

4. 除外责任

在财产保险合同中，除了列明保险责任外，还须对保险人不承保的危险事故作为除外责任列明于合同之中。财产保险合同的除外责任主要有：①投保人或被保险人的故意行为。②地震。③战争、军事行动或暴力行为。④核辐射和污染等。

5. 保险赔偿方法

在财产保险合同中，保险人所负保险责任的内容就是在保险财产因保险事故而遭受损失时，按照约定的赔偿方法向被保险人支付保险赔偿金。因此，在财产保险合同中一般都明确规定所采取的赔偿方法。一般有以下几种：

（1）比例责任赔偿。比例责任赔偿就是按照财产保险合同的保险金额与保险财产在出险时的实际价值的比例计算赔偿金额。财产保险合同涉及市场价格变动较大的财产时，通常采用该种方法。

（2）第一危险损失赔偿。第一危险损失赔偿就是在保险金额范围内，第一次遭受保险事故时保险财产的损失金额即保险赔偿金额。我国的家庭财产保险普遍采用该种方法。

（3）定值赔偿。定值赔偿就是双方在签约时约定保险财产的保险价值，并且以约定的保险价值作为确定保险金额、计算保险赔偿金的基础。海上货物运输保险合同通常采用该种方法。

（4）限额赔偿。限额赔偿就是保险人在双方约定的限额范围内承担保险赔偿责任。该赔偿方法经常适用于机动车辆保险合同、工程保险合同和责任保险合同等。

（四）财产保险合同的履行原则

1. 补偿原则

补偿原则是指财产保险合同中，投保人通过订立保险合同，将特定危险事故造成的财产损失转嫁给保险人承担，当保险事故发生并导致被保险人经济损失时，保险人给予被保险人的经济赔偿数额，恰好能弥补其因发生保险事故而造成的经济损失。

2. 分摊原则

分摊原则是指在投保人对同一保险标的、同一保险利益、同一保险事故分别与两个以上的保险人订立保险合同的情况下，被保险人所能得到的保险赔偿金，由各保险人按照其保险金额与总保险金额总和的比例进行分摊。

3. 代位原则

代位原则是指保险人依照法律或者保险合同约定，对被保险人所遭受的损失进行赔偿后，依法取得对财产损失负有责任的第三者进行追偿的权利。

第三节　保险业法律制度

一、保险公司

《中华人民共和国保险法》规定，保险业务由依法设立的保险公司以及法律、行政法规规定的其他保险组织经营，其他任何单位和个人不得经营保险业务。

（一）保险公司的设立

1. 设立条件

（1）主要股东应该具有持续盈利能力，信誉良好，最近 3 年内无重大违法违规记录，并且净资产不低于人民币 2 亿元。

（2）有符合《中华人民共和国保险法》和《中华人民共和国公司法》规定的章程。

（3）有符合《中华人民共和国保险法》规定的注册资本。

设立保险公司，其注册资本的最低限额为人民币 2 亿元。保险公司的注册资本必须为实缴货币资本。

（4）有具备任职专业知识和业务工作经验的董事、监事和高级管理人员。

（5）有健全的组织机构和管理制度。

（6）有符合要求的营业场所和与业务有关的其他设施。

（7）法律、行政法规和国务院银行保险监督管理机构规定的其他条件。

2. 设立程序

（1）申请设立。申请设立保险公司，应当向国务院银行保险监督管理机构提出书面申请，并提交相应材料。国务院银行保险监督管理机构应当对设立保险公司的申请进行审查，自受理之日起 6 个月内作出批准或者不批准筹建的决定，并书面通知申请人。

（2）筹建。申请人应当自收到批准筹建通知之日起 1 年内完成筹建工作；筹建期间不得从事保险经营活动。

（3）申请开业。筹建工作完成后，申请人具备规定的设立条件的，可以向国务院保险监督管理机构提出开业申请。

（4）批准。国务院保险监督管理机构应当自受理开业申请之日起 60 日内，作出批准或者不批准开业的决定。决定批准的，颁发经营保险业务许可证；决定不批准的，应当书面通知申请人并说明理由。

（5）设立登记。经批准设立的保险公司，凭经营保险业务许可证向市场监督管理机关办理登记，领取营业执照。保险公司自取得经营保险业务许可证之日起 6 个月内，无正当理由未向市场监督管理机关办理登记的，其经营保险业务许可证失效。

保险公司在我国境内设立分支机构，也应当经国务院银行保险监督管理机构批准。保险公司分支机构不具有法人资格，其民事责任由保险公司承担。

（二）保险公司的业务范围

保险公司的业务范围主要包括人身保险和财产保险两方面。

1. 人身保险业务

人身保险业务包括人寿保险、健康保险、意外伤害保险等。

（1）人寿保险亦称"生命保险"，是以人的生命为保险对象的保险。投保人或被保险人向保险人缴纳约定的保险费后，当被保险人于保险期内死亡或生存至一定年龄时，履行给付保险金。人寿保险可分为死亡保险、生存保险和生死两全保险等。

（2）健康保险是指被保险人在保险期间内因疾病不能从事正常工作，或因疾病造成残疾或死亡时由保险人给付保险金的保险。健康保险包括医疗保险、失能保险和护理保险等。

（3）意外伤害保险是指以意外伤害而致身故或残疾为给付保险金条件的人身保险。投保人向保险人缴纳一定量的保险费，如果被保险人在保险期限内遭受意外伤害并以此为直接原因或近因，在自遭受意外伤害之日起的一定时期内死亡、残废、支出医疗费或暂时丧失劳动能力，则保险人给付被保险人或其受益人一定量的保险金。意外伤害保险可分为普通意外伤害保险和特定意外伤害保险。

2. 财产保险业务

财产保险业务主要包括财产损失保险、责任保险、信用保险等。

（1）财产损失保险是以各类有形财产为保险标的的财产保险，主要包括企业财产保险、家庭财产保险、运输工具保险、货物运输保险、工程保险、特殊风险保险和农业保险等。

（2）责任保险是指以保险客户的法律赔偿风险为承保对象的财产保险。按业务内容可分为公众责任保险、产品责任保险、雇主责任保险、职业责任保险和第三者责任保险等。

（3）信用保险是指权利人向保险人投保债务人的信用风险的财产保险，是一项企业用于风险管理的保险产品。其原理是把债务人的保证责任转移给保险人，当债务人不能履行其义务时，由保险人承担赔偿责任。

（三）保险公司的变更和终止

1. 保险公司的变更

保险公司有下列情形之一的，应当经国务院银行保险监督管理机构批准：①变更名称。②变更注册资本。③变更公司或者分支机构的营业场所。④撤销分支机构。⑤公司分立或者合并。⑥修改公司章程。⑦变更出资额占有限责任公司资本总额5%以上的股东，或者变更持有股份有限公司股份5%以上的股东。⑧国务院银行保险监督管理机构规定的其他情形。

2. 保险公司的终止

保险公司的终止是指依法成立的保险公司根据法律的有关规定，停止保险业务经营行为、经过市场监督管理部门取消注册登记的法律行为。保险公司终止后，其法人资格消失。

保险公司终止的原因包括解散、被撤销和破产三种。

（1）解散。保险公司因分立、合并需要解散，或者股东会、股东大会决议解散，或者公司章程规定的解散事由出现，经国务院银行保险监督管理机构批准后解散。

（2）被撤销。保险公司违反法律、行政法规，被保险监督管理部门吊销经营保险业务许可证的，依法被撤销。

（3）破产。保险公司不能清偿到期债务，并且资产不足以清偿全部债务或者明显缺乏清偿能力的，经国务院银行保险监督管理机构同意，保险公司或者其债权人可以依法向人民法院申请破产清算；国务院银行保险监督管理机构也可以依法向人民法院申请对该保险公司破产清算。保险公司破产由人民法院依法宣告。

经营有人寿保险业务的保险公司被依法撤销或者被依法宣告破产的，其持有的人寿保险合同及责任准备金，必须转让给其他经营有人寿保险业务的保险公司，不能同其他保险公司达成转让协议的，由国务院银行保险监督管理机构指定经营有人寿保险业务的保险公司接受转让。

保险公司依法终止其业务活动，应当注销其经营保险业务许可证。

二、保险公司业务经营规则

（一）分业经营规则

保险公司的业务范围包括人身保险业务、财产保险业务和国务院银行保险监督管理机构批准的与保险有关的其他业务。保险人不得兼营人身保险业务和财产保险业务。但是，经营财产保险业务的保险公司经国务院银行保险监督管理机构批准，可以经营短期健康保险业务和意外伤害保险业务。保险公司应当在国务院银行保险监督管理机构依法批准的业务范围内从事保险经营活动。

（二）保障保险公司偿付能力的规则

为了保障保险公司的偿付能力，更好地维护投保人和被保险人的利益，《中华人民共和国保险法》规定了以下措施：

1. 依法提取保证金

保险公司应当按照其注册资本总额的20%提取保证金，存入国务院银行保险监督管理机构指定的银行，除公司清算时用于清偿债务外，不得动用。

2. 依法提取各项责任准备金

保险公司应当根据保障被保险人利益、保证偿付能力的原则，提取各项责任准备金，主要包括未到期责任准备金和未决赔款准备金。未到期责任准备金是保险公司为承担未了结的逾期保险责任而依法律规定从保险费收入中提取的准备资金。未决赔款准备金是保险公司在赔款前预先提取的准备资金。保险公司提取和结转责任准备金的具体办

法由国务院银行保险监督管理机构制定。

3. 依法提取公积金

保险公司应当依法提取公积金。公积金是公司的储备资金，是公司为增强自身的资产实力、扩大经营规模及预防亏损，依照法律和公司章程的规定，从公司的每年税后利润中提取的累积资金。

4. 依法缴纳和使用保险保障基金

建立保险保障基金，首先是为了保障被保险人的利益。其次是为了支持保险公司稳健经营，即通过运用由各个保险公司集中起来的保险保障基金，对经营或财务上发生困难的保险公司予以支持。

保险公司应当缴纳保险保障基金。保险保障基金应当集中管理，并在下列情形下统筹使用：①在保险公司被撤销或者被宣告破产时，向投保人、被保险人或者受益人提供救济。②在保险公司被撤销或者被宣告破产时，向依法接受其人寿保险合同的保险公司提供救济。③国务院规定的其他情形。

（三）保险公司风险防范规则

1. 具有相适应的最低偿付能力

保险公司的偿付能力就是其偿付债务的能力。保险公司应当具有与其业务规模和风险程度相适应的最低偿付能力。保险公司的认可资产减去认可负债的差额不得低于国务院银行保险监督管理机构规定的数额；低于规定数额的，应当按照国务院银行保险监督管理机构的要求采取相应措施达到规定的数额。

2. 自留保险费的限制

经营财产保险业务的保险公司当年自留保险费，不得超过其实有资本金加公积金总和的 4 倍。

保险公司的自留保险费确切地反映其保险费收入的实际情况，也反映其承担的保险责任的范围，或者说是其承保额度的大小。将经营财产保险业务的保险公司的资本与其自留保费相比较，就是要求在财产保险业务方面，公司所承担的保险责任与其实有资产保持一定比例，并保持必要的偿付能力。反过来说，公司的资本如果是有限的，那么公司的承保额度也应受到限制，不能超出其承保能力从事业务经营。

3. 对危险单位的限制和再保险

保险公司对危险单位的划分应当符合国务院保险监督管理机构的规定。保险公司对危险单位的划分方法和巨灾风险安排方案，应当报国务院保险监督管理机构备案。

根据《中华人民共和国保险法》的规定，保险公司对每一危险单位，即对一次保险事故可能造成的最大损失范围所承担的责任，不得超过其实有资本金加公积金总和的10%；超过的部分应当办理再保险。保险公司对危险单位的划分应当符合国务院银行保险监督管理机构的规定。保险公司应当按照国务院银行保险监督管理机构的规定办理再保险，并审慎选择再保险接受人。

（四）保险资金运用规则

保险公司的资金必须遵循安全性原则，其运用仅限于下列形式：

（1）银行存款。

（2）买卖债券、股票、证券投资基金份额等有价证券。

（3）投资不动产。

（4）国务院规定的其他资金运用形式。

经国务院银行保险监督管理机构会同国务院证券监督管理机构批准，保险公司可以设立保险资产管理公司。保险资产管理公司从事证券投资活动，应当遵守《中华人民共和国证券法》等法律、行政法规的规定。保险资产管理公司的管理办法，由国务院银行保险监督管理机构会同国务院有关部门制定。

（五）保险公司及其工作人员的禁止性规范

保险公司及其工作人员在保险业务活动中不得有下列行为：

（1）欺骗投保人、被保险人或者受益人。

（2）对投保人隐瞒与保险合同有关的重要情况。

（3）阻碍投保人履行本法规定的如实告知义务，或者诱导其不履行本法规定的如实告知义务。

（4）给予或者承诺给予投保人、被保险人、受益人保险合同约定以外的保险费回扣或者其他利益。

（5）拒不依法履行保险合同约定的赔偿或者给付保险金义务。

（6）故意编造未曾发生的保险事故、虚构保险合同或者故意夸大已经发生的保险事故的损失程度进行虚假理赔，骗取保险金或者牟取其他不正当利益。

（7）挪用、截留、侵占保险费。

（8）委托未取得合法资格的机构从事保险销售活动。

（9）利用开展保险业务为其他机构或者个人牟取不正当利益。

（10）利用保险代理人、保险经纪人或者保险评估机构，从事以虚构保险中介业务或者编造退保等方式套取费用等违法活动。

（11）以捏造、散布虚假事实等方式损害竞争对手的商业信誉，或者以其他不正当竞争行为扰乱保险市场秩序。

（12）泄露在业务活动中知悉的投保人、被保险人的商业秘密。

（13）违反法律、行政法规和国务院银行保险监督管理机构规定的其他行为。

三、保险业监督管理

（一）保险业监督管理的概念

保险业监督管理主要是指国家银行保险监督管理机构对经营、参与保险业务的主体和保险经营行为进行的监督和管理。

国务院银行保险监督管理机构依照《中华人民共和国保险法》和国务院规定的职责，遵循依法、公开、公正的原则，对保险业实施监督管理，维护保险市场秩序，保护投保人、被保险人和受益人的合法权益。国务院银行保险监督管理机构依照法律、行政

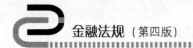

法规制定并发布有关保险业监督管理的规章。

（二）保险业监督管理的主要内容

1. 市场准入的监管

设立保险公司及其分支机构，必须经过国务院银行保险监督管理机构批准，经批准设立的保险公司，由批准部门颁发经营许可证。外国保险机构在中华人民共和国境内设立代表机构，应当经国务院银行保险监督管理机构批准。代表机构不得从事保险经营活动。

保险公司的董事、监事和高级管理人员，应当品行良好，熟悉与保险相关的法律、行政法规，具有履行职责所需的经营管理能力，并在任职前取得银行保险监督管理机构核准的任职资格。

保险专业代理机构、保险经纪人的高级管理人员，应当品行良好，熟悉保险法律、行政法规，具有履行职责所需的经营管理能力，并在任职前取得银行保险监督管理机构核准的任职资格。个人保险代理人、保险代理机构的代理从业人员、保险经纪人的经纪从业人员，应当品行良好，具有从事保险代理业务或者保险经纪业务所需的专业能力。

2. 保险业务运营的监管

（1）保险合同条款和保险费率的监管。关系社会公众利益的保险险种、依法实行强制保险的险种和新开发的人寿保险险种等的保险条款和保险费率，应当报国务院银行保险监督管理机构批准。国务院银行保险监督管理机构审批时，应当遵循保护社会公众利益和防止不正当竞争的原则。其他保险险种的保险条款和保险费率，应当报银行保险监督管理机构备案。

保险公司使用的保险条款和保险费率违反法律、行政法规或者国务院银行保险监督管理机构的有关规定的，由保险监督管理机构责令停止使用，限期修改；情节严重的，可以在一定期限内禁止申报新的保险条款和保险费率。

（2）对偿付能力的监管。保险公司的偿付能力是指保险公司以资产偿付到期债务和承担未来责任的能力。国务院银行保险监督管理机构应当建立健全保险公司偿付能力监管体系，对保险公司的偿付能力实施监控。

对偿付能力不足的保险公司，国务院银行保险监督管理机构应当将其列为重点监管对象，并可以根据具体情况采取下列措施：①责令增加资本金、办理再保险。②限制业务范围。③限制向股东分红。④限制固定资产购置或者经营费用规模。⑤限制资金运用的形式、比例。⑥限制增设分支机构。⑦责令拍卖不良资产、转让保险业务。⑧限制董事、监事、高级管理人员的薪酬水平。⑨限制商业性广告。⑩责令停止接受新业务。

（三）保险监督管理机构的权责及相关措施

1. 保险监督管理机构的权责

《中华人民共和国保险法》对保险监督管理机构的权责作了详细的规定，具体内容如下：

（1）被整顿、接管的保险公司有不能清偿到期债务，并且资产不足以清偿全部债务或者明显缺乏清偿能力这些情形的，国务院银行保险监督管理机构可以依法向人民法院申请对该保险公司进行重整或者破产清算。

（2）保险公司因违法经营被依法吊销经营保险业务许可证的，或者偿付能力低于国务院银行保险监督管理机构规定标准，不予撤销将严重危害保险市场秩序、损害公共利益的，由国务院银行保险监督管理机构予以撤销并公告，依法及时组织清算组进行清算。

（3）国务院银行保险监督管理机构有权要求保险公司股东、实际控制人在指定的期限内提供有关信息和资料。

（4）保险公司的股东利用关联交易严重损害公司利益，危及公司偿付能力的，由国务院银行保险监督管理机构责令改正。在按照要求改正前，国务院银行保险监督管理机构可以限制其股东权利，拒不改正的，可以责令其转让所持的保险公司股权。

（5）保险公司在整顿、接管、撤销清算期间，或者出现重大风险时，国务院银行保险监督管理机构可以对该公司直接负责的董事、监事、高级管理人员和其他直接责任人员采取以下措施：①通知出境管理机关依法阻止其出境。②申请司法机关禁止其转移、转让或者以其他方式处分财产，或在财产上设定其他权利。

2. 保险监督管理机构履行职责可以采取的措施

（1）对保险公司、保险代理人、保险经纪人、保险资产管理公司、外国保险机构的代表机构进行现场检查。

（2）进入涉嫌违法行为发生场所调查取证。

（3）询问当事人及与被调查事件有关的单位和个人，要求其对与被调查事件有关的事项作出说明。

（4）查阅、复制与被调查事件有关的财产权登记等资料。

（5）查阅、复制保险公司、保险代理人、保险经纪人、保险资产管理公司、外国保险机构的代表机构以及与被调查事件有关的单位和个人的财务会计资料及其他相关文件和资料，对可能被转移、隐匿或者毁损的文件和资料予以封存。

（6）查询涉嫌违法经营的保险公司、保险代理人、保险经纪人、保险资产管理公司、外国保险机构的代表机构以及与涉嫌违法事项有关的单位和个人的银行账户。

（7）对有证据证明已经或者可能转移、隐匿违法资金等涉案财产或者隐匿、伪造、毁损重要证据的，经保险监督管理机构主要负责人批准，申请人民法院予以冻结或者查封。

保险监督管理机构采取以上相关措施的，应当经保险监督管理机构负责人批准，或者应当经国务院银行保险监督管理机构负责人批准。

保险监督管理机构依法进行监督检查或者调查，其监督检查、调查的人员不得少于2人，并应当出示合法证件和监督检查、调查通知书；监督检查、调查的人员少于2人或者未出示合法证件和监督检查、调查通知书的，被检查、调查的单位和个人有权拒绝。

【本章参考法规】

1. 《中华人民共和国保险法》（1995年6月30日第八届全国人民代表大会常务委员

会第十四次会议通过，2015 年 4 月 24 日第十二届全国人民代表大会常务委员会第十四次会议第三次修正）。

2.《最高人民法院关于适用〈中华人民共和国保险法〉若干问题的解释（一）》（法释〔2009〕12 号）。

3.《最高人民法院关于适用〈中华人民共和国保险法〉若干问题的解释（二）》（法释〔2013〕14 号）。

4.《最高人民法院关于适用〈中华人民共和国保险法〉若干问题的解释（三）》（法释〔2015〕21 号）。

【课后练习】

一、单项选择题

1. 下列各项中，属于保险合同当事人的是（　　）。

A. 保险人　　　　B. 被保险人　　　　C. 受益人　　　　D. 保险公估人

2. 保险期间内发生保险责任范围内的损失，应由第三者负责赔偿的，如果投保方向保险方提出赔偿要求，保险方应该（　　）。

A. 在第三者无力赔偿时，保险方才予以赔偿

B. 在查明第三者尚未对投保方承担赔偿责任时，保险方才予以赔偿

C. 保险方不予赔偿

D. 保险方先予以赔偿，然后取得代位追偿权

3. 保险人收到被保险人或者受益人的赔偿或者给付保险金的请求后，应当及时作出核定，对属于保险责任的，应在与被保险人或者受益人达成有关赔偿或者给付保险金额的协议后（　　）日内，履行赔偿或者给付保险金义务。

A. 30　　　　　　B. 20　　　　　　C. 10　　　　　　D. 5

4. 根据保险法律制度的规定，保险人对保险合同中的免责条款未作提示或者未明确说明的，该免责条款（　　）。

A. 不产生效力　　B. 效力待定　　　C. 可撤销　　　　D. 可变更

5. 王某刚拿驾照就买了新车，遂在某保险公司为新车投了全险，结果王某独自开车上高速发生了交通事故。保险公司拒赔，但其所主张的免责事由即"驾驶员在实习期内上高速属违法行为，不予理赔"并未在保险单背面写明，也没有向王某作出明确说明。针对该免责条款的效力，下列说法中正确的是（　　）。

A. 该免责条款未经法院确认不产生效力

B. 该免责条款未经王某确认不产生效力

C. 该免责条款处于效力待定

D. 该免责条款不产生效力

6. 受益人与被保险人在同一事件中死亡但无法确定死亡顺序时，正确的做法是（　　）。

A. 推定被保险人先于受益人死亡

B. 推定受益人先于被保险人死亡

C. 推定被保险人与受益人同时死亡

D. 由保险人排列受益人与被保险人的死亡顺序

7. 根据保险法律制度的规定，投保人在订立保险合同时故意或因重大过失未履行如实告知义务，足以影响保险人决定是否同意承保或提高保险费率的，保险人有权解除合同。保险人解除合同的权利，自保险人知道有解除事由之日起超过一定期限不行使而消灭。该期限为（　　）。

A. 3 个月　　　　　B. 2 年　　　　　C. 30 日　　　　　D. 1 年

8. 李某为其母亲赵某投保人寿险，在确定具体受益人时李某与赵某发生了分歧。下列关于如何确定受益人的表述中，符合保险法律制度规定的是（　　）。

A. 受益人只能是李某

B. 受益人只能是赵某

C. 受益人可以由李某指定，但必须经赵某同意

D. 受益人只能由赵某指定

9. 根据保险法律制度的规定，下列关于保险合同成立时间的表述中，正确的是（　　）。

A. 投保人支付保险费时，保险合同成立

B. 保险人签发保险单时，保险合同成立

C. 保险代理人签发暂保单时，保险合同成立

D. 投保人提出保险要求，保险人同意承保时，保险合同成立

10. 投保人申报的被保险人年龄不真实，并且其真实年龄不符合合同约定的年龄限制的，关于保险人可否解除合同的下列表述中，符合保险法律制度规定的是（　　）。

A. 可以解除合同，并退还保险费

B. 可以解除合同，并要求投保人承担违约责任

C. 可以解除合同，并按照合同约定退还保险单的现金价值

D. 不可以解除合同，但可要求投保人按照真实年龄调整保险费

11. 2014 年 10 月，向某为自己 18 岁的儿子投保了一份以死亡为给付保险金条件的保险合同。2017 年向某的儿子因患抑郁症自杀身亡，向某要求保险公司给付保险金。下列关于保险公司承担责任的表述中，符合保险法律制度规定的是（　　）。

A. 保险公司不承担给付保险金的责任，也不退还保险费

B. 保险公司不承担给付保险金的责任，也不退还保险单的现金价值

C. 保险公司应承担给付保险金的责任

D. 保险公司不承担给付保险金的责任，但应退还保险单的现金价值

二、多项选择题

1. 根据《中华人民共和国保险法》的规定，投保人的主要义务包括（　　）。

A. 投保时告知保险人所有自身情况

B. 危险、事故的补救和通知义务

C. 在保险标的的危险增加时通知保险人

D. 按时交付保险费

2. 保险合同成立后，可能导致保险合同无效的原因有（　　）。

A. 签订保险合同的当事人主体资格不符合法律的规定

B. 投保人不按照合同约定的时间缴纳保险费

C. 保险合同订立过程中存在保险欺诈行为

D. 保险事故发生后，投保人（被保险人）没有采取必要的措施避免损失的扩大

3. 财产保险中保险利益的构成条件有（　　）。

A. 须为法律上承认的利益

B. 须为确定利益

C. 须表现为具体的财产形态

D. 须为金钱利益，凡不能以金钱计算的利益不能作为保险利益

4. 根据保险法律制度的规定，人身保险的投保人在订立保险合同时，对某些人员具有保险利益。该人员包括（　　）。

A. 投保人的父亲
B. 投保人赡养的伯父

C. 投保人抚养的外甥女
D. 投保人的妻子

5. 财产保险合同中，保险责任开始后，当事人不得解除合同的有（　　）。

A. 货物运输保险合同
B. 家庭财产保险合同

C. 运输工具航程保险合同
D. 企业财产保险合同

6. 下列关于重复保险的陈述中正确的有（　　）。

A. 重复保险的投保人应当将重复保险的有关情况通知各保险人

B. 重复保险的保险金额总和超过保险价值的，各保险人的赔偿金额的总和不得超过保险价值

C. 重复保险的保险金额总和超过保险价值的，各保险人的赔偿金额按实际损失金额分摊

D. 除合同另有约定外，各保险人按照其保险金额与保险金额总和的比例承担赔偿责任

7. 根据保险法律制度的规定，下列属于保险人可以单方解除合同的情形有（　　）。

A. 投保人故意隐瞒与保险标的的有关的重要事实，未履行如实告知义务的

B. 投保人谎称发生保险事故的

C. 投保人在保险标的的危险程度显著增加时未按照合同约定及时通知保险人的

D. 投保人对保险事故的发生有重大过失的

8. 下列关于保险代位求偿权的表述中，符合《中华人民共和国保险法》规定的有（　　）。

A. 保险人未赔偿保险金之前，被保险人放弃对第三人请求赔偿的权利的，保险人不承担赔偿保险金的责任

B. 保险人向被保险人赔偿保险金后，被保险人未经保险人同意放弃对第三人请求赔

偿的权利的，该放弃行为无效

C. 因被保险人故意致使保险人不能行使代位请求赔偿的权利的，保险人可以扣减或者要求返还相应的保险金

D. 即使被保险人的家庭成员故意损害保险标的而造成保险事故，保险人也不得对被保险人的家庭成员行使代位求偿权

三、判断题

1. 经营财产保险业务的公司不得经营人身保险业务，经营人身保险业务的公司不得经营财产保险业务。（　）

2. 人身保险合同订立后，因投保人丧失对被保险人的保险利益，当事人主张保险合同无效的，人民法院应予支持。（　）

3. 财产保险合同中，保险金额可以超过保险价值。（　）

4. 在订有再保险合同的情况时，投保人既能请求分出公司（与之订立保险合同的保险公司）赔付保险金，也可请求分入公司（再保险公司）赔付保险金。（　）

5. 投保人要将被保险利益的真实情况完全告诉给保险人，如有任何重大隐瞒则可能导致整个保险合同无效。（　）

6. 某保险公司的代理人周某向刘某推介一款保险产品，刘某认为不错，于是双方约定了签订合同的时间。订立保险合同时，刘某无法亲自到场签字，就由周某代为签字。后刘某缴纳了保险费。此时，应视为刘某对周某代签字行为的追认。（　）

7. 投保人变更受益人未通知保险人，保险人主张变更对其不发生效力的，人民法院应予支持。（　）

8. 保险人不得对被保险人的家庭成员或者其组成人员行使代位请求赔偿的权利。（　）

9. 因第三者对保险标的的损害而造成的保险事故发生后，保险人未赔偿保险金之前，即使被保险人放弃对第三者请求赔偿的权利，保险人仍应承担赔偿保险金的责任。（　）

10. 货物运输保险凭证可由投保方自行决定背书转让，无须征得保险方的同意。（　）

四、简答题

人身保险与财产保险有什么区别？

五、案例题

【材料1】A有限责任公司承租B销售有限责任公司一座楼房经营，为预防经营风险，A有限责任公司将此楼房在C保险公司投保，C保险公司同意承保，保险金额为500万元。于是，A有限责任公司交付了1年的保险费。9个月后A有限责任公司结束租赁，将楼房退还给B销售有限责任公司。在保险期的第10个月该楼房发生了火灾，损失300万元。

回答下列问题：

（1）该楼房是否可以投保？为什么？

（2）若A有限责任公司根据保险合同的约定向C保险公司提出保险合同、该楼受损

失的证明材料而主张赔偿，A 有限公司的请求能否得到法院支持？为什么？

【材料 2】2021 年 2 月 1 日李某以自有的苹果牌笔记本电脑向保险公司投保财产损失保险，并按照约定交付了保险费，保险期间为 1 年。2021 年 4 月 1 日李某的同学张某借走了李某的电脑。

回答下列问题：

（1）若 2021 年 10 月 1 日，张某将笔记本放置家中后外出未锁门，笔记本被小偷偷走。此种情况下，应如何处理？

（2）若 2022 年 1 月 25 日李某要求张某归还笔记本未果。李某为了得到赔偿，向保险公司谎称电脑丢失，要求赔偿。李某能否得到保险公司赔偿？为什么？

资料来源：全国高等教育自学考试保险法试题。

第五章 担保法律制度

【学习目标】

掌握保证担保的构成、保证范围和保证期间；掌握抵押担保的构成和运用方式；掌握质押担保的构成和运用方式；理解留置担保和定金担保的构成。

【本章知识结构】

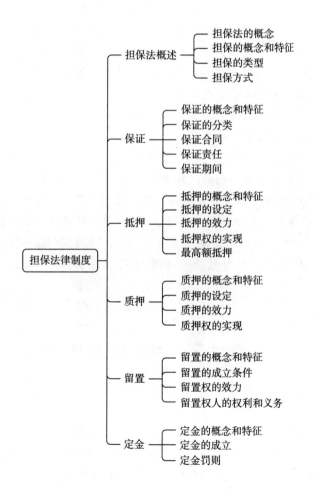

【案例导入】

2021 年 9 月 21 日，甲银行与 A 公司签订贷款合同，向 A 公司贷款 5000 万元，期限一年。同日，双方签订了抵押合同，将 A 公司一栋办公楼作为抵押财产，次日办理了抵押财产登记。其后，B 商场与甲银行签订了连带责任保证合同，约定 B 商场为 A 公司全部债务承担连带保证责任。上述合同签订后，甲银行依约发放了贷款。但贷款到期后，A 公司无力还款，甲银行经过考察，认为作为抵押的办公楼有行无市，变现十分困难，而保证人 B 商场实力雄厚，有还款能力，因此要求 B 商场承担保证责任，B 商场则提出银行应先处置抵押财产，不足部分才由 B 商场承担。甲银行遂将 A 公司和 B 商场同时诉至法院，要求其承担连带还款责任。

回答下列问题：

（1）一般保证与连带责任保证有什么区别？

（2）本案中，抵押合同什么时候生效？

（3）甲银行可否直接先要求 B 商场还款，而不优先处置抵押财产？

资料来源：全国高等教育自学考试金融法规试题。

【解析】（1）①一般保证是指当事人在保证合同中约定，债务人不能履行债务时，由保证人示担保证责任。一般保证的保证人在主合同的纠纷未经过审判或者仲裁，并就债务人财产依法强制执行仍不能履行债务前，对债权人可以拒绝承担保证责任，所以，一般保证责任是对主债务人不能履行的赔偿责任。②连带责任保证是指当事人在保证合同中约定保证人与债务人对债务承担连带责任的情况。连带责任保证的债务人在主合同规定的债务履行期届满没有履行债务的，债权人可以要求债务人履行债务，也可以要求保证人在其保证范围内承担保证责任。为了保护债权人的利益，法律还规定，当事人对保证方式没有约定或者约定不明确的，按照连带责任保证承担保证责任。

（2）2021 年 9 月 22 日生效。当事人设立财产抵押时，对于须登记才能确权的抵押财产，如土地、土地使用权、建筑物等，必须办理抵押登记，且抵押权自登记之日起设立。

（3）可以。连带责任保证的债务人在主合同规定的债务履行期届满没有履行债务的，债权人可以要求债务人履行债务，也可以要求保证人在其保证范围内承担保证责任。

第一节　担保法概述

一、担保法的概念

担保法是调整债权人、债务人和担保人之间的债权担保关系的法律规范的总称。我国现行立法体系中没有专门的担保法律，现行有效的担保法是 2020 年 5 月 28 日第十三届全国人民代表大会第三次会议通过、自 2021 年 1 月 1 日起施行的《中华人民共和国民法典》中关于担保的法律规范的总和。

二、担保的概念和特征

1. 担保的概念

担保是指为保障特定债权人实现债权，而以第三人的信用或者特定财产保障债务人履行债务的措施。

2. 担保的特征

（1）从属性。设立担保是为了保障主债权的实现，因此，主债权的存在是担保成立的前提，主债权不存在，担保也就无从成立；主债权无效，担保也无效；主债权消灭，担保也消灭。这就是担保的从属性。

（2）补充性。在主债务因主债务人的适当履行而正常终止时，担保人并不需要实际履行担保义务。只有在主债务得不到履行或得不到完全履行时，才需要履行担保义务，使主债权得以实现，这是担保的补充性。

三、担保的类型

1. 按照担保的手段，担保可以分为人的担保、物的担保和金钱担保

（1）人的担保又称信用担保，是指在债务人的全部财产之外，又附加第三人的一般财产而非特定财产作为债权实现的总担保。保证是人的担保的基本形式。

（2）物的担保是以债务人或第三人的特定财产作为抵偿债权的标的，当债务人不履行债务时，债权人可以将该特定财产变价，并从中优先受偿。抵押、质押、留置属于物的担保。

（3）金钱担保是债务人在约定给付以外交付一定数额的金钱，该金钱的返还与否与债务履行与否联系在一起，使当事人双方产生心理压力，从而促使其积极履行债务，保障债权实现的制度。定金属于金钱担保。

2. 按照担保的范围，分为一般担保与特殊担保

（1）一般担保是指债务人用自己的财产保证合同履行的，该财产是一般财产，而不是债务人某项特定的财产。保证属于一般担保。

（2）特殊担保是指债务人用自己某特定的物担保。抵押、质押、定金属于特殊担保。

3. 按照担保是否由法律规定，分为法定担保与约定担保

法定担保是指法律直接规定的担保。约定担保是指法律没有规定，由当事人约定的担保。

4. 按照担保的主从关系，分为本担保与反担保

（1）本担保是指担保人为主合同提供的担保。

（2）反担保是指第三人为债务人向债权人提供担保时，反过来再让债务人提供担保。反担保是在商品贸易、工程承包和资金借贷等经济往来中，为了换取担保人提供保证、抵押或质押，而由债务人或第三人向该担保人提供担保，该新设定的担保相对于原担保而言称为反担保。

根据担保法的规定，反担保人可以是债务人本人，也可以是债务人之外的其他人。反担保方式可以是债务人提供的抵押或者质押，也可以是其他人提供的保证、抵押或者质押。

四、担保方式

《中华人民共和国民法典》规定的担保方式有五种，即保证、抵押、质押、留置和定金。本章后续各节将分别予以介绍。

第二节　保证

一、保证的概念和特征

（一）保证的概念

保证是指保证人和债权人约定，当债务人不履行债务时，保证人按照约定履行债务或者承担责任的行为。

（二）保证的特征

（1）从属性。保证合同所担保的债务是主债务，保证债务是从债务。保证债务的从属性表现在：①主债务的有效是从债务有效的前提。②保证的责任范围不能超过主债务。③保证债务变更或消灭均从属于主债务，主债务变更或消灭，则从债务也随之变更或消灭。

（2）补充性。补充性是指只有当主债务人不履行主债务时，保证人才履行其保证债务，如果主债务人已履行其债务，保证人可以不履行债务。

（3）独立性。保证债务不是主债务的一部分，而是一个独立的债务，可以有独立变更或消灭的原因，保证合同还可以单就保证债务约定违约金。

（4）人身性。保证属于人的担保，不以保证人的特定财产设定担保，而是以该保证人不特定的财产担保债务人履行债务。保证人不是原来的债务人，而是主债权人、债务人以外，具有清偿债务能力的第三人。

二、保证的分类

1. 按照保证人在保证关系中的地位，分为一般保证和连带责任保证

（1）一般保证。一般保证是指当事人在保证合同中约定，当债务人不能履行债务时，由保证人承担保证责任的保证方式。在一般保证方式中，担保人享有先诉抗辩权。一般保证的保证人在主合同纠纷未经审判或者仲裁，并就债务人财产依法强制执行仍不能履行债务前，对债权人可以拒绝承担保证责任。

有下列情形之一的，保证人不得行使先诉抗辩权：①债务人住所变更，致使债权人要求其履行债务发生重大困难的。②人民法院受理债务人破产案件，中止执行程序的。③保证人以书面形式放弃前款规定的权利的。

（2）连带责任保证。当事人在保证合同中约定保证人与债务人对债务承担连带责任的，为连带责任保证。连带责任保证的债务人在主合同规定的债务履行期届满没有履行债务的，债权人可以要求债务人履行债务，也可以要求保证人在其保证范围内承担保证责任。当事人对保证方式没有约定或者约定不明确的，按照连带责任保证承担保证责任。一般保证和连带责任保证的保证人享有债务人的抗辩权。债务人放弃对债务的抗辩权的，保证人仍有权抗辩。

2. 按照保证人的数量，分为单独保证和共同保证

（1）单独保证是只有一个保证人的保证。共同保证是两人以上保证人的保证。同一债务有两个以上保证人的，保证人应当按照保证合同约定的保证份额，承担保证责任。没有约定保证份额的，保证人承担连带责任，债权人可以要求任何一个保证人承担全部保证责任，保证人都负有担保全部债权实现的义务。已经承担保证责任的保证人，有权向债务人追偿，或者要求承担连带责任的其他保证人清偿其应当承担的份额。

（2）两个以上保证人对同一债务同时或者分别提供保证时，各保证人与债权人没有约定保证份额的，应当认定为连带共同保证。连带共同保证，即所有保证人和债务人对债权人承担连带保证责任。

3. 按照保证合同是否约定了或者法律是否规定了保证期间，分为定期保证和不定期保证

约定了保证期限或者法律规定了保证期限的保证是定期保证，未约定保证期限且法律也未规定保证期限的保证是不定期保证。

三、保证合同

（一）保证人的条件

保证人是指依照保证合同的约定，在债务人不履行债务时向债权人承担保证责任的当事人。具有代为清偿债务能力的法人、其他组织或者公民，可以做保证人。

根据《中华人民共和国民法典》的规定，下列主体不得充当保证人：①机关法人不

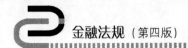
得为保证人，但是经国务院批准为使用外国政府或者国际经济组织贷款进行转贷的除外。②以公益为目的的非营利法人、非法人组织不得为保证人。

（二）保证合同的形式

保证人与债权人应当以书面形式订立保证合同。具体有四种方式：

（1）独立的保证合同，即在主合同之外，另行签订一份单独的保证合同。

（2）保证条款，即在主合同中约定保证条款。

（3）第三人单方面的保证承诺，即第三人单方以书面形式向债权人出具担保书，债权人接受且未提出异议的，即构成保证。

（4）第三人以保证人的身份在合同上签章。主合同没有保证条款，保证人在主合同上以保证人的身份签字或者盖章的，也构成保证。

（三）保证合同的内容

保证合同应当包括以下主要内容：①被保证的主债权种类、数额。②债务人履行债务的期限。③保证的方式。④保证担保的范围。⑤保证的期间。⑥双方认为需要约定的其他事项。

保证合同不完全具备上述规定内容的，可以补正。

四、保证责任

保证责任是指当债务人不能清偿到期债务时，保证人根据自己的承诺应实际承担的责任。

（一）保证责任的范围

保证人在约定的保证担保范围内承担保证责任。保证担保的范围包括主债权及利息、违约金、损害赔偿金和实现债权的费用。保证合同另有约定的，按照约定。当事人对保证担保的范围没有约定或者约定不明确的，保证人应当对全部债务承担责任。

同一债务有两个以上保证人的，保证人应当按照保证合同约定的保证份额，承担保证责任；没有约定保证份额的，债权人可以请求任何一个保证人在其保证范围内承担保证责任。

（二）主合同的变更对保证责任的影响

（1）债权人和债务人未经保证人书面同意，协商变更主债权债务合同内容，减轻债务的，保证人仍对变更后的债务承担保证责任；加重债务的，保证人对加重的部分不承担保证责任。

（2）债权人转让全部或者部分债权，未通知保证人的，该转让对保证人不发生效力。

保证人与债权人约定禁止债权转让，债权人未经保证人书面同意转让债权的，保证人对受让人不再承担保证责任。

（3）债权人未经保证人书面同意，允许债务人转移全部或者部分债务，保证人对未经其同意转移的债务不再承担保证责任，但是债权人和保证人另有约定的除外。

（4）第三人加入债务的，保证人的保证责任不受影响。

五、保证期间

保证期间是指当事人约定或者法律规定的保证人承担保证责任的时间区间。

（1）债权人与保证人可以约定保证期间，但是约定的保证期间早于主债务履行期限或者与主债务履行期限同时届满的，视为没有约定；没有约定或者约定不明确的，保证期间为主债务履行期限届满之日起6个月。

债权人与债务人对主债务履行期限没有约定或者约定不明确的，保证期间自债权人请求债务人履行债务的宽限期届满之日起计算。债权人和债务人变更主债权债务合同的履行期限，未经保证人书面同意的，保证期间不受影响。

（2）一般保证的债权人未在保证期间对债务人提起诉讼或者申请仲裁的，保证人不再承担保证责任。

连带责任保证的债权人未在保证期间请求保证人承担保证责任的，保证人不再承担保证责任。

（3）一般保证的保证人在主债务履行期限届满后，向债权人提供债务人可供执行财产的真实情况，债权人放弃或者怠于行使权利致使该财产不能被执行的，保证人在其提供可供执行财产的价值范围内不再承担保证责任。

（4）保证人承担保证责任后，除当事人另有约定外，有权在其承担保证责任的范围内向债务人追偿，享有债权人对债务人的权利，但是不得损害债权人的利益。

【例5-1】某市甲公司委托当地A银行，向乙公司贷款人民币300万元，为期1年。协商一致后，甲公司、乙公司和A银行签订了三方委托贷款协议。协议签订后，甲公司将人民币300万元交付A银行，A银行开出了署名甲公司的一张存单，存款金额为人民币300万元，期限为1年，并在存单中注明到期不论乙公司是否按期归还贷款，A银行都将凭该存单向甲公司支付该笔款项。之后，A银行将人民币300万元转入了乙公司的账户。贷款到期后，乙公司财务困难无力支付款项，A银行未能收回贷款本息。甲公司遂向A银行要求归还资金，但A银行此时辩称该笔贷款属于委托贷款，银行并不负有保证贷款按期收回的义务，因此，拒不付款。

回答下列问题：

（1）甲公司、乙公司和A银行之间存在几种法律关系？

（2）A银行的辩称理由是否成立？为什么？

（3）A银行是否有义务归还甲公司的资金？

资料来源：全国高等教育自学考试金融法规试题。

【解析】（1）三方之间存在两种法律关系：一种是因甲公司、A银行和乙公司之间的委托贷款协议而产生的委托贷款关系；另一种是由于A银行在存单上的承诺而在A银行与甲公司之间形成的保证关系。

（2）A银行的辩称理由不成立。如果A银行与甲公司之间仅仅存在委托贷款关系，

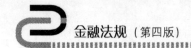

保证书范文

则A银行仅负有协助收回贷款的义务，但本案中，A银行因为在存单上写明，届时不论乙公司能否按期归还贷款，A银行都将凭该存单向甲公司支付该笔款项，这实际上相当于A银行为甲公司的债权提供了保证。

（3）A银行有义务归还甲公司的资金。

第三节　抵押

一、抵押的概念和特征

（一）抵押的概念

抵押是指债务人或者第三人不转移对财产的占有，将该财产作为债权的担保，债务人不履行债务时，债权人有权依法以该财产折价或者以拍卖、变卖该财产的价款优先受偿的一种担保方式。

抵押中提供财产担保的债务人或者第三人为抵押人，债权人为抵押权人，用于担保的财产为抵押财产。

（二）抵押的特征

（1）抵押不转移抵押财产的占有，抵押人可以继续占有、使用抵押财产。这与质押不同，质押必须将质押财产转移给质权人占有。这一特征是抵押的优势所在，一方面抵押人仍可以占有和使用抵押财产，另一方面也免除了抵押权人的保管义务。

（2）抵押财产是动产，也可以是不动产。这与质押不同，质物只能是动产。

（3）抵押人可以是第三人，也可以是债务人自己。这与保证不同，在保证担保中，债务人自己不能充当保证人。

（4）抵押权人有优先受偿的权利。抵押权人对抵押财产有控制、支配的权利，抵押权人在实现抵押权时，对抵押财产的价款有优先受偿的权利，当债务人有多个债权人，其财产不足以清偿全部债权时，有抵押权的债权人优先于其他债权人受偿。

二、抵押的设定

1. 抵押设定方式

设立抵押，当事人应当采取书面形式订立抵押合同。抵押合同一般包括下列条款：①被担保债权的种类和数额。②债务人履行债务的期限。③抵押财产的名称、数量、质量、状况、所在地、所有权归属或者使用权归属。④担保的范围。抵押合同不具备上述内容的，可以由当事人补正。

抵押权人在债务履行期届满前，不得与抵押人约定债务人不履行到期债务时抵押财产归债权人所有，即不得设立绝押。

2. 抵押当事人

抵押当事人包括抵押人和抵押权人。抵押权人是指债权人，因为抵押权是担保主债权而存在的，只有被担保的主债权中的债权人才能成为抵押权人。抵押人即抵押财产的所有人，可能是债务人，也可能是第三人。由于设定抵押权在性质上属于处分财产的行为，因此抵押人必须对设定抵押的财产享有所有权或处分权。

3. 抵押财产

（1）可以抵押的财产。债务人或者第三人有权处分的下列财产可以抵押：①建筑物和其他土地附着物。②建设用地使用权。③海域使用权。④生产设备、原材料、半成品、产品。⑤正在建造的建筑物、船舶、航空器。⑥交通运输工具。⑦法律、行政法规未禁止抵押的其他财产。抵押人可以将上述所列财产一并抵押。

企业、个体工商户、农业生产经营者可以将现有的以及将有的生产设备、原材料、半成品、产品抵押，债务人不履行到期债务或者发生当事人约定的实现抵押权的情形，债权人有权就抵押财产确定时的动产优先受偿。

以建筑物抵押的，该建筑物占用范围内的建设用地使用权一并抵押。以建设用地使用权抵押的，该土地上的建筑物一并抵押。抵押人未一并抵押的，未抵押的财产视为一并抵押。

乡镇、村企业的建设用地使用权不得单独抵押。以乡镇、村企业的厂房等建筑物抵押的，其占用范围内的建设用地使用权一并抵押。

（2）不得抵押的财产。下列财产不得抵押：①土地所有权。②宅基地、自留地、自留山等集体所有土地的使用权，但是法律规定可以抵押的除外。③学校、幼儿园、医疗机构等为公益目的成立的非营利法人的教育设施、医疗卫生设施和其他公益设施。④所有权、使用权不明或者有争议的财产。⑤依法被查封、扣押、监管的财产。⑥法律、行政法规规定不得抵押的其他财产。

4. 抵押财产登记

抵押财产登记也叫抵押登记、抵押权登记。抵押财产登记的效力分为以下两种情形：

（1）登记是抵押权的设立条件。以建筑物和其他土地附着物，建设用地使用权，招标、拍卖、公开协商等方式取得的荒地等土地承包经营权和正在建造的建筑物抵押的，应当办理抵押登记，否则抵押合同不生效。抵押权自登记时设立。

（2）登记产生对抗第三人的效力。以生产设备、原材料、半成品、产品、交通运输工具或正在建造的船舶、航空器抵押的，抵押权自抵押合同生效时设立；未经登记，不得对抗善意第三人。

企业、个体工商户、农业生产经营者以现有的以及将有的生产设备、原材料、半成品、产品等动产抵押的，应当向抵押人住所地的工商行政管理部门办理登记。抵押权自抵押合同生效时设立；未经登记，不得对抗善意第三人。

当事人以上述财产抵押的，是否办理抵押财产登记由当事人自愿选择，未经登记，不能对抗善意第三人。无论是否办理登记，抵押合同都自签订之日起生效。抵押财产登记记载的内容与抵押合同约定的内容不一致的，以登记记载的内容为准。

【例5-2】甲经营需17万元进货款，经协商，乙同意借给甲17万元，借款期为6个月，但乙要求甲提供借款抵押。甲的好朋友丙愿以自己的房产作为甲的借款抵押财产，并与乙签订了以房屋作为借款抵押财产的合同，但未进行登记。由于经营不善，6个月期满甲无钱归还借款，乙持借款抵押合同找到丙，要求丙按合同履行，丙认为借款人是甲，与己无关。无奈，乙将丙告上法庭，请求法院判决丙承担抵押担保责任。

回答下列问题：

丙是否应该承担抵押担保责任？

资料来源：http://www.docin.com/p-1584453121.html。

【解析】丙不承担抵押担保责任。《中华人民共和国民法典》规定，不动产的抵押应当登记生效。因为抵押财产未办理登记，抵押合同未生效，抵押未成立，故丙不承担抵押担保责任。

三、抵押的效力

（一）抵押人的权利

（1）对抵押财产的占有权。抵押设定以后，除法律和合同另有约定以外，抵押人有权继续占有抵押财产，并有权取得抵押财产的孳息。但是，债务履行期届满，债务人不履行债务致使抵押财产被人民法院依法扣押的，自扣押之日起，抵押权人有权收取由抵押财产的天然孳息以及法定孳息。但是，抵押权人未将扣押抵押财产的事实通知应当清偿法定孳息义务人的除外。

（2）对抵押财产的处分权。抵押设定以后，抵押人并不丧失对抵押财产的所有权，但其对抵押财产的处分权受如下限制：①抵押期间，抵押人经抵押权人同意转让抵押财产的，应当将转让所得的价款向抵押权人提前清偿债务或者提存，未经抵押权人同意，不得转让抵押财产，但受让人代为清偿债务消灭抵押权的除外。②抵押财产未经登记的，抵押权不能对抗善意第三人。

（3）对抵押财产的收益权。抵押权设定以后，由于抵押财产并不转移占有，因此抵押人有权将抵押财产出租。抵押人将已出租的财产抵押的，抵押权实现后，租赁合同在有效期内对抵押财产的受让人继续有效。抵押人将已抵押的财产出租的，抵押权实现后，租赁合同对受让人不具有约束力。

（4）对抵押财产多项抵押设定权。抵押人可以就同一抵押财产设定多个抵押，但不得超出余额部分。在同一抵押财产上有数个抵押权时，各个抵押权人应按照法律规定的顺序行使抵押权。

【例5-3】甲乙签订一份房屋租赁合同，甲将房屋出租给乙，租期为3年。合同订立后，甲又向丙借款6万元，并以其已出租房屋作为抵押，双发签订了抵押协议。规定如甲在1年内不能还清借款，则将房屋作价转让给丙。后甲不能还清借款，将房屋过户给丙，并要求乙从房屋中搬走，并认为甲在租期未满前将房屋出卖或抵押给他人，损害了他的利益，要求法院认定房屋抵押和买卖合同无效。

回答下列问题：

甲能否将租赁的房屋抵押或出卖？

资料来源：http://www.kaoyan365.cn/jm/5430.html。

【解析】 甲完全可以将租赁的房屋抵押或出卖。《中华人民共和国民法典》规定，租赁物所有权转让的，不影响租赁合同履行，同时，在转让时，承租人有优先购买权。这时乙可以向法院请求买卖合同无效，自己愿意以同等价格优先购买。同时，即便乙放弃优先购买权，丙也无权要求乙搬出房屋，买卖不破租赁。乙可以继续使用房屋至合同期满，除双方商定外合同不能解除。

（二）抵押权人的权利

（1）对抵押财产的保护权。抵押期间，抵押财产受到抵押人或第三人的侵害，抵押权人有权要求停止侵害、恢复原状、赔偿损失。抵押人的行为足以使抵押财产价值减少的，抵押权人有权要求抵押人停止其行为。抵押财产价值减少时，抵押权人有权要求抵押人恢复抵押财产的价值，或者提供与减少的价值相当的担保。

（2）对抵押财产的优先受偿权。在债务人不履行债务时，抵押权人有权以抵押财产折价或者以拍卖、变卖抵押财产的价款优先于普通债权人受偿。抵押财产折价或者拍卖、变卖该抵押财产的价款不足清偿债权的，不足清偿的部分由债务人按普通债权清偿。

四、抵押权的实现

（一）实现抵押权的方式

债务人不履行到期债务或者发生当事人约定的实现抵押权的情形，抵押权人可以与抵押人协议以抵押财产折价或者以拍卖、变卖该抵押财产所得的价款优先受偿。

抵押权人与抵押人未就抵押权实现方式达成协议的，抵押权人可以请求人民法院拍卖、变卖抵押财产。

抵押财产折价或者变卖的，应当参照市场价格。

（二）抵押财产清偿的顺序

1. 同一财产向两个以上债权人抵押的清偿顺序

同一财产向两个以上债权人抵押的，拍卖、变卖抵押财产所得的价款按照以下规定清偿：

（1）抵押权已登记的，按照登记的先后顺序清偿；顺序相同的，按照债权比例清偿。

（2）抵押权已登记的先于未登记的受偿。

（3）抵押权未登记的，按照债权比例清偿。

（4）顺序在先的抵押权与该财产的所有权归属一人时，该财产的所有权人可以以其

抵押权对抗顺序在后的抵押权。

（5）顺序在后的抵押权所担保的债权先到期的，抵押权人只能就抵押财产价值超出顺序在先的抵押担保债权的部分受偿。顺序在先的抵押权所担保的债权先到期的，抵押权实现后的剩余价款应予提存，留待清偿顺序在后的抵押担保债权。

（6）当事人同一天在不同的法定登记部门办理抵押财产登记的，视为顺序相同。

（7）当事人办理抵押财产登记手续时，因登记部门的原因致使其无法办理抵押财产登记，抵押人向债权人交付权利凭证的，可以认定债权人对该财产有优先受偿权。但是，未办理抵押财产登记的，不得对抗第三人。

2. 抵押与其他担保方式并存时的清偿顺序

（1）同一财产法定登记的抵押与质押并存时，抵押权人优先于质权人受偿。

（2）同一财产抵押与留置并存时，留置权人优先于抵押权人受偿。

（3）在抵押财产灭失、毁损或者被征用的情况下，抵押权人可以就该抵押财产的保险金、赔偿金或者补偿金优先受偿。在抵押财产灭失、毁损或者被征用的情况下，抵押权所担保的债权未届清偿期的，抵押权人可以请求人民法院对保险金、赔偿金或补偿金等采取保全措施。

（三）对抵押权实现的限制

建设用地使用权抵押后，该土地上新增的建筑物不属于抵押财产。该建设用地使用权实现抵押权时，应当将该土地上新增的建筑物与建设用地使用权一并处分，但新增建筑物所得的价款，抵押权人无权优先受偿。

（四）抵押权行使期限

抵押权人应当在主债权诉讼时效期间行使抵押权；未行使的，人民法院不予保护。

五、最高额抵押

（一）最高额抵押的概念

最高额抵押是指为担保债务的履行，债务人或者第三人对一定期间内将要连续发生的债权提供担保财产的，债务人不履行到期债务或者发生当事人约定的实现抵押权的情形，抵押权人有权在最高债权额限度内就该担保财产优先受偿。

比如，张三和李四是生意伙伴，张三是供货方，李四是销售方。双方约定，为了担保从 2016 年 1 月 1 日至 2016 年 12 月 31 日发生的债权，由李四以自己的一套作价 200 万元的住房对这一期间发生的债权提供最高 100 万元的担保。李四在 1 月向张三赊欠货款 20 万元，3 月又赊欠货款 30 万元，5 月又赊欠货款 40 万元，6 月还了 60 万元，8 月又赊欠货款 40 万元，以此类推，李四在这一年之内欠了还，还了欠，只要欠款额不超过 100 万元，李四抵押的房产对这一年之内发生的不超过 100 万元的欠款作担保（当然，如果超过 100 万元，也按 100 万元优先受偿）。李四设定的这个担保就属于最高额担保。

抵押权人实现最高额抵押权时，如果实际发生的债权余额高于最高限额的，以最高限额为限，超过部分不具有优先受偿的效力；如果实际发生的债权余额低于最高限额的，以实际发生的债权余额为限对抵押财产优先受偿。

（二）最高额抵押的特征

最高额抵押具有下列特征：

（1）担保的债权尚未发生。设定最高额抵押权，不是为了担保既有的债权，而是为了担保尚未发生的未来的债权。但是，最高额抵押权设立前已经存在的债权，经当事人同意，可以转入最高额抵押担保的债权范围。

（2）担保的债权不是确定的。最高额抵押是对一定期间内连续发生的、不确定的债权作担保，而不规定实际发生的债权次数和每笔债权的金额。最高额抵押以一次订立的抵押合同，进行一次抵押财产登记就可以对约定的一个时期内多次发生的债权提供担保，省时、省力。

（3）担保的债权范围的特殊性。最高额抵押只适用于贷款合同以及债权人与债务人就某项商品在一定期间内连续发生交易而发生的债务。最高额抵押权所担保的债权范围，不包括抵押财产因财产保全或者执行程序被查封后或债务人、抵押人破产后发生的债权。

（4）对抵押权转让的限制。最高额抵押担保的债权确定前，部分债权转让的，最高额抵押权不得转让，但当事人另有约定的除外。

（三）最高额抵押权的实现

实现最高额抵押权，必须确定抵押权担保的债权数额，有下列情形之一的，抵押权人的债权确定：①约定的债权确定期间届满。②没有约定债权确定期间或者约定不明确，抵押权人或者抵押人自最高额抵押权设立之日起满2年后请求确定债权。③新的债权不可能发生。④抵押财产被查封、扣押。⑤债务人、抵押人被宣告破产或者解散。⑥法律规定债权确定的其他情形。

第四节　质押

一、质押的概念和特征

1. 质押的概念

质押是指为担保债务的履行，债务人或第三人将其动产或权力转移给债权人占有，当债务人不履行到期债务时，债权人有权依照法律规定，以其占有的财产优先受偿。

质押包括动产质押和权利质押。动产质押是指债务人或者第三人将其动产移交债权人占有，将该动产作为债权的担保。债务人不履行到期债务时，债权人有权依照法律规定以该动产折价或者以拍卖、变卖该动产的价款优先受偿。权利质押是指债务人或者第三人将其拥有的权利凭证移交债权人占有，并以凭证上的财产权利作为债权的担保。当债务人不履行到期债务时，债权人有权将该财产权利折价或者以拍卖、变卖所得的价款优先受偿。

在质权关系中，享有质权的债权人称为质权人；将特定动产或权利移转质权人占有而作为债务的担保的债务人或第三人，称为出质人；出质人移转给债权人占有的、作为债权担保的动产或权利，称为质押财产。

2. 质押的特征

（1）质权是担保物权，具备担保物权的从属性、不可分性、优先性等特征。

（2）质押以动产及权利为标的，对不动产不能设定质押。

（3）质押必须转移标的物的占有，以占有标的物为设立质押的要件。

3. 抵押与质押的区别

（1）担保的标的物不同。抵押的标的物可以是动产也可以是不动产。质押的标的物不包括不动产。质押分为动产质押和权利质押，用于质押的标的物可以是动产，也可以是权利。

（2）对是否转移担保物的要求不同。抵押不要求抵押财产的移转占有，质押必须移转占有。

（3）担保设定后对担保物收益权不同。抵押不移转占有，抵押人可以继续对抵押财产占有、使用、收益；质押移转标的物的占有，故抵押人不能直接对质权物进行占有、使用、收益。

二、质押的设定

（一）质押的标的物

动产质押的标的物是动产，该动产须具有财产价值并可依法定程序变卖。无财产价值的动产或不能依法定程序变卖的动产，不能成为动产质押的标的物。法律、行政法规禁止转让的动产不得出质。

对于权利质押而言，债务人或者第三人有权处分的下列权利可以出质：①汇票、支票、本票。②债券、存款单。③仓单、提单。④可以转让的基金份额、股权。⑤可以转让的注册商标专用权、专利权、著作权等知识产权中的财产权。⑥应收账款。⑦法律、行政法规规定可以出质的其他财产权利。

【例5-4】根据《中华人民共和国民法典》的规定，债务人有权处分的下列权利中，可用于设立权利质押的有（　　）。

A. 应收账款　　　　　　　　　　B. 建设用地使用权

C. 动产所有权　　　　　　　　　D. 仓单

【答案】AD

【解析】债务人或者第三人有权处分的下列权利可以出质：①汇票、支票、本票。②债券、存款单。③仓单（选项D）、提单。④可以转让的基金份额、股权。⑤可以转让的注册商标专用权、专利权、著作权等知识产权中的财产权。⑥现有和将有的应收账款（选项A）。⑦法律、行政法规规定可以出质的其他财产权利。

（二）质押合同

设定质押，出质人和质权人应当以书面形式订立质押合同。质押合同应当包括以下内容：①被担保的主债权种类、数额。②债务人履行债务的期限。③质物的名称、数量、质量、状况。④质押担保的范围。⑤质物移交的时间。⑥当事人认为需要约定的其他事项。

质押合同不完全具备上述内容的，可以补正。

出质人和质权人在合同中不得约定在债务履行期届满质权人未受清偿时，质物的所有权转移为质权人所有。

出质人与质权人可以协议设立最高额质权。有关最高额质权，除适用《中华人民共和国民法典》关于质权的规定外，还适用关于最高额抵押的规定。

（三）质押的成立时间

1. 动产质押

对于动产质押而言，质押合同自质物移交于质权人占有时生效，质权成立，只有出质人将出质的动产移交给债权人占有，债权人才能取得质权。

2. 权利质押

对于权利质押而言，因质押的权利的不同而异。

（1）以汇票、支票、本票、债券、存款单、仓单、提单出质的，质权自权利凭证交付质权人时设立；没有权利凭证的，质权自有关部门办理出质登记时设立。

（2）以基金份额、股权出质的，以基金份额、证券登记结算机构登记的股权出质的，质权自证券登记结算机构办理出质登记时设立；以其他股权出质的，质权自市场监督管理部门办理出质登记时设立。

（3）以注册商标专用权、专利权、著作权等知识产权中的财产权出质的，质权自有关主管部门办理出质登记时设立。

（4）以应收账款出质的，质权自信贷征信机构办理出质登记时设立。

三、质押的效力

1. 质押担保的范围

质押担保的范围包括主债权及利息、违约金、损害赔偿金、质物保管费用和实现质权的费用。质押合同另有约定的，按照约定。

2. 出质人的权利和义务

（1）出质人可以请求质权人在债务履行期届满后及时行使质权；质权人不行使的，出质人可以请求人民法院拍卖、变卖质押财产。

（2）因质权人怠于行使权利造成损害的，出质人可以请求质权人及时行使质权，否则质权人应承担赔偿责任。

（3）经与质权人协商同意，出质人可以转让基金份额、股权、知识产权中的财产权和应收账款，但应当向质权人提前清偿债务或者提存。

（4）质权人的行为可能使质押财产毁损、灭失的，出质人可以要求质权人将质押财产提存，或者要求提前清偿债务并返还质押财产。

3. 质权人的权利和义务

（1）孳息收取权。质权人有权收取质押财产的孳息，但合同另有约定的除外。收取的孳息应当先充抵收取孳息的费用。

（2）要求出质人提供担保权和优先受偿权。因不能归责于质权人的事由可能使质押财产毁损或者价值明显减少，足以危害质权人权利的，质权人有权要求出质人提供相应的担保；出质人不提供的，质权人可以拍卖、变卖质押财产，并与出质人通过协议将拍卖、变卖所得的价款提前清偿债务或者提存。债务人不履行到期债务或者发生当事人约定的实现质权的，可以与出质人协议以质押财产折价，或者就拍卖、变卖质押财产所得的价款优先受偿。

（3）损害赔偿责任。在质权存续期间，未经出质人同意，擅自使用、处分质押财产，给出质人造成损害的，应当承担赔偿责任。负有妥善保管质押财产的义务；因保管不善致使质押财产毁损、灭失的，应当承担赔偿责任。在质权存续期间，未经出质人同意转质，造成质押财产毁损、灭失的，应当向出质人承担赔偿责任。

（4）返还质押财产的义务。债务人履行债务或者出质人提前清偿所担保的债权的，质权人应当返还质押财产。

四、质押权的实现

债务人不履行到期债务或者发生当事人约定的实现质权的情形，质权人可以与出质人协议以质押财产折价，也可以拍卖、变卖质押财产所得的价款优先受偿。质押财产折价或者是拍卖的，应当参照市场价格。

【例5-5】2021年8月2日，某市甲银行向乙公司发放贷款600万元，贷款期限为1年，为了保证到期还款，乙公司向甲银行提供了两项担保：一是由丙公司提供的连带责任保证；二是由乙公司将一张2022年2月5日到期的存单质押给甲银行，存单金额为300万元。2022年2月6日存单到期后，乙公司向甲银行提出希望能够先使用存单上的300万元资金，甲银行同意乙公司提取了存单。2022年8月2日贷款到期，乙公司无力归还贷款，甲银行要求丙公司归还全部贷款本息。

回答下列问题：

（1）本案中存在几种担保法律关系？

（2）甲银行的要求是否合理？为什么？

（3）丙公司应否承担偿还全部贷款本息的责任？为什么？

资料来源：全国高等教育自学考试金融法规试题。

【解析】（1）本案存在以下两种担保法律关系：丙公司为该贷款提供的保证担保的

法律关系；乙公司为该贷款提供的存单质押法律关系。

（2）甲银行的要求不合理。因为，我国法律规定，同一债权既有人的担保又有物的担保的，保证人只对物的担保以外的债权承担保证责任。债权人放弃物的担保的，则保证人在债权人放弃权利的范围内免除责任。

（3）不应当，因为甲银行放弃了300万元存单的质押，所以，应当由甲银行自己承担300万元质押范围内的损失；丙公司应当承担的责任范围是600万元本息扣除300万元及存款利息后的余额。

第五节　留置

一、留置的概念和特征

（一）留置的概念

留置是债权人按照合同约定占有债务人的动产，债务人不按照合同约定的期限履行债务的，债权人有权依照法律规定留置该财产，以该财产折价或者以拍卖、变卖该财产的价款优先受偿。

留置权是指债权人依合同约定占有债务人的动产，在债务人不按照合同约定的期限履行债务时，债权人得留置该动产，以作为债权担保的权利。在留置权法律关系中，债权人为留置权人，占有的动产为留置财产。

（二）留置权的特征

1. 留置权是他物权

留置权是债权人对于自己占有的债务人财产的权利，即对他人之物的权利，而不是对自己财产的支配权，所以，留置权为他物权，不属于自物权。

2. 留置权为担保物权

留置权的功能是担保债权的实现，留置权人留置标的物，或者在一定条件下将留置物变价，其目的都在于确保债权的实现，而不在于对标的物的使用、收益。所以，留置权不是以对物的使用、收益为内容的用益物权，而属于为了担保债权实现的担保物权。

3. 留置权为从权利，具有从属性

由于留置权是为担保债权而存在的，所以，留置权是从属于所担保的债权的从权利，留置权依所担保的主债权的存在而存在，依所担保的主债权的消灭而消灭。

4. 留置权具有不可分性

留置权所担保的是债权的全部，而不是部分；留置权的效力及于债权人所留置的债务人财产的全部，留置权人得对留置物的全部而不是部分行使留置权。

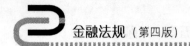

二、留置的成立条件

1. 债权人合法占有债务人的动产

原则上动产应当属于债务人所有，但也有例外，如《最高人民法院关于适用〈中华人民共和国民法典〉有关担保制度的解释》规定：债权人合法占有债务人交付的动产时，不知债务人无处分该动产的权利，债权人可以按照《中华人民共和国民法典》的规定行使留置权。

2. 债权已届清偿期且债务人未按规定期限履行义务

债权人占有债务人的动产，在债权未届清偿期时，不产生留置权。只有当债权已届清偿期，债务人仍不履行债务时，债权人才可以留置债务人的动产。

3. 占有的动产与债权属于同一法律关系，但企业之间留置的除外

【例5-6】张三早上骑自行车出门，先帮同事买了一袋大米，然后去上班。途中不留神，撞在停在路边一辆汽车上，自行车严重变形，不能骑行。张三只好把车搬到附近的修理铺，请修车师傅李四修理。二人约定修理费30元，材料费70元，二项共计100元，等张三晚上下班了来取车时结账。张三离开的时候说：米太沉了，取车时候来拿。张三下班了来结账时，看车况不满意，心想买辆比这车好的二手车还要不了100元，就不想要车了，假意说："师傅，我手里没钱，明天拿钱来取车吧。"说着就要把米搬走。李四不答应，说："你把车和米都放这儿吧，明天拿钱来一起取走。"

回答下列问题：

李四留置张三的大米和自行车是否合法？

【解析】张三请李四修理自行车，双方达成了修理自行车的承揽合同，在张三不支付修理费的情况下，李四有权行使留置权，留置张三的自行车。但是，张三放在李四处的大米，与双方承揽合同法律关系无关，李四无权留置。

三、留置权的效力

1. 留置所担保的债权范围

留置担保的范围包括主债权及利息、违约金、损害赔偿金、保管留置物的费用和实现留置权的费用。

2. 留置权对留置财产的效力

留置权人在占有留置物期间内，留置权的效力除及于留置物本身外，还及于留置物的从物、孳息和代位物。留置的财产为可分物的，留置物的价值应当相当于债务的金额；留置物为不可分物的，留置权人可以就其留置物的全部行使留置权。例如，甲为乙修理一辆价值10万元的小汽车，约定修理费2000元。如修理好后，乙来提车时，未付修理费，则甲可以将此小汽车留置，虽然小汽车的价值大大超过了修理费。

四、留置权人的权利和义务

1. 留置权人的权利

（1）留置物占有权。留置权一经成立，留置权人有权继续占有留置物。

（2）留置物孳息收取权。留置权人在占有留置物期间，有权收取留置物的自然孳息和法定孳息。但留置权人不享有孳息的所有权。

（3）留置物保管费用偿还请求权。留置权人保管留置物所支出的费用，有权要求留置物的所有人偿还。

（4）优先受偿权。债务人到期不履行债务，经债权人催告，在合理期限内仍不履行的，债权人有权以留置物折价或者依法变卖、拍卖留置物，以所得价款优先受偿。同一动产上已设立抵押权或者质权，该动产又被留置的，留置权人优先受偿。优先受偿权的受偿范围包括原债权及其利息、违约金、保管留置物的必要费用、行使留置权的费用等。

2. 留置权人的义务

（1）置权人应该妥善保管留置财产，因保管不善致使留置财产毁损、灭失的，应当承担赔偿责任。

（2）未经债务人同意，不得使用留置物，更不得将留置物出租或提供担保。

（3）当留置权所担保的债权消灭时或者债务人另行提供担保而使留置权消灭时，留置权人应当返还留置物。

第六节　定金

一、定金的概念和特征

1. 定金的概念

定金是指合同当事人一方于合同成立后、未履行前，为担保合同的履行，按照合同标的额的一定比例，预先给付对方一定数额的款项。

2. 定金的特征

（1）预先给付。定金可以抵作价款，所以具有预先给付的性质。

（2）证明作用。合同一方交付定金，另一方接受定金，可以起到证明合同成立的效果。

（3）担保作用。定金适用定金罚则，一方不履行合同的，会承担相应的损失，故定金具有担保合同履行的作用。

【知识拓展】定金与预付款的区别

（1）单纯的预付款不起担保作用，而定金具有担保作用。

（2）交付定金的协议是从合同，而交付预付款的协议一般是合同内容的一部分。

（3）定金具有罚则，而预付款没有。

（4）定金不仅适用金钱履行义务的合同，还适用其他合同，而预付款只能适用于金钱履行义务的合同。

（5）定金一般一次性交付，而预付款可以分期交付。

二、定金的成立

（一）定金合同的当事人

定金合同的当事人为主合同的债权人和债务人，非主合同的当事人不能充当定金合同的当事人。

（二）定金合同的形式

定金合同为要式合同，定金应当以书面形式约定，口头约定无效。

（三）定金合同的内容

1. 定金交付的期限

当事人在定金合同中应当约定交付定金的期限，定金合同从实际交付定金之日起生效。

定金交付的期限可以是主合同履行期限前的任何时间，但不能迟于主合同的履行期限。

2. 定金的数额

定金的数额由当事人约定，但不得超过主合同标的额的20%，超过的部分，不产生定金的效力。

实际交付的定金数额多于或者少于约定数额的，视为变更约定的定金数额；收受定金一方提出异议并拒绝接受定金的，定金合同不生效。

三、定金罚则

（1）定金罚则在当事人一方因过错而不履行债务时，才发生制裁（罚则）效力。给付定金的一方不履行约定的债务的，无权要求返还定金；收受定金的一方不履行约定的债务的，应当双倍返还定金。

（2）当事人约定以交付定金作为订立主合同担保的，给付定金的一方拒绝订立主合同的，无权要求返还定金；收受定金的一方拒绝订立合同的，应当双倍返还定金。

（3）因当事人一方迟延履行或者其他违约行为，致使合同目的不能实现，可以适用定金罚则。但法律另有规定或者当事人另有约定的除外。当事人一方不完全履行合同的，应当按照未履行部分所占合同约定内容的比例，适用定金罚则。

（4）因不可抗力、意外事件致使主合同不能履行的，不适用定金罚则。因合同关系以外第三人的过错，致使主合同不能履行的，适用定金罚则。受定金处罚的一方当事人，可以依法向第三人追偿。

【例5-7】2022年5月20日，甲公司与乙公司签订了设备买卖合同，甲为买方，乙为卖方。双方约定：①由乙公司于10月30日前分两批向甲公司提供设备10套，价款总计为150万元。②甲公司向乙公司给付定金25万元。

回答下列问题：

（1）合同约定甲公司向乙公司给付25万元定金是否合法？说明理由。

（2）丙公司在什么条件下应当履行一般保证责任？

【解析】（1）合法。《中华人民共和国民法典》规定，定金的数额由当事人约定，但不得超过主合同标的额的20%。本案中主合同标的额的20%为30万元，25万元的定金在此限额之内。

（2）根据《中华人民共和国民法典》的规定，丙公司作为一般保证的保证人，只有在主合同纠纷经审判或者仲裁，并就债务人乙公司的财产依法强制执行仍不能履行债务时，才对债权人甲公司履行保证责任。

【本章参考法规】

《中华人民共和国民法典》（2020年5月28日第十三届全国人民代表大会第三次会议通过）。

【课后练习】

一、单项选择题

1. 下列各项中，具有以人的信用为履行合同之保障特征的担保方式是（　　）。

A. 抵押　　　　　B. 保证　　　　　C. 质押　　　　　D. 留置

2. 根据《中华人民共和国民法典》的规定，定金的数额不得超过主合同标的额的（　　）。

A. 10%　　　　　B. 15%　　　　　C. 20%　　　　　D. 30%

3. 一般保证的保证人与债权人未约定保证期间的，保证期间为主债务履行期届满之日起（　　）。

A. 三个月　　　　B. 六个月　　　　C. 一年　　　　　D. 二年

4. 一个买卖合同，既有人的担保也有物的担保，当主合同的债权人行使担保权时，（　　）。

A. 采取物保优先的原则　　　　　B. 采取人保优先的原则

C. 二者没有先后顺序　　　　　　D. 债权人有选择权

5. 下列担保方式，不以转移物的占有权为要件的是（　　）。

A. 抵押　　　　　B. 质押　　　　　C. 留置　　　　　D. 定金

6. 如果一个抵押财产有两个以上的抵押权人时，各抵押权人（　　）。

A. 同时按比例受偿   B. 先办理抵押登记的先受偿

C. 共同协商受偿   D. 先签订抵押合同的先受偿

7. 下列各项不属于权利质押客体的是（   ）。

A. 汇票   B. 公司债券

C. 著作权中的署名权   D. 商标权

8. 根据《中华人民共和国民法典》的规定，以特定财产作为抵押财产的，抵押权须办理抵押登记才能设立。下列各项中，属于该类特定财产的是（   ）。

A. 飞机   B. 正在建造的建筑物

C. 正在建造的轮船   D. 轿车

9. 被担保的合同被确认无效后，（   ）。

A. 保证人仍应承担连带保证责任

B. 保证人不应承担连带保证责任

C. 如果被保证人应当赔偿损失的，除有特殊约定外，保证人仍应承担连带责任

D. 如果被保证人只承担返还财产的责任，除有特殊约定外，保证人不承担连带责任

10. 张三向甲银行申请贷款，以其一项专利权质押。4月1日，张三与甲银行签订质押合同。4月2日，张三与甲银行办理出质登记。4月3日，张三将专利权证书交付甲银行。4月4日，甲银行向张三发放贷款。质权设立的时间是（   ）。

A. 4月1日   B. 4月2日   C. 4月3日   D. 4月4日

二、多项选择题

1. 下列各项通常情况下不能作为保证人的有（   ）。

A. 未成年人   B. 学校   C. 财政局   D. 中国人民银行

2. 根据《中华人民共和国民法典》的规定，保证担保的范围包括（   ）。

A. 主债权   B. 利息   C. 违约金   D. 损害赔偿金

E. 实现债权的费用

3. 下列关于保证的说法正确的有（   ）。

A. 保证期间，债权人许可债务人转让债务的，应当取得保证人书面同意，否则，保证人对未经其同意转让部分的债务不再承担保证责任，但是保证人仍然应当对未转让部分的债务承担保证责任

B. 债权人与债务人协议变更主合同的任何条款，都应当取得保证人书面同意，否则，保证人不再承担保证责任

C. 保证期间，债权人依法将主债权转让给第三人的，必须经保证人同意，否则，保证人可以拒绝承担保证责任

D. 债权人与被保证人未经保证人同意，变更主合同履行期限的，如果保证合同中约定有保证责任期限，保证人仍应在原保证责任期限内承担保证责任

4. 下列关于定金的作用和性质的表述中，正确的有（   ）。

A. 担保合同履行   B. 证明合同有效

C. 对债权人和债务人都具有约束作用   D. 具有预先给付的性质

5. 下列各项中，不能作为抵押标的物的有（　　）。

A. 土地所有权

B. 学校、医院等以公益为目的的事业单位、社会团体的财产

C. 所有权、使用权不明或者有争议的财产

D. 依法被查封、扣押、监管的财产

6. 下列可以发生留置权的合同类型有（　　）。

A. 保管合同　　　　B. 运输合同　　　　C. 租赁合同　　　　D. 加工承揽合同

7. 下列关于质押表述正确的有（　　）。

A. 动产质权的效力及于质物的从物，但是从物未随同质物移交质权人占有的除外

B. 出质人代质权人占有质物的，质押合同不生效

C. 质押合同中，当约定的出质财产与实际移交的财产不一致时，应以实际交付的财产为准

D. 质物有隐蔽瑕疵造成质权人其他财产损害的，应由出质人承担赔偿责任。但是，质权人在质物移交时明知质物有瑕疵而予以接受的除外

8. 根据《中华人民共和国民法典》的规定，下列关于定金表述正确的有（　　）。

A. 定金是主合同成立的条件

B. 定金是主合同的担保方式

C. 定金可以以口头方式约定

D. 定金从实际交付之日起生效

9. 根据《中华人民共和国民法典》的规定，以下列权利出质的，质权自交付权利凭证时设立的有（　　）。

A. 基金份额　　　　　　　　　　B. 注册商标专用权

C. 仓单　　　　　　　　　　　　D. 存款单

三、判断题

1. 一般而言，主合同无效，则担保合同就无效。　　　　　　　　　　　　　（　　）

2. 法人或者其他组织的法定代表人如果超越其代理权限而与他人订立担保合同，则该合同自始无效。　　　　　　　　　　　　　　　　　　　　　　　　　　（　　）

3. 同一债权上有数个担保物并存时，如果债权人放弃其中一个债务人提供的物的担保的，那么其他担保人在其放弃权利的范围内就可以减轻或者免除担保责任。　（　　）

4. 主合同无效而导致担保合同无效的，如果担保人无过错，就不承担民事责任。
　　　　　　　　　　　　　　　　　　　　　　　　　　　　　　　　　　（　　）

5. 当事人在保证合同中约定，债务人不能履行债务时，由保证人承担保证责任的，为连带责任保证。　　　　　　　　　　　　　　　　　　　　　　　　　　　（　　）

6. 当事人对保证担保的范围没有约定或者约定不明确的，保证人应当对全部债务承担责任。　　　　　　　　　　　　　　　　　　　　　　　　　　　　　　　（　　）

7. 甲为乙定做了一套高档家具，事前，双方约定甲不得行使留置权。但家具完工

后，乙无力支付加工费，甲欲将家具卖掉以抵乙的债务，乙诉至法院。人民法院应当支持甲的主张。（　）

8. 当事人提供的定金比例超过担保法规定的最高比例限额的，定金担保合同无效。（　）

9. 质权因质物灭失而消灭，因灭失所得的赔偿金，应当作为出质财产。（　）

10. 抵押期间，抵押人转让已办理登记的抵押财产，如果未通知抵押权人，则转让行为无效。（　）

四、案例题

【材料】甲、乙于 2021 年 10 月 5 日签订一份借款合同，丙作为担保方在借款合同上签字。合同约定乙的还款日期为 2022 年 2 月 5 日，到期未还由丙对借款本金 500 万元承担连带责任。2021 年 12 月 1 日，甲、乙双方经协商将还款期延至 2022 年 4 月 5 日，并通知丙，丙对此未置可否。2022 年 5 月 1 日，甲因乙未按期还款而首次要求丙偿还借款本息。

根据上述案情，请判断下列说法是否正确。

（1）就保证范围而言，丙对本金的利息不承担保证责任。

（2）由于丙对延期还款期未置可否，故丙不再承担保证责任。

（3）根据约定的保证方式，甲应该先向乙主张权利后才能向丙主张权利。

资料来源：https://wenku.baidu.com/view/07dc4744b307e87101f696fa.html。

第六章　支付结算法律制度

【学习目标】

掌握银行结算账户的开立、使用等的具体规定；掌握银行卡的基本规定；理解办理支付结算的基本要求和支付结算的基本原则；理解电子支付的基本规定；了解非票据结算方式的具体规定。

【本章知识结构】

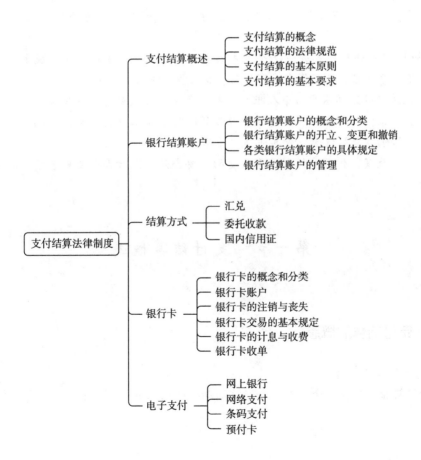

【案例导入】

2021 年 12 月，某市财政局在对其所管辖的甲贸易公司进行财务检查时发现，该公司的结算账户出现下列情况：

（1）该公司在中国工商银行开立基本存款户，其下属公司以方便结算为理由在中国建设银行又开设了一个基本存款账户。

（2）在该公司的银行存款上的数笔款项是从个人账户转存的，经查实是由于出纳人员经常将没能及时送存银行的现金先存在其个人账户中，以后再转回单位存款账户。

（3）该公司有一个在外省设立的账户用于支付采购款，且还有频繁的资金出入，经核查发现，早在 1 年前该公司就已经改变了采购地点，该存款户已经不再为采购支付货款了。

（4）该公司已于 2 个月前进行了地址的迁移，但其开户银行没有改变。经办人员认为应该先去办理"银行结算账户撤销"手续，之后，再按照有关规定开立新账户。

回答下列问题：

甲贸易公司在银行结算账户的管理上存在哪些问题？请逐条进行分析，并说明理由。

【解析】（1）违反规定开设 2 个基本存款账户。《支付结算办法》规定，单位只能开设 1 个基本存款账户，不得在多家银行机构开立基本存款账户。

（2）混淆单位结算账户与个人账户区别，存在"公款私存"的现象。

（3）存在未能及时撤销异地为采购开设的临时结算账户的现象，因此很可能会发生利用临时结算账户套取现金，或其他违法事项。

（4）地址改变，但开户银行没有改变的，要去开户银行办理变更手续，而不是办理撤销手续。

第一节　支付结算概述

一、支付结算的概念

1. 支付结算的概念

支付结算是指单位、个人在社会经济活动中使用票据[①]、银行卡、汇兑、委托收款、

---

① 票据，本书将单独作为一章进行介绍。

托收承付、信用证等传统的支付结算工具①以及新兴的电子支付手段进行的货币给付及资金清算行为。

传统的支付结算工具主要包括"三票一卡"和结算方式。前者是指汇票、本票、支票和银行卡，后者是指汇兑、委托收款、托收承付和信用证等。随着现代信息技术和互联网的日益发展，网上银行、网络支付、条码支付等电子支付方式得到了快速发展。目前，我国已形成了以票据和银行卡为主体、以电子支付为发展方向的非现金支付工具体系，其中大额支付一般使用票据和汇兑，小额支付则主要使用银行卡收单、网络支付、预付卡、条码支付。

2. 支付结算服务机构

我国的支付结算服务机构有四类：①中国人民银行。作为中央银行，人民银行主要负责支付清算系统的运行，向银行业金融机构、特许清算机构、非金融支付机构（以下简称支付机构）提供账户、清算服务等。②银行业金融机构（以下简称银行）。银行面向单位和个人提供账户、支付工具、清算等服务。③特许清算机构。特许清算机构主要面向其成员提供银行卡、电子商业汇票等特定领域的清算服务。④非金融支付机构（以下简称支付机构）。支付机构主要负责为个人和中小微企业提供网络支付、银行卡收单、预付卡发行与受理等支付业务。

二、支付结算的法律规范

我国支付结算法律制度包括以下四个层次：

1. 法律

《中华人民共和国票据法》，1995 年 5 月 10 日第八届全国人民代表大会常务委员会第十三次会议通过。

2. 行政法规

《票据管理实施办法》，1997 年 6 月 23 日国务院批准，1997 年 8 月 21 日中国人民银行令第 2 号发布，根据 2011 年 1 月 8 日《国务院关于废止和修改部分行政法规的决定》修订。

3. 部门规章

中国人民银行发布了一系列支付结算规章，主要包括：《支付结算办法》，1997 年 9 月 19 日发布；《人民币银行结算账户管理办法》，2003 年 4 月 10 日发布；《银行卡业务管理办法》，1999 年 1 月 5 日发布；《电子支付指引（第一号）》，2005 年 10 月 26 日发布；《非金融机构支付服务管理办法》，中国人民银行令〔2010〕第 2 号发布等。

---

① 按照通常的理解，在传统的支付结算工具中，汇票、本票、支票及银行卡称为"三票一卡"（也称"结算工具"），汇兑、委托收款、托收承付、信用证称为"结算方式"。事实上，结算工具和结算方式并没有截然的分别，工具是相对于结算的介质而言的，方式是相对于结算的程序和方法而言的。例如，甲公司以支票支付乙公司货款，我们可以说甲乙公司是使用的支票结算这种方式进行的结算，也可以说甲乙公司结算时采用的是支票这种结算工具。本书为了叙述方便，对结算工具和结算方式不作严格区分。

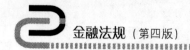

4. 最高人民法院司法解释

《关于审理票据纠纷案件若干问题的规定》，2000 年 11 月 14 日最高人民法院发布。

三、支付结算的基本原则

银行、单位和个人等支付结算的各方当事人，在支付结算活动中，应当遵循以下基本原则：

1. 恪守信用、履约付款原则

结算当事人必须依照双方约定的民事法律关系内容依法承担义务和行使权利，严格按照约定的付款金额和付款日期进行支付。

2. 谁的钱进谁的账、由谁支配原则

银行在办理结算时，必须按照存款人的委托，将款项支付给其指定的收款人；对存款人的资金，除国家法律另有规定外，必须由其自由支配，银行不代扣款项，以维护存款人对存款资金的所有权或经营权，保证其对资金的自主支配权。

3. 银行不垫款原则

银行在办理结算时，只提供结算服务，起中介作用，负责将结算款项从付款单位账户划转到收款单位账户，不为任何单位垫付款项。

四、支付结算的基本要求

（1）单位、个人和银行办理支付结算必须使用按中国人民银行统一规定印制的票据和结算凭证。未使用按中国人民银行统一规定印制的票据，票据无效；未使用中国人民银行统一规定格式的结算凭证，银行不予受理。

（2）单位、个人和银行应当按照《人民币银行结算账户管理办法》的规定开立、使用账户。在银行开立存款账户的单位和个人办理支付结算，账户内须有足够的资金保证支付。法律、行政法规另有规定的除外。

（3）票据和结算凭证上的签章和其他记载事项应当真实，不得伪造、变造。

票据和结算凭证上的签章，为签名、盖章或者签名加盖章。单位、银行在票据上的签章和单位在结算凭证上的签章，为该单位、银行的盖章加其法定代表人或其授权的代理人的签名或盖章。个人在票据和结算凭证上的签章，为个人本名的签名或盖章。

【例 6-1】下列各项中，属于变造票据的行为有（　　）。

A. 原记载人更改付款人名称并在更改处签章证明

B. 剪接票据非法改变票据记载事项

C. 涂改出票金额

D. 假冒他人在票据上背书签章

【答案】BC

【解析】①选项 A，属于正当票据更改行为。②选项 BC，是对票据上"签章以外"

的记载事项加以改变的行为，属于变造行为。③选项 D，属于伪造行为。

（4）出票金额、出票日期、收款人名称不得更改，更改的票据无效；更改的结算凭证，银行不予受理。对票据和结算凭证上的其他记载事项，原记载人可以更改，更改时应当由原记载人在更改处签章证明。

因为出票金额涉及义务负担，收款人名称涉及权利人，出票日期涉及票据权利时效、提示付款期限等，所以，出票金额、出票日期、收款人名称三项不得更改。

（5）票据和结算凭证上的签章，为签名、盖章或者签名加盖章。单位、银行在票据和结算凭证上的签章，为该单位、银行的盖章，加其法定代表人或其授权的代理人的签名或者盖章。个人在票据和结算凭证上的签章，为该个人本人的签名或者盖章。

（6）填写票据和结算凭证应当规范。①单位和银行的名称应当记载全称或规范化简称。②票据的出票日期必须使用中文大写，在填写月、日时，月为壹、贰和壹拾的，日为壹至玖和壹拾、贰拾和叁拾的，应当在其前加"零"，日为拾壹至拾玖的，应当在其前加"壹"。③票据和结算凭证金额以中文大写和阿拉伯数码同时记载，二者必须一致。二者不一致的票据无效；二者不一致的结算凭证，银行不予受理。

第二节 银行结算账户

一、银行结算账户的概念和分类

（一）银行结算账户的概念

银行结算账户全称"人民币银行结算账户"，是指存款人在经办银行开立的办理资金收付结算的人民币活期存款账户。

1. 银行结算账户是存款人与银行之间产生的一种法律关系。

银行结算账户法律关系的主体是存款人与银行，其中，银行是指在中国境内经中国人民银行批准经营支付结算业务的金融机构，包括政策性银行、商业银行（含外资独资银行、中外合资银行、外国银行分行）、城市商业银行、农村商业银行、城市信用合作社、农村信用合作社；存款人是指在中国境内开立银行结算账户的机关、团体、部队、企业、事业单位、其他组织、个体工商户和自然人。

2. 银行结算账户是活期存款账户

银行结算账户是活期存款账户，该账户具有结算功能，存款人可以随时存取款项。定期存款账户不具有结算功能，该类账户的开立和使用应遵守人民银行的有关规定。

3. 银行结算账户是人民币存款账户

银行结算账户主要是办理人民币的资金收付结算，其开立使用应遵守《支付结算办法》及其他相关法律、法规，而外币存款账户办理的是外币业务，其开立和使用应遵守

国家外汇管理的有关规定。

4. 开立银行结算账户的目的是办理资金收付结算

存款人开立银行结算账户的目的是在日常经济活动中随时办理资金的收付结算；而开立储蓄账户的目的是存取本金和支取利息，储蓄账户不具有结算功能。

（二）银行结算账户的种类

银行结算账户可以按照不同的标准加以分类。

（1）按存款人不同，银行结算账户分为个人银行结算账户和单位银行结算账户。

个人银行结算账户是指存款人凭个人身份证件以自然人名称开立的银行结算账户。单位银行结算账户是指存款人以单位名称开立的银行结算账户。个体工商户凭营业执照以字号或经营者姓名开立的银行结算账户纳入单位银行结算账户管理。

（2）按用途不同，单位银行结算账户分为基本存款账户、一般存款账户、专用存款账户、临时存款账户。

（3）按照开立前是否需要人民银行核准，分为核准类银行结算账户和非核准类银行结算账户。

核准类银行结算账户包括基本存款账户（企业开立的基本存款账户除外）、临时存款账户（因注册验资和增资验资开立的除外）、预算单位专用存款账户、合格境外机构投资者在境内从事证券投资开立的人民币特殊账户和人民币结算资金账户（QFII专用存款账户）。核准类银行结算账户，必须经中国人民银行核准后核发开户许可证才能开立。

非核准类银行结算账户包括企业开立的基本存款账户、一般存款账户、因注册验资和增资验资开立的临时存款账户、非预算单位专用存款账户和个人银行结算账户。开立非核准类银行结算账户不需要中国人民银行事先核准，只需要开立后由开户银行在规定的期限内向中国人民银行分支机构备案即可。

（4）按开户地不同，银行结算账户分为本地银行结算账户和异地银行结算账户。本地银行结算账户是指存款人在注册地或住所地开立的银行结算账户。注册地是指存款人的营业执照等开户证明文件上记载的住所地。异地银行结算账户是指存款人在异地（跨省、市、县）开立的银行结算账户。

（三）银行结算账户管理的基本原则

1. 一个基本存款账户原则

存款人可根据银行结算账户的用途以及不同的资金来源，开立不同的银行账户。但是，存款人只能选择一家银行营业机构开立一个基本存款账户，不能多头开立基本存款账户。

2. 开户自主原则

存款人可以自主地选择银行开立账户。除国家法律、行政法规和国务院另有规定外，任何单位和个人不得强令存款人到指定银行开立银行结算账户。

3. 为存款人保密原则

银行必须依法为存款人的银行结算账户信息包括开立的主体、账号、密码、金额及资金往来情况等保密，维护存款人资金自主支配权，除国家法律、行政法规另有规定外，不代任何单位或个人冻结、扣划存款人账户内存款和查询有关资料。

4. 依法开立和使用银行结算账户原则

银行结算账户的开立和使用应当遵守法律、行政法规，不得利用银行结算账户进行偷逃税款、逃废债务、套取现金及其他违法犯罪活动。

二、银行结算账户的开立、变更和撤销

（一）银行结算账户的开立

1. 开立地点

存款人应在注册地或住所地开立银行结算账户。符合异地（跨省、市、县）开户条件的，也可以在异地开立银行结算账户。

2. 填制开户申请书

存款人开立银行结算账户时，应填制开户申请书。

单位申请开立单位银行结算账户时，应由法定代表人或单位负责人直接办理，不能亲自办理的，必须授权他人办理。申请开立账户时，应填写"开立单位银行结算账户申请书"，并加盖单位公章和法定代表人（单位负责人）或其授权代理人的签名或盖章。单位有统一社会信用代码、上级法人或主管单位的，应在申请书上如实填写相关信息。单位有关联企业的，应填写"关联企业登记表"。

个人申请开立个人银行结算账户时，原则上应当由开户申请人本人亲自办理；符合条件的，可以由他人代理办理。申请开立使用支票、信用卡等信用支付工具的个人银行结算账户时，因存款人要办理预留签名或名章等开户手续，必须由存款人本人亲自办理。个人申请开立账户时，存款人应填写"开立个人银行结算账户申请书"，并加盖其个人签章。

存款人应以实名开立银行结算账户，并对其出具的开户申请资料实质内容的真实性负责，法律、行政法规另有规定的除外。

3. 核准、备案与开户

银行应对存款人的开户申请书填写的事项和证明文件的真实性、完整性、合规性进行认真审查。开户申请书填写的事项齐全，符合开立核准类存款账户条件的，银行应将存款人的开户申请书、相关的证明文件和银行审核意见等开户资料报送中国人民银行当地分支行核准。中国人民银行当地分支行应在2个工作日内对银行报送的开户资料的合规性予以审核，符合开户条件的，予以核准，根据存款人所申请开立的银行账户的类别，发给《基本存款账户开户许可证》、《临时存款账户开户许可证》或者《专用存款账户许可证》，由经办银行为存款人开立相应的账户。不符合开户条件的，应在开户申请书上签署意见，连同有关证明文件一并退回报送银行，由该报送银行转存款人。

存款人开立非核准类账户，无须经中国人民银行核准颁发开户许可证，而是由经办银行直接开立，并按规定向中国人民银行当地分支行备案。银行完成企业基本存款账户信息备案后，账户管理系统生成基本存款账户编号。银行应打印"基本存款账户信息"和存款人查询密码并交付企业。持有基本存款账户编号的企业申请开立一般存款账户、

专用存款账户、临时存款账户时，应向银行提供基本存款账户编号。符合开立一般存款账户、非预算单位专用存款账户和个人银行结算账户条件的，银行应办理开户手续，并向中国人民银行当地分支行备案。

4. 签订账户管理协议

开立银行结算账户时，银行应与存款人订"银行结算账户管理协议"，明确双方的权利义务。企业申请开立基本存款账户的，银行应当根据客户风险程度选择面对面、视频等方式向企业法定代表人或单位负责人核实企业开户意愿，并留存相关工作记录。管理协议内容包括但不限于下列内容：银行与开户申请人办理银行结算账户业务应当遵守法律、行政法规以及中国人民银行的有关规定，不得利用银行结算账户从事违法犯罪活动；企业银行结算账户信息变更及撤销的情形、方式、时限；银行控制账户交易措施的情形和处理方式；其他需要约定的内容。

对于存在法定代表人或者单位负责人对本单位的经营规模和业务背景等情况不清楚、注册地和经营地均在异地等情况的单位，银行应当与该单位的法定代表人或单位负责人面签银行结算账户管理协议，并留存视频、音频资料等，开户初期原则上不开通非柜面业务，待后续了解后再审慎开通。

银行为存款人开通非柜面转账业务时，双方应签订协议，约定非柜面渠道向非同名银行账户和支付账户转账的日累计限额、笔数和年累计限额等，超出限额和笔数的，应到银行柜面办理。

银行应建立存款人预留签章卡片，并将签章式样和有关证明文件的原件或复印件留存归档。存款人为单位的，其预留签章为该单位的公章或财务专用章加其法定代表人（单位负责人）或其授权的代理人的签名或盖章。存款人为个人的，其预留签章为该个人的签名或盖章。

5. 账户名称

单位存款人在申请开立单位银行结算账户时，其申请开立的银行结算账户的账户名称、出具的开户证明文件上记载的存款人名称以及预留银行签章中公章或财务专用章的名称应保持一致，但下列情形除外：①因注册验资开立的临时存款账户，其账户名称为市场监督管理部门核发的"企业名称预先核准通知书"或政府有关部门批文中注明的名称，其预留银行签章中公章或财务专用章的名称应是存款人与银行在账户管理协议中约定的出资人名称。②预留银行签章中公章或财务专用章的名称依法可使用简称的，账户名称应与其保持一致。③没有字号的个体工商户开立的银行结算账户，其预留签章中公章或财务专用章应是个体户字样加营业执照上载明的经营者的签字或盖章。

自然人开立银行结算账户的名称，应与其提供的有效身份证件中的名称一致。

6. 账户的开立、使用日期

存款人开立单位银行结算账户，自正式开立之日起3个工作日后，方可使用该账户办理付款业务。但企业银行结算账户自正式开立之日起即可办理收付款业务。

核准类银行结算账户的正式开立日期为人民银行当地分支行的核准日期，非核准类银行结算账户的正式开立日期是开户银行为存款人办理开户手续的日期。

存款人在同一银行营业机构撤销银行结算账户后重新开立银行结算账户的，重新开立的银行结算账户可自开立之日起办理付款业务。

（二）银行结算账户的变更

银行结算账户的变更是指存款人的账户信息资料发生的变化或改变。

1. 变更事由

存款人的账户名称、单位的法定代表人或主要负责人、地址、邮政编码、电话等其他开户资料变更后，应及时向开户银行办理变更手续。

银行发现企业名称、法定代表人或者单位负责人发生变更的，应当及时通知企业办理变更手续。企业自通知送达之日起在合理期限内仍未办理变更手续，且未提出合理理由的，银行有权采取措施适当控制账户交易。

企业营业执照、法定代表人或单位负责人有效身份证件列明有效期限的，银行应于到期日前提示企业及时更新，有效期满后，企业仍未在合理期限内更新，且未提出合理理由的，银行应按规定中止其办理业务。

2. 变更时限

存款人更改名称，但不改变开户银行及账号的，应于 5 个工作日内向开户银行提出银行结算账户的变更申请，并出具有关部门的证明文件。存款人申请办理银行结算账户信息变更时，应填写"变更银行结算账户申请书"。属于申请变更单位银行结算账户的，应加盖单位公章；属于申请变更个人银行结算账户的，应加盖其个人签章。

3. 处理程序

开户银行收到存款人的变更申请或变更通知后，根据情况分别作出处理：

（1）核准类账户存款人申请变更其存款人名称、法定代表人或单位负责人的，银行应在接到变更申请后的 2 个工作日内，将存款人的"变更银行结算账户申请书"、开户许可证以及有关证明文件报送中国人民银行当地分支行。符合变更条件的，中国人民银行当地分支行核准其变更申请，收回原开户许可证，颁发新的开户许可证，账户管理系统重新生成新的基本存款账户编号，银行应当打印"基本存款账户信息"并交付企业。

（2）核准类账户和非核准类账户存款人的地址、邮政编码、电话等开户资料发生变更，非核准类账户存款人申请变更账户名称、法定代表人或主要负责人，银行在接到存款人的变更申请或通知后，应及时办理变更手续，并按规定向中国人民银行当地分支行备案。

（三）银行结算账户的撤销

银行结算账户的撤销是指存款人因开户资格或其他原因终止银行结算账户使用的行为。

1. 撤销事由

发生下列事由之一的，存款人应向开户银行提出撤销银行结算账户的申请：

（1）被撤并、解散、宣告破产或关闭的。

（2）注销、被吊销营业执照的。

（3）因迁址需要变更开户银行的。

（4）其他原因需要撤销银行结算账户的。

2. 撤销程序

（1）存款人主体资格终止后，银行结算账户撤销程序。存款人发生被撤并、解散、宣告破产或关闭，或被注销、被吊销营业执照等主体资格终止情形的，应于5个工作日内向开户银行提出撤销银行结算账户的申请。撤销银行结算账户时，应先撤销一般存款账户、专用存款账户、临时存款账户，将账户内资金转入其基本存款账户，方可办理基本存款账户的撤销。银行得知存款人主体资格终止情况的，存款人超过规定期限未主动办理撤销银行结算账户手续的，银行有权停止其银行结算账户的对外支付。

（2）因地址变更或其他原因需要变更开户银行，银行结算账户撤销程序。银行在收到存款人撤销银行结算账户的申请后，对于符合销户条件的，应当在2个工作日内办理撤销手续。存款人需要重新开立基本存款账户的，应在撤销其原基本存款账户后10日内申请重新开立基本存款账户。存款人在申请重新开立基本存款账户时，除应根据前述开立基本存款账户的规定出具相关证明文件外，还应当出具"已开立银行结算账户清单"。

3. 办理银行结算账户撤销手续的注意事项

（1）存款人尚未清偿其开户银行债务的，不得申请撤销该账户。

（2）存款人撤销银行结算账户，必须与开户银行核对银行结算账户存款余额，交回各种重要空白票据及结算凭证，银行核对无误后方可办理销户手续。存款人未按规定交回各种重要空白票据及结算凭证的，应出具有关证明，造成损失的，由其自行承担。撤销核准类银行账户时，应交回开户许可证。

（3）银行对于按照账户管理规定应撤销而未办理销户手续的单位银行结算账户，应通知单位自发出通知之日起30日内办理销户手续，逾期视同自愿销户，未划转款项列入久悬未取专户管理。

【例6-2】下列情形中，属于存款人应向开户银行提出撤销银行结算账户申请的有（　　）。

A. 法定代表人被撤销　　　　　B. 营业执照被吊销
C. 因迁址需要变更开户银行　　D. 存款人账户名称改变

【答案】BC

【解析】AD属于应当办理变更手续的情形。

三、各类银行结算账户的具体规定

（一）基本存款账户

1. 基本存款账户的概念与使用范围

基本存款账户是指存款人因办理日常转账结算和现金收付而开立的银行结算账户，是存款人的主要存款账户，该账户主要办理存款人日常经营活动的资金收付以及工资、奖金和现金的支取。

单位银行结算账户的存款人只能在银行开立一个基本存款账户。其他银行结算账户的开立必须以基本存款账户的开立为前提，开立其他账户时，必须提供基本存款账户开户许可证（企业出具基本存款账户编号）。

2. 开立基本存款账户的存款人资格

下列存款人，可以申请开立基本存款账户：①企业法人。②非法人企业。③机关、事业单位。④团级（含）以上军队、武警部队及分散值勤的支（分）队。⑤社会团体。⑥民办非企业组织。⑦异地常设机构。⑧外国驻华机构。⑨个体工商户。⑩居民委员会、村民委员会、社区委员会。⑪单位设立的独立核算的附属机构，包括食堂、招待所、幼儿园等。⑫其他组织，如业主委员会、村民小组等。⑬境外机构。

3. 开户证明文件

存款人申请开立基本存款账户，应向银行出具下列证明文件：

（1）企业法人，应出具企业法人营业执照正本。

（2）非法人企业，应出具企业营业执照正本。

（3）机关和实行预算管理的事业单位，应出具政府人事部门或编制委员会的批文或登记证书和财政部门同意其开户的证明；非预算管理的事业单位，应出具政府人事部门或编制委员会的批文或登记证书。

（4）军队、武警团级（含）以上单位以及分散值勤的支（分）队，应出具军队军级以上单位财务部门、武警总队财务部门的开户证明。

（5）社会团体，应出具社会团体登记证书；宗教组织还应出具宗教事务管理部门的批文或证明。

（6）民办非企业组织，应出具民办非企业登记证书。

（7）外地常设机构，应出具其驻在地政府主管部门的批文。

（8）外国驻华机构，应出具国家有关主管部门的批文或证明；外资企业驻华代表处、办事处应出具国家登记机关颁发的登记证。

（9）个体工商户，应出具个体工商户营业执照正本。

（10）居民委员会、村民委员会、社区委员会，应出具其主管部门的批文或证明。

（11）独立核算的附属机构，应出具其主管部门的基本存款账户开户许可证和批文。

（12）其他组织，应出具政府主管部门的批文或证明。

（13）境外机构，应出具其在境外合法注册成立的证明文件，及其在境内开展相关活动所依据的法规制度或政府主管部门的批准文件等。

开户时，应出具法定代表人或单位负责人的有效身份证件。法定代表人或单位负责人授权他人办理的，还应出具法定代表人或单位负责人的授权书及被授权人的有效身份证件。

【例6-3】某银行的关系大户甲企业电话通知该行行长，因业务需要，要求开立基本存款账户，该行长告诉会计主管按甲企业的要求为其开立账户。银行会计主管到前台经办员处，在企业没有出示任何开户手续的情况下，为该企业开立了基本存款账户，并电话通知企业可以当日购买支票办理付款业务。

回答下列问题：

银行的做法是否正确，为什么？

【解析】银行的做法不正确。①开立单位存款账户，应该由单位法定代表人或单位负责人直接办理，如因特殊原因法定代表人或单位负责人不能亲自办理的，必须授权他人办理。授权他人办理的，除出具被授权人本人的身份证件外，还应出具法定代表人或单位负责人的授权书及身份证件。本案例中，企业的有关人员，没有持企业法定代表人的授权书及身份证件即要求银行办理，不符合规定。②开立基本存款账户，必须提供有关的证明资料，而本案例中，没有提供任何资料，不符合规定。

（二）一般存款账户

1. 一般存款账户的概念与使用范围

（1）一般存款账户是存款人因借款或其他结算需要，在基本存款账户开户银行以外的银行营业机构开立的银行结算账户。

（2）一般存款账户用于办理存款人借款转存、借款归还和其他结算的资金收付。该账户可以缴存现金，但不得支取现金。

（3）开立基本存款账户的存款人都可以开立一般存款账户。只要存款人具有借款或其他结算需要，都可以申请开立一般存款账户，且没有数量限制。

2. 开户证明文件

存款人申请开立一般存款账户，应向银行出具下列证明文件：

（1）开立基本存款账户规定的证明文件。

（2）机关事业单位出具基本存款账户开户许可证，企业出具基本存款账户编号。

（3）存款人因向银行借款需要，应出具借款合同。

（4）存款人因其他结算需要，应出具有关证明。

【例6-4】蓝天贸易公司会计员将归还甲公司的一笔借款以现金方式存入该公司的一般存款账户，并计划过几天将该账户中的另一笔款项提取现金。

回答下列问题：

这两笔业务会存在什么问题？

【解析】第一笔业务银行会为其办理，但第二笔业务银行不会为其办理，因为一般存款账户可以办理现金缴存，但不得办理现金支取。

（三）专用存款账户

1. 专用存款账户的概念与使用范围

专用存款账户是存款人按照法律、行政法规和规章，对有特定用途资金进行专项管理和使用而开立的银行结算账户。

专用存款账户用于对下列资金的使用和管理：①基本建设资金。②更新改造资金。③财政预算外资金。④粮、棉、油收购资金。⑤证券交易结算资金。⑥期货交易保证金。⑦信托基金。⑧金融机构存放同业资金。⑨政策性房地产开发资金。⑩单位银行卡备用金。⑪住房基金。⑫社会保障基金。⑬收入汇缴资金和业务支出资金。⑭党、团、工会设在单位的组织机构经费。⑮其他需要专项管理和使用的资金。

因收入汇缴资金和业务支出资金开立的专用存款账户，应使用隶属单位的名称。

2. 开户证明文件

存款人申请开立专用存款账户，应向银行出具其开立基本存款账户规定的证明文件、基本存款账户开户许可证（企业出具基本存款账户编号）和下列证明文件：

（1）基本建设资金、更新改造资金、政策性房地产开发资金、住房基金、社会保障基金，应出具主管部门批文。

（2）财政预算外资金，应出具财政部门的证明。

（3）粮、棉、油收购资金，应出具主管部门批文。

（4）单位银行卡备用金，应按照中国人民银行批准的银行卡章程的规定出具有关证明和资料。

（5）证券交易结算资金，应出具证券公司或证券管理部门的证明。

（6）期货交易保证金，应出具期货公司或期货管理部门的证明。

（7）金融机构存放同业资金，应出具其证明。

（8）收入汇缴资金和业务支出资金，应出具基本存款账户存款人的有关证明。

（9）党、团、工会设在单位的组织机构经费，应出具该单位或有关部门的批文或证明。

（10）其他需要专项管理和使用的资金，应出具有关法规、规章或政府部门的有关文件。

合格境外机构投资者在境内从事证券投资开立的人民币特殊账户和人民币结算资金账户纳入专用存款账户管理。其开立人民币特殊账户时应出具国家外汇管理部门的批复文件，开立人民币结算资金账户时应出具证券管理部门的证券投资业务许可证。

3. 专用存款账户使用规定

（1）单位银行卡账户的资金必须由该单位的基本存款账户转账存入。该账户不得办理现金收付业务。

（2）财政预算外资金、证券交易结算资金、期货交易保证金和信托基金专用存款账户，不得支取现金。

（3）基本建设资金、更新改造资金、政策性房地产开发资金、金融机构存放同业资金账户需要支取现金的，应在开户时报中国人民银行当地分支行批准。中国人民银行当地分支行应根据国家现金管理的规定审查批准。

（4）粮、棉、油收购资金，社会保障基金，住房基金和党、团、工会经费等专用存款账户支取现金应按照国家现金管理的规定办理。银行应按照国家对粮、棉、油收购资金使用管理的规定加强监督，不得办理不符合规定的资金收付和现金支取。

（5）收入汇缴资金和业务支出资金，是指基本存款账户存款人附属的非独立核算单位或派出机构发生的收入和支出的资金。收入汇缴账户除向其基本存款账户或预算外资金财政专用存款户划缴款项外，只收不付，不得支取现金。业务支出账户除从其基本存款账户拨入款项外，只付不收，其现金支取必须按照国家现金管理的规定办理。

（四）预算单位零余额账户

1. 预算单位零余额账户的概念

财政部门在商业银行为预算单位开立的零余额账户，简称预算单位零余额账户。财政部门为实行财政国库集中支付的预算单位在商业银行开设的零余额账户按基本存款账户或专用存款账户管理。预算单位未开立基本存款账户，或者原基本存款账户在国库集中支付改革后已按照财政部门的要求撤销的，经同级财政部门批准，预算单位零余额账户作为基本存款账户管理。除上述情况外，预算单位零余额账户作为专用存款账户管理。

一个基层预算单位只能开设一个零余额账户。

2. 开立程序

（1）预算单位使用财政性资金，应当按照规定的程序和要求，向财政部门提出设立零余额账户的申请，财政部门同意预算单位开设零余额账户后通知代理银行。

（2）代理银行根据《人民币银行结算账户管理办法》的规定，具体办理开设预算单位零余额账户业务，并将所开立账户的开户银行名称、账号等详细情况书面报告财政部门和中国人民银行，并由财政部门通知一级预算单位。

（3）预算单位根据财政部门的开户通知，具体办理预留印鉴手续。印鉴卡内容如有变动，预算单位应及时通过级预算单位向财政部门提出变更申请，办理印鉴卡更换手续。

3. 账户使用规定

（1）预算单位零余额账户用于财政授权支付。

（2）可以办理转账、提取现金等结算业务。

（3）可向本单位按账户管理规定保留的相应账户划拨工会经费、住房公积金及提租补贴，以及财政部门批准的特殊款项。

（4）不得违反规定向本单位其他账户和上级主管单位及所属下级单位划拨资金。

（五）临时存款账户

1. 临时存款账户的概念

临时存款账户是指存款人因临时需要并在规定期限内使用而开立的银行结算账户。临时存款账户用于办理临时机构以及存款人临时经营活动发生的资金收付。

2. 开立条件

存款人有下列情况的，可以申请开立临时存款账户：①设立临时机构，如工程指挥部、筹备领导小组、摄制组等；②异地临时经营活动，如建筑施工及安装单位等；③注册验资。

3. 开户证明文件

存款人申请开立临时存款账户，应向银行出具下列证明文件：

（1）临时机构，出具驻在地主管部门同意设立临时机构的批文。

（2）异地建筑施工及安装单位，出具营业执照正本或隶属单位的营业执照正本，以及施工安装地建设主管部门核发的许可证或建筑施工安装合同。

（3）异地从事临时经营活动的单位，出具营业执照正本以及临时经营地工商部门批文。

（4）境内单位在异地从事临时活动的，应出具政府有关部门批文。

（5）境外（含港、澳、台地区）机构在境内从事经营活动的，应出具政府有关部门批文。

（6）军队、武警单位因执行作战，演习、抢险救灾、应对突发事件等需要开立银行账户时，出具团级部门的批件或证明。

（7）注册验资资金，出具企业名称预先核准通知书或有关部门的批文。

（8）增资验资资金，应出具股东会或董事会决议等证明文件。

其中，第（2）、第（3）、第（4）、第（8）项，还应当出具基本存款账户编号。

4. 使用要求

临时存款账户应根据有关开户证明文件确定的期限或存款人的需要确定其有效期限，最长不得超过 2 年。临时存款账户支取现金，应按照国家现金管理的规定办理。注册验资的临时存款账户在验资期间只收不付，注册验资资金的汇缴人应与出资人的名称一致。

（六）个人银行结算账户

1. 个人银行结算账户的概念和分类

个人银行结算账户是指存款人因投资、消费、结算等需要而凭个人身份证件以自然人名称开立的银行结算账户。

个人银行账户分为Ⅰ类银行账户、Ⅱ类银行账户和Ⅲ类银行账户（以下分别简称Ⅰ类户、Ⅱ类户和Ⅲ类户）。

Ⅰ类户可以为存款人提供存款、购买投资理财产品等金融产品、转账、消费和缴费支付、支取现金等服务。Ⅰ类户配发银行卡实体卡片。

Ⅱ类户可以办理存款、购买投资理财产品等金融产品、限额消费和缴费、限额向非绑定账户转出资金业务。经银行柜面、自助设备加以银行工作人员现场面对面确认身份的，Ⅱ类户还可以办理存取现金、非绑定账户资金转入业务，可以配发银行卡实体卡片。Ⅱ类户非绑定账户转入资金、存入现金日累计限额合计为 1 万元，年累计限额合计为 20 万元；消费和缴费、向非绑定账户转出资金、取出现金日累计限额合计为 1 万元，年累计限额合计为 20 万元。

Ⅲ类户可以办理限额消费和缴费、限额向非绑定账户转出资金业务。经银行柜面、自助设备加以银行工作人员现场面对面确认身份的，Ⅲ类户还可以办理非绑定账户资金转入业务。Ⅲ类户不得发放实体介质。Ⅲ类户任一时点账户余额不得超过 2000 元。

2. 开户方式

（1）柜面开户。通过柜面受理银行账户开户申请的，银行可为开户申请人开立Ⅰ类户、Ⅱ类户或Ⅲ类户。

（2）自助机具开户。通过远程视频柜员机和智能柜员机等自助机具受理银行账户开户申请，银行工作人员现场核验开户申请人身份信息的，银行可为其开立Ⅰ类户；银行工作人员未现场核验开户申请人身份信息的，银行可为其开立Ⅱ类户或Ⅲ类户。

（3）电子渠道开户。通过网上银行和手机银行等电子渠道受理银行账户开户申请的，银行可为开户申请人开立Ⅱ类户或Ⅲ类户。

银行通过电子渠道非面对面为个人开立Ⅱ类户，应当向绑定账户开户行验证Ⅱ类户与绑定账户为同一人开立且绑定账户为Ⅰ类户或者信用卡账户。银行通过电子渠道非面对面为个人开立Ⅲ类户，应当向绑定账户开户行验证Ⅲ类户与绑定账户为同一人开立。银行通过电子渠道非面对面为个人开立Ⅱ、Ⅲ类户时，应当要求开户申请人登记验证的手机号码与绑定账户使用的手机号码保持一致。

3. 个人银行账户代理规定

开户申请人开立个人银行账户或者办理其他个人银行账户业务，原则上应当由开户申请人本人亲自办理。如开户申请人确因行动不便等原因不能前往银行网点，银行可以采取上门服务等方式办理开户。符合条件的，可以由他人代理办理。

（1）身份信息核验。他人代理开立个人银行账户的，银行应要求代理人出具代理人、被代理人的有效身份证件以及合法的委托书等。银行认为有必要的，应要求代理人出具证明代理关系的公证书。

（2）身份信息留存。他人代理开立个人银行账户的，银行应当登记代理人和被代理人的身份信息，留存代理人和被代理人有效身份证件的复印件或者影印件、以电子方式存储的身份信息以及委托书原件等，有条件的可留存开户过程的音频或视频等。

（3）存款人开立代发工资、教育、社会保障（如社会保险、医疗保险、军人保险）、公共管理（如公共事业、拆迁、捐助、助农扶农）等特殊用途个人银行账户时，可由所在单位代理办理。单位代理个人开立银行账户的，应提供单位证明材料、被代理人有效身份证件的复印件或影印件。单位代理开立的个人银行账户，在被代理人持本人有效身份证件到开户银行办理身份确认、密码设（重）置等激活手续前，该银行账户只收不付。

（4）无民事行为能力或限制民事行为能力的开户申请人，由法定代理人或者人民法院、有关部门依法指定的人员代理办理。

（5）因身患重病、行动不便、无自理能力等无法自行前往银行的存款人办理挂失、密码重置、销户等业务时，银行可采取上门服务方式办理，也可由配偶、父母或成年子女凭合法的委托书、代理人与被代理人的关系证明文件、被代理人所在社区居委会（村民委员会）及以上组织或县级以上医院出具的特殊情况证明代理办理。

4. 开户证明文件

银行为申请人开立个人银行账户时，应要求其提供本人有效身份证件，并对身份证件的真实性、有效性和合规性进行认真审查。有效身份证件包括：①在中华人民共和国境内已登记常住户口的中国公民为居民身份证；不满十六周岁的，可以使用居民身份证或户口簿。②香港、澳门特别行政区居民为港澳居民来往内地通行证。③台湾地区居民为台湾居民来往大陆通行证。④定居国外的中国公民为中国护照。⑤外国公民为护照或者外国人永久居留证（外国边民，按照边贸结算的有关规定办理）。⑥法律、行政法规规定的其他身份证明文件。

银行通过有效身份证件仍无法准确判断开户申请人身份的，应要求其出具辅助身份证明材料。辅助身份证明材料包括但不限于：①中国公民为户口簿、护照、机动车驾驶证、居住证、社会保障卡、军人和武装警察身份证件、公安机关出具的户籍证明、工作证。②香港、澳门特别行政区居民为香港、澳门特别行政区居民身份证。③台湾地区居民为在台湾居住的有效身份证明。④定居国外的中国公民为定居国外的证明文件。⑤外国公民为外国居民身份证、使领馆人员身份证件或者机动车驾驶证等其他带有照片的身份证件。⑥完税证明、水电煤缴费单等税费凭证。军人、武装警察尚未领取居民身份证的，除出具军人和武装警察身份证件外，还应出具军人保障卡或所在单位开具的尚未领取居民身份证的证明材料。

5. 个人银行结算账户的使用

个人银行结算账户用于办理个人转账收付和现金支取，下列款项可以转入个人银行结算账户：①工资、奖金收入。②稿费、演出费等劳务收入。③债券、期货、信托等投资的本金和收益。④个人债权或产权转让收益。⑤个人贷款转存。⑥证券交易结算资金和期货交易保证金。⑦继承、赠与款项。⑧保险理赔、保费退还等款项。⑨纳税退还。⑩农、副、矿产品销售收入。⑪其他合法款项。

6. 账户使用注意事项

（1）单位从其银行结算账户支付给个人银行结算账户的款项，每笔超过5万元的，应向其开户银行提供下列付款依据：①代发工资协议和收款人清单。②奖励证明。③新闻出版、演出主办等单位与收款人签订的劳务合同或支付给个人款项的证明。④证券公司、期货公司、信托投资公司、奖券发行或承销部门支付或退还给自然人款项的证明。⑤债权或产权转让协议。⑥借款合同。⑦保险公司的证明。⑧税收征管部门的证明。⑨农、副、矿产品购销合同。⑩其他合法款项的证明。付款单位若在付款用途栏或备注栏注明事由，可不再另行出具付款依据，但付款单位应对支付款项事由的真实性、合法性负责。从单位银行结算账户支付给个人银行结算账户的款项应纳税的，税收代扣单位付款时应向其开户银行提供完税证明。

（2）个人持出票人为单位的支票向开户银行委托收款，将款项转入其个人银行结算账户的，或者个人持申请人为单位的银行汇票和银行本票向开户银行提示付款，将款项转入其个人银行结算账户的，且符合"单位从其银行结算账户支付给个人银行结算账户的款项每笔超过5万元"条件的，个人应当提供上述第（1）项至第（10）项中规定的有关收款依据。

（3）单位银行结算账户支付给个人银行结算账户款项的，银行应按有关规定，认真审查付款依据或收款依据的原件，并留存复印件，按会计档案保管。未提供相关依据或相关依据不符合规定的，银行应拒绝办理。

（4）银行应按规定与存款人核对账务。银行结算账户的存款人收到对账单或对账信息后，应及时核对账务并在规定期限内向银行发出对账回单或确认信息。

（5）存款人应按照规定使用银行结算账户办理结算业务。存款人不得出租、出借银行结算账户，不得利用银行结算账户套取银行信用。

（七）异地银行结算账户

1. 异地银行结算账户的概念与使用范围

异地银行结算账户是指存款人符合法定条件，根据需要在异地开立的相应的银行结

算账户。存款人有下列情形之一的，可以在异地开立有关银行结算账户：

（1）营业执照注册地与经营地不在同一行政区域（跨省、市、县）需要开立基本存款账户的。注册地是指存款人的营业执照等开户证明文件上记载的住所地。

（2）办理异地借款和其他结算需要开立一般存款账户的。

（3）存款人因附属的非独立核算单位或派出机构发生的收入汇缴或业务支出需要开立专用存款账户的。

（4）异地临时经营活动需要开立临时存款账户的。

（5）自然人根据需要在异地开立个人银行结算账户的。

2. 开户证明文件

存款人需要在异地开立单位银行结算账户，根据开立账户的种类不同，除出具开立基本存款账户、一般存款账户、专用存款账户和临时存款账户规定的有关证明文件和基本存款账户开户许可证（企业出具基本存款账户编号）外，还应出具下列相应的证明文件：

（1）异地借款的存款人在异地开立一般存款账户的，应出具在异地取得贷款的借款合同。

（2）因经营需要在异地办理收入汇缴和业务支出的存款人，在异地开立专用存款账户的，应出具隶属单位的证明。

四、银行结算账户的管理

（一）中国人民银行对账户的监管

中国人民银行是银行结算账户的监督管理部门，负责对银行结算账户的开立、使用、变更和撤销进行检查监督。

（1）监督、检查银行结算账户的开立、使用、变更和撤销，实施监控和管理。中国人民银行当地分支通过账户管理系统与支付系统、同城票据交换系统等的连接，实现相关银行结算账信息的比对，依法监测和查处未经中国人民银行核准或未向中国人民银行备案的银行结算账户。

（2）管理基本存款账户、临时存款账户和预算单位专用存款账户开户许可证。中国人民银行应建立健全开户许可证的印制、保管、领用、颁发、收缴和销毁制度。任何单位及个人不得伪造、变造及私自印制开户可证。

（3）处罚存款人、开户银行违反银行结算账户管理规定的行为。

（二）开户银行对账户的监管

（1）管理所属营业机构银行结算账户的开立和使用，监督和检查《银行账户管理办法》的执行情况，对违规开立和使用银行结算账户的行为进行纠正。

（2）指派专人负责银行结算账户的开立、使用和撤销的审查管理，建立健全开销户登记制度，建立银行结算账户管理档案，按会计档案进行管理。银行结算账户管理档案的保管期限为银行结算账户撤销后 10 年。

（3）对已开立的单位银行结算账户实行年检制度，检查开立银行结算账户的合规性，核实开户资料的真实性；对不符合账户管理规定开立的单位银行结算账户，应予以撤销。对经核实的各类银行结算账户的资料变动情况，应及时报告中国人民银行当地分支行。

（4）监督存款人使用银行结算账户的情况，对存款人可疑支付应按照中国人民银行规定的程序及时报告。

（三）存款人对账户的管理

1. 存款人应加强对预留银行签章的管理

单位遗失预留公章或财务专用章的，应向开户银行出具书面申请、开户许可证、营业执照等相关证明文件；更换预留公章或财务专用章时，应向开户行出具书面申请、原预留签章的式样等相关证明文件；更换预留公章或财务专用章但无法提供原预留公章或财务专用章的，应向银行出具原印鉴卡片、开户许可证、营业执照正本、司法部门证明等相关证明文件；个人遗失或更换预留个人印章或更换签字人时，应向开户银行出具经签名确认的书面申请，以及原预留印签字人的个人身份证件。银行应留存相应的复印件，并凭以办理预留银行签章的变更。

2. 存款人应加强对开户许可证的管理

存款人的开户许可证遗失或毁损时，存款人应填写"补（换）发开户许可证申请书"，加盖单位公章，比照有关开立银行结算账户的规定，通过开户银行向中国人民银行当地分支行提出补（换）发开户许可证的申请。换发开户许可证的，存款人应缴回原开户许可证。

3. 存款人应妥善保管其密码

存款人在收到开户银行转交的原始密码之后，应到中国人民银行当地分支行或基本存款账户开户银行办理密码变更手续。存款人遗失密码的，应持其开户时需要出具的证明文件和基本存款账户开户许可证（企业出具基本存款账户编号）到中国人民银行当地分支行申请重置密码。

第三节　结算方式

一、汇兑

（一）汇兑的概念和分类

汇兑是汇款人委托银行将其款项支付给收款人的结算方式。

汇兑可分为信汇、电汇两种（电汇凭证和信汇凭证分别见图 6-1 和图 6-2）。信汇是以邮寄方式将汇款凭证转给外地收款人指定的汇入行，电汇是以电报方式将汇款凭证

转发给收款人指定的汇入行。

单位和个人的各种款项的结算，均可使用汇兑结算方式。

图6-1　电汇凭证

资料来源：Bing images。

图6-2　信汇凭证

资料来源：Bing images。

（二）办理汇兑的程序

1. 签发汇兑凭证

签发汇兑凭证必须记载下列事项：①表明"信汇"或"电汇"的字样。②无条件支付的委托。③确定的金额。④收款人名称。⑤汇款人名称。⑥汇入地点、汇入行名称。⑦汇出地点、汇出行名称。⑧委托日期。⑨汇款人签章。汇兑凭证上欠缺上列记载事项之一的，银行不予受理。

汇兑凭证记载的汇款人、收款人在银行开立存款账户的，必须记载其账号。汇款人和收款人均为个人，需要在汇入银行支取现金的，应在信汇、电汇凭证的汇款金额大写栏，先填写"现金"字样，后填写汇款金额。

2. 银行受理

汇出银行受理汇款人签发的汇兑凭证，经审查无误后，应及时向汇入银行办理汇款，并向汇款人签发汇款回单。汇款回单只能作为汇出银行受理汇款的依据，不能作为该笔汇款已转入收款人账户的证明。

3. 汇入处理

汇入银行对开立存款账户的收款人，应将汇入的款项直接转入收款人账户，并向收款人发出收账通知。收账通知是银行将款项确已收入收款人账户的凭证。

支取现金的，信汇、电汇凭证上必须有按规定填明的"现金"字样，才能办理。未填明现金字样，需要支取现金的，由汇入银行按照国家现金管理规定审查支付。转账支付的，应由原收款人向银行填制支款凭证，并由本人交验其身份证件办理支付款项。该账户的款项只能转入单位或个体工商户的存款账户，严禁转入储蓄账户和信用卡账户。

（三）汇兑的撤销和退汇

1. 撤销

汇款人对汇出银行尚未汇出的款项可以申请撤销。申请撤销时，应出具正式函件或本人身份证件及原信汇、电汇回单。汇出银行查明确未汇出款项的，收回原信汇、电汇回单，方可办理撤销。

2. 退汇

汇款人对汇出银行已经汇出的款项可以申请退汇。对在汇入银行开立存款账户的收款人，由汇款人与收款人自行联系退汇；对未在汇入银行开立存款账户的收款人，汇款人应出具正式函件或本人身份证件以及原信汇、电汇回单，由汇出银行通知汇入银行，经汇入银行核实汇款确未支付，并将款项汇回汇出银行，方可办理退汇。

汇入银行对收款人拒绝接受的汇款，应立即办理退汇。汇入银行对于向收款人发出取款通知，经过2个月无法交付的汇款，应主动办理退汇。汇兑流转程序如图6-3所示。

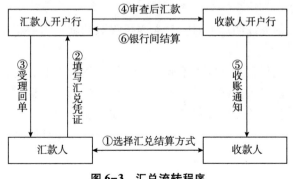

图6-3　汇兑流转程序

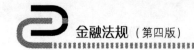

二、委托收款

（一）委托收款的概念

委托收款是收款人委托银行向付款人收取款项的结算方式。单位和个人凭已承兑的商业汇票、债券、存单等付款人债务证明办理款项的结算，均可以使用委托收款结算方式。

委托收款在同城、异地都可使用①。

（二）委托收款流程

1. 签发委托收款凭证

签发委托收款凭证时必须记载下列事项：①表明"委托收款"的字样。②确定的金额。③付款人名称。④收款人名称。⑤委托收款凭据名称及附寄单证张数。⑥委托日期。⑦收款人签章。

委托收款以银行以外的单位为付款人的，委托收款凭证必须记载付款人开户银行名称；以银行以外的单位或在银行开立存款账户的个人为收款人的，委托收款凭证必须记载收款人开户银行名称；未在银行开立存款账户的个人为收款人的，委托收款凭证必须记载被委托银行名称。

2. 委托

收款人办理委托收款必须向银行提交委托收款凭证和有关债务证明。

3. 付款

银行接到寄来的委托收款凭证及债务证明，审查无误后向收款人办理付款。

以银行为付款人的，银行应在当日将款项主动支付收款人。

以单位为付款人的，银行应及时通知付款人，需要将有关债务证明交给付款人的，应交给付款人并签收。付款人应于接到通知的当日书面通知银行付款。付款人未在接到通知日的次日起3日内通知银行付款的，视同付款人同意付款，银行应于付款人接到通知日的次日起第4日上午开始营业时，将款项划给收款人。

银行在办理划款时，付款人存款账户不足支付的，应通过被委托银行向收款人发出未付款通知书。

（三）拒绝付款

付款人审查有关债务证明后，对收款人委托收取的款项需要拒绝付款的，可以办理拒绝付款。

付款人不同，拒绝付款方式略有不同。以银行为付款人的，应自收到委托收款及债务证明的次日起3日内出具拒绝证明，连同有关债务证明、凭证寄给被委托银行，转交收款人，以单位为付款人的，应在付款人接到通知的次日起3日内出具拒绝证明，持有债务证明的，应将其送交开户银行。银行将拒绝证明、债务证明和有关凭证一并寄给被

---

① 同城、异地都可使用，是指收款方、付款方双方在同城或者异地都可以使用。

委托银行，转交收款人。委托收款程序如图 6-4 所示。

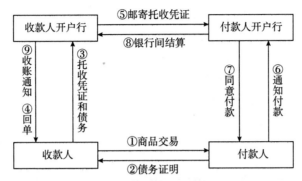

图 6-4 委托收款程序

资料来源：财政部会计资格评价中心：《经济法基础》，经济科学出版社 2009 年版，第 300 页。

三、国内信用证

在贸易中，交易双方往往会发生这样的担忧：买方即付款方担心"款项支付，对方不发货"，卖方即收款方担心"发货后，对方不付款"。这时，在此贸易中注入银行信用，使用信用证担保交易，则交易双方的担忧就轻松化解了。国内信用证使用流程如图6-5 所示。

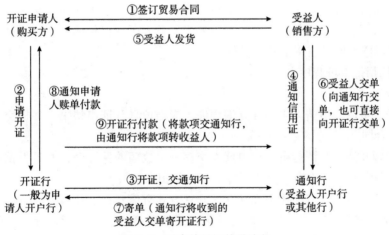

图 6-5 国内信用证使用流程

（一）国内信用证的概念

1. 国内信用证的概念

国内信用证（以下简称信用证）是指银行依照申请人的申请开立的、对相符交单予以付款的承诺。我国的信用证是以人民币计价、不可撤销的跟单信用证。

2. 国内信用证的使用范围

信用证结算方式适用于银行为国内企事业单位之间货物和服务贸易提供的信用证服务。信用证只限于转账结算，不得支取现金。

3. 国内信用证的分类

我国的信用证分为即期信用证和远期信用证两类。

（1）即期信用证，开证行应在收到相符单据次日起5个营业日内付款。

（2）远期信用证，开证行应在收到相符单据次日起5个营业日内确认到期付款，并在到期日付款。信用证付款期限最长不超过1年。

（二）信用证当事人

（1）申请人。申请人是指申请开立信用证的当事人，一般为付款方，即货物购买方或服务接受方。

（2）受益人。受益人是指接受信用证并享有信用证权益的当事人，一般为收款方，即货物销售方或服务提供方。

（3）开证行。开证行是指应申请人申请开立信用证的银行，一般是申请人的开户银行。

（4）通知行。通知行是指应开证行的要求向受益人通知信用证的银行。一般是受益人的开户银行。

（5）交单行。交单行是指向信用证有效地点提交信用证项下单据的银行。可以是通知行，也可以是其他行。

（6）转让行。转让行是指开证行指定的办理信用证转让的银行。

（7）保兑行。保兑行是指根据开证行的授权或要求对信用证加具保兑的银行。

（8）议付行。议付行是指开证行指定的为受益人办理议付的银行，开证行应指定一家或任意银行作为议付信用证的议付行。

（三）信用证办理程序

1. 开证

（1）开证申请。申请人申请开立信用证，应当填具开证申请书，并提交其与受益人签订的贸易合同。

（2）受理开证。开证行可要求申请人交存一定数额的保证金，并可根据申请人资信情况要求其提供抵押、质押、保证等合法有效的担保。

（3）开证。信用证应使用中文开立，开立方式有信开和电开两种。

【例6-5】 根据信用证法律制度的规定，下列各项中，属于开证行为保障其资金安全，在开证时，可以采取的措施有（　　）。

A. 要求申请人交存一定数额的保证金　B. 要求申请人提供抵押

C. 要求申请人提供质押　　　　　　　D. 要求申请人提供保证

【答案】 ABCD

【解析】 开证行可要求申请人交存一定数额的保证金，并可根据申请人资信情况要求其提供抵押、质押、保证等合法有效的担保。

2. 保兑

保兑是指保兑行根据开证行的授权或要求，在开证行承诺之外作出的对相符交单付款、确认到期付款或议付的确定承诺。保兑行自对信用证加具保兑之时起即不可撤销地承担对相符交单付款、确认到期付款或议付的责任。

保兑相当于汇票的承兑，但二者有一定的区别：承兑必须是无条件的，承兑如附条件，视为拒绝承兑；保兑是附有条件的，即承诺对相符交单付款、确认到期付款或议付，反言之，对交单不符的信用证不予付款或议付。

3. 修改

开证申请人须对已开立的信用证内容修改的，应向开证行提出修改申请，明确修改的内容。信用证受益人同意或拒绝接受修改的，应提供接受或拒绝修改的通知。

4. 通知

通知行可由开证申请人指定，如开证申请人没有指定，开证行有权指定通知行。通知行可自行决定是否通知。通知行同意通知的，应于收到信用证次日起3个营业日内通知受益人；拒绝通知的，应于收到信用证次日起3个营业日内告知开证行。

5. 转让

转让是指由转让行应第一受益人的要求，将可转让信用证的部分或者全部转为可由第二受益人兑用。可转让信用证只能转让一次，即只能由第一受益人转让给第二受益人。第二受益人拥有收取转让后信用证款项的权利并承担相应的义务。

转让和票据的背书类似，但票据可以多次背书，不能部分背书；信用证只能转让一次，信用证金额可以全部转让，也可以部分转让。

6. 议付

（1）议付指在可议付信用证项下单证相符或在开证行或保兑行已确认到期付款的情况下，议付行在收到开证行或保兑行付款前购买单据、取得信用证项下索款权利，向受益人预付或同意预付资金的行为。

（2）信用证未明示可议付，任何银行不得办理议付；信用证明示可议付，如开证行仅指定一家议付行，未被指定为议付行的银行不得办理议付，被指定的议付行可自行决定是否办理议付。

（3）议付行在受理议付申请的次日起5个营业日内审核信用证规定的单据并决定议付的，应在信用证正本背面记明议付日期、业务编号、议付金额、到期日并加盖业务用章。议付行拒绝议付的，应及时告知受益人。

议付类似于票据的贴现。议付适用于远期付款信用证，如果是即期付款信用证，则不必议付。

7. 索偿

（1）议付行将注明付款提示的交单面函（寄单通知书）及单据寄开证行或保兑行索偿资金。因为信用证本来是应该开证行或保兑行付款的，议付行替开证行或保兑行提前支付了，故可以向开证行或保兑行索偿。

（2）议付行议付时，必须与受益人书面约定是否有追索权。若约定有追索权，到期不获付款，议付行可向受益人追索。若约定无追索权，到期不获付款，议付行不得向受益人追索，但议付行与受益人约定的例外情况或受益人存在信用证欺诈的情形除外。索偿对象：开证行或保兑行；追索对象：受益人。

8. 寄单索款

（1）受益人委托交单行交单，应在信用证交单期和有效期内填制信用证交单委托书，并提交单据和信用证正本及信用证通知书、信用证修改书正本及信用证修改通知书（如有）。交单行应在收单次日起5个营业日内对其审核相符的单据寄单。

（2）受益人直接交单时，应提交信用证正本及信用证通知书、信用证修改书正本及信用证修改通知书（如有）、开证行（保兑行、转让行、议付行）认可的身份证明文件。

9. 付款

（1）开证行或保兑行在收到交单行寄交的单据及交单面函（寄单通知书）或受益人直接递交的单据的次日起5个营业日内，及时核对是否为相符交单。

（2）单证相符或单证不符但开证行或保兑行接受不符点的，对即期信用证，应于收到单据次日起5个营业日内支付相应款项给交单行或受益人（受益人直接交单时，下同）；对远期信用证，应于收到单据次日起5个营业日内发出到期付款确认书，并于到期日支付款项给交单行或受益人。

（3）若受益人提交了相符单据或开证行已发出付款承诺，即使申请人交存的保证金及其存款账户余额不足支付，开证行仍应在规定的时间内付款。

【例6-6】信用证受益人提交了相符单据，但申请人交存的保证金及其存款账户余额不足支付的，开证行有权拒绝付款。（　　）

【答案】×

【解析】若受益人提交了相符单据或开证行已发出付款承诺，即使申请人交存的保证金及其存款账户余额不足支付，开证行仍应在规定的时间内付款。

10. 注销

（1）信用证注销是指开证行对信用证未支用的金额解除付款责任的行为。

（2）开证行、保兑行、议付行未在信用证有效期内收到单据的，开证行可在信用证逾有效期1个月后予以注销。

（3）其他情况下，须经开证行、已办理过保兑的保兑行、已办理过议付的议付行、已办理过转让的转让行与受益人协商同意，或受益人、保兑行（议付行、转让行）声明同意注销信用证，并与开证行就全套正本信用证收回达成一致后，信用证方可注销。

【例6-7】小张准备参加全国会计专业技术资格考试，正在复习有关信用证的知识点。下面是他正在做的几道判断题，他拿不准，准备请教别人。如果向你请教，你如何解答？

（1）信用证可用于支取现金。

（2）信用证开证申请人可以是个人。

（3）信用证付款期限最长不超过9个月。

（4）信用证结算方式可以用于转账，也可以支取现金。

（5）信用证开证行可要求申请人交存一定数额的保证金，但不得要求申请人提供其他任何形式的担保。

（6）信用证未明示可议付，任何银行不得办理议付。

（7）信用证明示可议付，如开证行仅指定一家议付行，被指定的议付行应当办理议付。

【解析】（1）信用证只限于转账结算，不得支取现金。该说法错误。

（2）信用证结算适用于银行为国内企事业单位之间货物和服务贸易提供的结算服务。该说法错误。

（3）信用证付款期限最长不超过1年。该说法错误。

（4）该说法正确。

（5）开证行可要求申请人交存一定数额的保证金，并可根据申请人资信情况要求其提供抵押、质押、保证等合法有效的担保。该说法错误。

（6）该说法正确。

（7）信用证明示可议付，如开证行仅指定一家议付行，未被指定为议付行的银行不得办理议付，被指定的议付行"可自行决定"是否办理议付。该说法错误。

第四节 银行卡

一、银行卡的概念和分类

银行卡是指由商业银行（含邮政金融机构，下同）向社会发行的具有消费信用、转账结算、存取现金等全部或部分功能的信用支付工具。银行卡可以按不同标准加以分类。

（1）按是否具有透支功能，分为信用卡和借记卡，信用卡可以透支，借记卡不具备透支功能。

信用卡按是否向发卡银行交存备用金，分为贷记卡、准贷记卡两类。①贷记卡是指发卡银行给予持卡人一定的信用额度，持卡人可在信用额度内先消费、后还款的信用卡。②准贷记卡是指持卡人须先按发卡银行要求交存一定金额的备用金，当备用金余额不足支付时，可在发卡银行规定的信用额度内透支的信用卡。

借记卡不具备透支功能，按功能的不同分为转账卡（含储蓄卡，下同）、专用卡、储值卡。①转账卡是实时扣账的借记卡，具有转账结算、存取现金和消费功能。②专用卡是具有专门用途、在特定区域使用的借记卡，具有转账结算、存取现金功能。专门用途是指在百货、餐饮、饭店、娱乐行业以外的用途。③储值卡是发卡银行根据持卡人要

求将其资金转至卡内储存，交易时直接从卡内扣款的预付钱包式借记卡。

（2）按币种不同，分为人民币卡、外币卡。外币卡是以外币作为清算货币的银行卡。

（3）按发行对象不同，分为单位卡（商务卡）、个人卡。

（4）按信息载体不同，分为磁条卡、芯片（IC）卡。

二、银行卡账户

1. 银行卡申领

个人申领银行卡（储值卡除外），应当向发卡银行提供公安部门规定的本人有效身份证件，经发卡银行审查合格后，为其开立记名账户；银行卡及其账户只限经发卡银行批准的持卡人本人使用，不得出租和转借。

凡在中国境内金融机构开立基本存款账户的单位，应当凭中国人民银行核发的开户许可证申领单位卡。

单位或个人申领信用卡，应按规定填制申请表，连同有关资料一并送交发卡银行，对符合条件的，发卡银行为申领人开立信用卡账户，并发给信用卡。单位卡可申领若干张，持卡人资格由申领单位法定代表人或其委托的代理人书面指定和注销。

单位或个人领取信用卡，应按规定向发卡银行交存备用金。发卡银行可根据申请人的资信程度，要求其提供担保。担保的方式可采用保证、抵押或质押。

凡具有完全民事行为能力的公民可申领个人卡。个人卡的主卡持卡人可为其配偶及年满18周岁的亲属申领附属卡，附属卡最多不得超过两张，主卡持卡人有权要求注销其附属卡。

2. 银行卡的资金来源

单位人民币卡账户的资金一律从其基本存款账户转账存入，不得存取现金，不得将销货收入存入单位卡账户。单位外币卡账户的资金应从其单位的外汇账户转账存入，不得在境内存取外币现钞。

个人人民币卡账户的资金以其持有的现金存入或以其工资性款项、属于个人的合法的劳务报酬、投资回报等收入转账存入。个人外币卡账户的资金以其个人持有的外币现钞存入或从其外汇账户（含外钞账户）转账存入。该账户的转账及存款均按国家外汇管理局《个人外汇管理办法》办理。

三、银行卡的注销与丧失

1. 银行卡的注销

信用卡持卡人还清透支本息后，属于下列情况之一的可以办理销户：①信用卡有期满45天后，持卡人不更换新卡的。②信用卡挂失满45天后，没有附属卡又不更换新卡的。③信誉不佳，被列入止付名单，发卡银行已收回其信用卡45天的。④持卡人因故死亡，发卡银行已回收其信用卡45天的。⑤持卡人要求销户或担保人撤销提保，并已交回全部信用卡45天的。⑥信用卡账户两年（含）以上未发生交易的。⑦持卡人违反其他规定，发卡银行认为应该取消资格的。

发卡银行办理销户，应当收回信用卡。有效卡无法收回的，应当将其止付。销户时，单位卡账户余额转入该单位的基本存款账户，不得提取现金，单位外币卡账户的资金应当转回相应的外汇账户，不得提取现金。

发卡行受理注销之日起45日后，被注销信用卡账户方能清户。

2. 银行卡丧失的补救

信用卡遗失或被盗，持卡人应立即持本人身份证或其他有效证明，就近向发卡银行或代办银行申请挂失，并按规定提供有关情况，办理挂失手续。持卡人申请挂失后，找回信用卡的，可申请撤销挂失。

四、银行卡交易的基本规定

（1）单位人民币卡可办理商品交易和劳务供应款项的结算，但不得透支。单位卡不得支取现金。

（2）信用卡可以办理预借现金业务，包括现金提取、现金转账和现金充值。现金提取是指持卡人通过柜面和自动柜员机等自助机具，以现钞形式获得信用卡预借现金额度内资金；现金转账是指持卡人将信用卡预借现金额度内资金划转到本人银行结算账户；现金充值是指持卡人将信用卡预借现金额度内资金划转到本人在非银行支付机构开立的支付账户。

信用卡持卡人通过ATM等自助机具办理现金提取业务，每卡每日累计不得超过1万元；持卡人通过柜面办理现金提取业务，通过各类渠道办理现金转账业务的每卡每日限额，由发卡机构与持卡人通过协议约定；发卡机构可自主确定是否提供现金充值服务，并与持卡人协议约定每卡每日限额。发卡机构不得将持卡人信用卡预借现金额度内资金划转至其他信用卡，以及非持卡人的银行结算账户或支付账户。发卡银行应当对借记卡持卡人在自动柜员机（ATM机）取款设定交易上限，每卡每日累计提款不得超过2万元。储值卡的面值或卡内币值不得超过1000元。

（3）贷记卡持卡人非现金交易可享受免息还款期和最低还款额待遇，银行记账日到发卡银行规定的到期还款日之间为免息还款期，持卡人在到期还款日前偿还所使用全部银行款项有困难的，可按照发卡银行规定的最低还款额还款。持卡人透支消费享受免息还款期和最低还款额待遇的条件和标准等由发卡机构自主确定。

（4）发卡银行通过下列途径追偿透支款项和诈骗款项：①扣减持卡人保证金、依法处理抵押物和质物。②向保证人追索透支款项。③通过司法机关的诉讼程序进行追偿。

五、银行卡的计息与收费

发卡银行对准贷记卡及借记卡（不含储值卡）账户内的存款，按照中国人民银行规定的同期同档次存款利率及计息办法计付利息。发卡银行对贷记卡账户的存款、储值卡（含 IC 卡的电子钱包）内的币值不计付利息。

对信用卡透支利率实行上限和下限管理，透支利率上限为日利率的 0.5‰，下限为日利率 0.5‰的 0.7 倍。信用卡透支的计结息方式，以及对信用卡溢缴款是否计付利息及其利率标准，由发卡机构自主确定。

发卡机构应在信用卡协议中以显著方式提示信用卡利率标准和计息结息方式、免息还款期和最低还款额待遇的条件和标准，以及向持卡人收取违约金的详细情形和收取标准等与持卡人有重大利害关系的事项，确保持卡人充分知悉并确认接受。其中，对于信用卡利率标准，应注明日利率和年利率。发卡机构调整信用卡利率的，应至少提前 45 个自然日按照约定方式通知持卡人。持卡人有权在新利率标准生效之日前选择销户，并按照已签订的协议偿还相关款项。

对于持卡人违约逾期未还款的行为，发卡机构应与持卡人通过协议约定是否收取违约金，以及相关收取方式和标准。发卡机构向持卡人提供超过授信额度用卡的，不得收取超限费。

发卡机构对向持卡人收取的违约金和年费、取现手续费、货币兑换费等服务费用不得计收利息。

六、银行卡收单

（一）银行卡收单业务的概念

银行卡收单业务是指收单机构与特约商户签订银行卡受理协议，在特约商户按约定受理银行卡并与持卡人达成交易后，为特约商户提供交易资金结算服务的行为。

收单机构包括从事银行卡收单业务的银行业金融机构，获得银行卡收单业务许可、为实体特约商户提供银行卡受理并完成资金结算服务的支付机构，以及获得网络支付业务许可、为网络特约商户提供银行卡受理并完成资金结算服务的支付机构。

（二）结算收费

（1）发卡机构收取的发卡行服务费不区分商户类别，实行政府指导价、上限管理，并对借记卡、贷记卡差别计费。费率水平降低为借记卡交易不超过交易金额的 0.35%，贷记卡交易不超过 0.45%。

（2）银行卡清算机构收取的网络服务费不区分商户类别，实行政府指导价、上限管理，分别向收单、发卡机构计收。费率水平降低为不超过交易金额的 0.065%，由发卡、收单机构各承担 50%（即分别向发卡、收单机构计收的费率均不超过交易金额的 0.0325%）。

（3）发卡机构收取的发卡行服务费，借记卡交易单笔收费金额不超过 13 元，贷记卡交易不实行单笔收费封顶控制。银行卡清算机构收取的网络服务费不区分借、贷记卡，单笔交易的收费金额不超过 6.5 元（分别向收单、发卡机构计收时，单笔收费金额均不超过 3.25 元）。

（4）对非营利性的医疗机构、教育机构、社会福利机构、养老机构、慈善机构刷卡交易，实行发卡行服务费、网络服务费全额减免。

（5）收单机构收取的收单服务费实行市场调节价，由收单机构与商户协商确定具体费率。

（三）银行卡收单业务管理规定

（1）收单机构应当对特约商户实行实名制管理，严格审核特约商户的营业执照等证明文件，以及法定代表人或负责人有效身份证件等申请材料。特约商户为自然人的，收单机构应当审核其有效身份证件。特约商户使用单位银行结算账户作为收单银行结算账户的，收单机构还应当审核其合法拥有该账户的证明文件。

（2）收单机构应当与特约商户签订银行卡受理协议，明确可受理的银行卡种类、开通的交易类型、收单银行结算账户的设置和变更、资金结算周期、结算手续费标准、差错和争议处理等事项。

（3）收单机构应当对实体特约商户收单业务进行本地化经营和管理，不得跨省（区、市）域开展收单业务。

（4）收单机构应当综合考虑特约商户的区域和行业特征、经营规模、财务和资信状况等因素，对实体特约商户、网络特约商户分别进行风险评级。收单机构应当对风险等级较高的特约商户开通的受理卡种和交易类型进行限制，并采取强化交易监测、设置交易限额、延迟结算、增加检查频率、建立特约商户风险准备金等风险管理措施。

（5）收单机构应当建立特约商户检查制度，明确检查频率、检查内容、检查记录等管理要求，落实检查责任。收单机构应当建立收单交易风险监测系统，对可疑交易及时核查并采取有效措施。

（6）收单机构应当建立特约商户收单银行结算账户设置和变更审核制度，严格审核设置和变更申请材料的真实性、有效性。特约商户的收单银行结算账户应当为其同名单位银行结算账户，或其指定的、与其存在合法资金管理关系的单位银行结算账户。特约商户为个体工商户和自然人的，可使用其同名个人银行结算账户作为收单银行结算账户。

（7）收单机构应当建立资金结算风险管理制度，不得挪用特约商户待结算资金。

（8）收单机构应当根据交易发生时的原交易信息发起银行卡交易差错处理、退货交易，将资金退至持卡人原银行卡账户。若持卡人原银行卡账户已撤销的，应当退至持卡人指定的本人其他银行账户。

（9）收单机构发现特约商户发生疑似银行卡套现、洗钱、欺诈、移机、留存或泄露持卡人账户信息等风险事件的，应当对特约商户采取延迟资金结算、暂停银行卡交易或收回受理终端（关闭网络支付接口）等措施，并承担因未采取措施导致的风险损失责

任。发现涉嫌违法犯罪活动的，应当及时向公安机关报案。

第五节 电子支付

电子支付是指单位、个人直接或授权他人通过电子终端发出支付指令，实现货币支付与资金转移的行为。电子支付按照支付指令的发起方式分为网上支付、电话支付、移动支付、销售点终端交易、自动柜员机交易和其他电子支付。

电子支付服务的提供方主要是银行和支付机构，银行电子支付的方式主要是网上银行（包括手机银行）和条码支付，支付机构的电子支付方式主要是网络支付、条码支付。

一、网上银行

（一）网上银行的概念

网上银行（Internetbank or E-bank）也称网络银行、在线银行，简称网银。网上银行包含两个方面的含义：一是机构概念，指通过网络办理业务的银行；二是业务概念，指银行通过网络提供的金融服务，包括传统银行业务和借助现代信息技术办理的新兴业务。我们平常使用的网上银行概念，通常是业务概念，即网上银行服务的概念。

网上银行就是银行在互联网上设立虚拟银行柜台，使开户、查询、对账、转账、信贷、网上证券、投资理财等传统银行服务不再通过物理的银行分支机构来实现，而是借助于网络与信息技术手段在互联网上实现。由于它不受时间、空间的限制，能够在任何时间（Anytime）、任何地点（Anywhere），以任何方式（Anyway）为客户提供金融服务，因此，网上银行又被称为"3A银行"。

（二）网上银行的分类

网上银行可以按照不同的标准加以分类。

1. 按有无实体营业网点，分为纯网上银行和分支型网上银行

纯网上银行是完全依赖于互联网的虚拟电子银行，一般只有一个办公地址，没有分支机构，也没有营业网点，而是借助互联网等手段与客户建立密切的联系，为客户提供全方位的金融服务。

分支型网上银行是指传统的实体银行利用互联网这一新的服务手段，建立银行站点，提供在线服务而设立的网上银行，实际上是传统银行服务在互联网上的延伸。分支型网上银行是网上银行的主要形式。

2. 按服务对象，分为企业网上银行和个人网上银行

企业网上银行主要服务于企事业单位。企事业单位通过企业网络银行可以实时了解财务状况，及时调度资金，轻松处理工资发放和大批量的网络支付业务。

个人网上银行主要适用于个人与家庭，个人可以通过它实现实时查询、转账、支付等功能。

（三）网上银行的主要功能

1. 个人网上银行的功能

（1）账户管理。使用账户管理功能，可以追加网银账户、电子回单、网银交易查询、电子工资单、跨行账户管理等功能管理自己的账户。

（2）缴费支付。使用个人网上银行，可以实现网上缴费、账单支付、网上支付交易查询等缴费支付功能。

（3）转账汇款。网上银行可以提供快捷转账、批量转账、漫游汇款、网银账户互转、单笔转账、收款方管理、自动转账、资金归集、跨行转账等转账汇款功能。银行卡客户还可以进行银证转账，实现银行转证券、证券转银行以及查询证券资金余额等功能。

（4）信用卡业务。信用卡业务包括信用卡登记、账户信息查询、账单查询、交易明细查询、信用卡自助还款、约定还款设置、购汇还款、自助购汇还款设置信用卡激活、查询密码修改、挂失补卡、积分查询、积分兑换、申请调整临时/永久额度、设置电子账单等服务。

（5）个人贷款。个人贷款业务为客户提供个人自助循环贷款、农户小额贷款和普通贷款等服务。

（6）投资理财。客户可以通过基金、理财产品、双利丰、通知存款、第三方存管、银期转账、外汇宝、记账式债券、定活通等功能进行投资理财。

（7）B2C（Business to Customer）网上支付。B2C即商业机构对消费者的电子商务，指的是企业与消费者之间进行的在线式零售商业活动（包括网上购物和网上拍卖等）。个人客户在申请开通网上支付功能后，能够使用本人的银行卡进行网上购物后的电子支付。

2. 企业网上银行的功能

（1）账户管理。客户可对在网上银行中注册的所有账户进行账务查询、账户间的转账；同时还可以进行行内汇款、跨行汇款和批量转账操作。

（2）支付指令。支付指令业务能够为客户提供集团、企业内部各分支机构之间的账务往来，同时也能提供集团、企业之间的账务往来，并且支持集团、企业向他行账户进行付款。

（3）B2B（Business to Business）网上支付。B2B即企业之间进行的电子商务活动。网上银行能够为客户提供网上B2B支付平台。

（4）批量支付。批量支付业务能够为企业客户提供批量付款、代发工资、一付多收等批量支付功能。

（5）企业网上银行还具有电子商业汇票的主要功能，客户可在网上出票、承兑、收票、保证签收、背书、质押、贴现、提示付款和追索等。

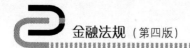

3. 网上银行主要业务流程及交易时的身份认证

（1）客户开户流程。客户开通网上银行有两种方式：一是前往银行柜台办理；二是先在网上自助申请，后到柜台签约。开户时，必须出具身份证或有关证件，并遵守有关实名制规定。

（2）网上银行的一般业务流程。

1）客户使用浏览器通过互联网连接到网银中心，发出网上交易请求。

客户需要事先在开户银行开通网上银行功能，注册网银账号。接入该银行的网银中心，电脑端一般是通过银行的官方网站接入，手机端一般是通过该银行的专用 App 接入。

2）网银中心接收并审核客户的交易请求，并将交易请求转发给相应成员行的业务主机。

3）成员行业务主机完成交易处理，并将处理结果返回给网银中心。

4）网银中心对交易结果进行再处理后，返回相应信息给客户。

4. 使用网上银行交易时的身份认证

交易时，银行采用下列方式验证用户的身份：

（1）密码。密码和账号相符即可付款。使用这种方式，安全等级最低。

（2）文件数字证书。文件数字证书事先安装在电脑或手机中，已安装文件数字证书的用户只需输入密码即可，未安装的无法付款。

（3）动态口令卡。交易时，银行会随机询问口令卡上某行某列的数字，正确地输入对应的数字便可成功付款。

（4）动态手机口令。交易时，银行会向客户预留的手机以短信形式发送验证码，输入该验证码便可成功付款。

（5）移动口令牌。付款时只需按移动口令牌上的键，就会出现当前代码，一分钟内在网上银行付款时可以凭此编码付款。

（6）移动数字证书。如中国农业银行的 K 宝、中国工商银行的 U 盾、中国建设银行的网银盾等。

二、网络支付

（一）网络支付的概念

网络支付①是指经过中国人民银行批准的非银行支付机构（以下简称"支付机构"），借助通信、计算机和信息安全技术，采用与各大银行签约的方式，在用户与银行支付结算系统间建立连接的电子支付模式，其中通过手机端进行的，称为移动支付。网络支付，本质上是一种新型的支付手段，是互联网技术与传统金融支付的有机

---

① 银行和支付机构都属于网络支付服务的提供方，本书为了表述方便，所提到的"网络支付"仅指支付机构提供的网络支付。

融合。

根据中国人民银行的有关规定，非金融机构提供支付服务，应当取得《支付业务许可证》，成为支付机构。未经中国人民银行批准，任何非金融机构和个人不得从事或变相从事支付业务。目前，国内网络支付品牌，主要有支付宝、微信支付、银联商务、拉卡拉、财付通等。

（二）支付机构的种类

提供网络支付的支付机构主要有金融型支付企业和互联网型支付企业两类。

1. 金融型支付企业

金融型支付企业是以银联商务、快钱、易宅支付、拉卡拉等为典型代表的独立第三方支付模式，这些第三方支付企业不负有担保功能，仅仅为用户提供支付产品和支付系统解决方案，侧重行业需求和开拓行业应用，是立足于企业端的支付机构。

2. 互联网型支付企业

互联网型支付企业是以支付宝、财付通等为典型代表的、依托于自有的电子商务网站并提供担保功能的第三方支付模式，以在线支付为主，是立足于个人消费者端的支付机构。

（三）支付账户的开户要求

（1）用户使用网络支付，需要首先在支付机构平台上注册支付账户。所谓支付账户，是指支付机构为客户开立的，用于记录预付交易资金余额、客户凭以发起支付指令、反映交易明细信息的电子簿记。支付账户名称一般是用户的手机号码，也可以另起名称。支付账户不得透支，不得出借、出租、出售，不得利用支付账户从事或者协助他人从事非法活动。

（2）支付机构为客户开立支付账户的，应当对客户实行实名制管理，登记并采取有效措施验证客户身份基本信息，按规定核对有效身份证件并留存有效身份证件复印件或者影印件。

（3）支付机构为单位开立支付账户，应当参照《人民币银行结算账户管理办法》的相关规定，要求单位提供相关证明文件，并自主或者委托合作机构以面对面方式核实客户身份或者以非面对面方式通过至少 3 个合法安全的外部渠道对单位基本信息进行多重交叉验证。

（4）支付机构在为单位和个人开立支付账户时，应当与单位和个人签订协议，约定支付账户与支付账户、支付账户与银行账户之间的日累计转账限额和笔数，超出限额和笔数的，当日内不得再办理转账业务。

（5）支付机构为个人开立支付账户的，同一个人在同一家支付机构只能开立一个Ⅲ类账户。

（四）网络支付的交易流程

网络支付的一般交易流程如下：

（1）开立账户。使用网络支付，客户必须在支付机构平台上开立账户，向支付机构平台提供银行卡、申请该张银行卡时预留的手机号、姓名、身份证等有关信息。

（2）账户充值。客户开户后，将银行卡和支付账户绑定。付款前，使用借记卡或信用卡将卡中资金划到自己的支付账户，成为支付账户的虚拟资金，这就是"充值"。当然，支付账户的资金也可以由其他支付账户转账存入。

（3）收付款。客户下单后，付款时，通过支付平台将自己支付账户中的虚拟资金划转到支付机构的支付平台暂存，待客户收到商品并确认后，支付平台会将款项划转到商家的支付账户中，支付行为完成。当收款人需要资金时，可以将账户中的虚拟资金再转入银行账户，兑成实体的银行存款。

【知识拓展】支付账户资金性质

支付账户所记录的资金余额不同于客户本人的银行存款，不受《存款保险条例》的保护，其实质为客户委托支付机构保管的、所有权归属于客户的预付价值。该预付价值对应的货币资金虽然属于客户，但不以客户本人名义存放在银行，而是以支付机构名义存放在银行，并且由支付机构向银行发起资金调拨指令。

（五）网络支付的具体支付流程（以网上购物支付宝付款为例）

1. 挑选商品并下订单

消费者即客户在电子商务网站（如淘宝网、当当网等）选购商品，与该商品的卖家在网上达成交易意向，并提交订单：约定商品的种类、规格、数量、单价等，提交收货人地址、电话等信息（收货人不一定是消费者本人），要求商家将商品寄到指定的地址交给指定的收货人。

2. 付款

付款有两种方式：其一，直接使用支付宝账户虚拟资金付款（包括余额、花呗等）。消费者选择支付宝"余额"付款的，账户中必须有和商品价格相应的"余额"，如无余额或者余额不足，应该先充值。其二，通过支付宝账户使用银行卡付款即"快捷支付"。使用快捷付款方式付款时，需要事先将银行卡和支付账户绑定（银行卡和支付账户必须属于同一个人名下）。付款时，输入银行使用短信发来的手机验证码以及该银行卡的密码，即可付款。

无论是使用支付宝付款，还是使用银行卡快捷付款，支付的款项都是先保存在支付宝平台的账户里，待交易成功后，款项才由支付宝平台转给商家。如果交易失败，则款项分别退还到客户的同一个支付宝账户和银行卡账户。

3. 通知商家发货

支付宝平台收到客户支付的货款后，就会通知商家该消费者已经付款，要求商家在规定时间内发货（这些都是系统自动完成的）。

4. 商家发货

商家收到支付宝平台发来的消费者已付款的通知后，按消费者所下订单发货，将商品交与快递单位发运。商品发货后，该商品的物流信息会在网站上做相应记录并即时更新，消费者可在网站上随时查看自己所购买的商品出库、发货及后续的物流状况；如果商家没有按照规定的时间发货，则支付宝平台会通知客户交易失败，并将货款划回给客户。

5. 收货、交易完成

消费者收到货物并确认后［如果消费者在规定的期限内（一般是 7 天内），不作收到货物与否的表示，则平台会默认消费者已经收到货物］，支付宝平台便将暂存在平台的款项划转到商家的支付宝账户，交易完成。

如果消费者对商品不满意，或者不是自己所要的规格等，或认为与商家承诺不符，可通知支付宝平台拒付货款并将货物退回商家，消费者已经支付的货款会退回自己的支付宝账户。商户需要资金时，可以将自己支付宝账户中的虚拟资金再转到银行卡账户，兑成实体的银行存款取出。

（六）网络支付的身份认证

使用网络支付方式付款时，为了保证客户资金的安全，必须对客户的身份进行严格认证，以防因账户密码失窃而给客户带来损失。支付机构可以组合选用下列三类要素，对客户使用支付账户付款进行身份验证：①仅客户本人知悉的要素，如静态密码等。②仅客户本人持有的，不可复制或者不可重复利用的要素，如经过安全认证的数字证书、电子签名，以及通过安全渠道生成和传输的一次性密码等。③客户本人生理特征要素，如指纹等。

支付机构应当确保采用的要素相互独立，部分要素的损坏或者泄露不应导致其他要素的损坏或者泄露。

三、条码支付

1. 条码支付的概念

条码支付是指银行、支付机构采用条码技术，实现收付款人之间货币资金转移的业务活动。条码支付分为付款扫码和收款扫码。付款扫码由付款人通过移动终端识读收款人展示的条码完成支付，收款扫码由收款人通过识读付款人移动终端展示的条码完成支付。

2. 条码支付交易的验证

（1）开展条码支付业务，应将客户用于生成条码的银行账户或支付账户、身份证件号码、手机号码进行关联管理。

（2）开展条码支付业务，可以组合选用下列三种要素进行支付的交易验证：①仅客户本人知悉的要素，如静态密码等。②仅客户本人持有并特有的，不可复制或不可重复利用的要素，如经过安全认证的数字证书、电子签名，以及通过安全渠道生成和传输的一次性密码等。③客户本人生物特征要素，如指纹等。

3. 条码支付限额

（1）风险防范能力达到 A 级，即采用包括数字证书或电子签名在内的两类（含）以上有效要素对交易进行验证的，可与客户通过协议自主约定单日累计限额。

（2）风险防范能力达到 B 级，即采用不包括数字证书、电子签名在内的两类（含）以上有效要素对交易进行验证的，同一客户单个银行账户或所有支付账户单日累计交易

金额应不超过 5000 元。

（3）风险防范能力达到 C 级，即采用不足两类要素对交易进行验证的，同一客户单个银行账户或所有支付账户单日累计交易金额应不超过 1000 元。

（4）风险防范能力达到 D 级，即使用静态条码的，同一客户单个银行账户或所有支付账户单日累计交易金额应不超过 500 元。

银行、支付机构提供收款扫码服务应使用动态条码，通过设置条码有效期和使用次数等，以防止条码被重复使用导致重复扣款，确保条码真实有效。

4. 条码支付管理规定

（1）银行、支付机构拓展条码支付特约商户，应遵循"了解你的客户"原则，确保所拓展的是依法设立、合法经营的特约商户。

（2）银行、支付机构拓展特约商户应落实实名制规定，严格审核特约商户的营业执照等证明文件、法定代表人（单位负责人）的有效身份证件等申请材料，确认申请材料的真实性、完整性、有效性，并留存申请材料的影印件或复印件。

（3）以同一个身份证件在同一家收单机构办理的全部小微商户基于信用卡的条码支付收款金额，日累计不超过 1000 元，月累计不超过 10000 元。银行、支付机构应当结合小微商户风险等级动态调整交易卡种、交易限额、结算周期等，强化对小微商户的交易监测。

（4）银行、支付机构应当对实体特约商户条码收单业务进行本地化经营和管理，不得跨省（区、市）开展条码收单业务。

（5）银行、支付机构应建立全面风险管理体系和内部控制机制，提升风险识别能力，采取有效措施防范风险，及时发现、处理可疑交易信息及风险事件。

（6）银行、支付机构应建立条码支付交易风险监测体系，及时发现可疑交易，并采取阻断交易、联系客户核实交易等方式防范交易风险。银行、支付机构发现特约商户发生疑似套现、洗钱、恐怖融资、欺诈、留存或泄露账户信息等风险事件的，应对特约商户采取延迟资金结算、暂停交易、冻结账户等措施，并承担因未采取措施导致的风险损失责任。发现涉嫌违法犯罪活动的，应及时向公安机关报案。

（7）银行、支付机构或其外包服务机构、条码支付特约商户发生涉嫌重大支付违法犯罪案件或重大风险事件的，应当于 2 个工作日内报告人民银行或其分支机构。

四、预付卡

（一）预付卡的概念和分类

（1）预付卡是指发卡机构以特定载体和形式发行的、可在发卡机构之外购买商品或服务的预付价值。

（2）预付卡按发卡时是否记载持卡人身份信息，分为记名预付卡和不记名预付卡。记名预付卡是指预付卡业务处理系统中记载持卡人身份信息的预付卡。不记名预付卡是指预付卡业务处理系统中不记载持卡人身份信息的预付卡。

（3）预付卡按发卡人不同，可分为多用途预付卡和单用途预付卡。多用途预付卡是专营发卡机构发行的，可跨地区、跨行业、跨法人使用的预付卡；单用途预付卡是商业企业发行的，只在本企业或同一品牌连锁商业企业购买商品、服务的预付卡。

（二）预付卡使用基本规定

1. 预付卡限额

发卡机构发行的预付卡应当以人民币计价，单张记名预付卡资金限额不超过 5000 元，单张不记名预付卡资金限额不超过 1000 元。中国人民银行可视情况调整预付卡资金限额。

2. 预付卡有效期

记名预付卡应当可挂失，可赎回，不得设置有效期。

不记名预付卡不挂失，不赎回，依法另有规定的除外。不记名预付卡有效期不得低于 3 年。预付卡不得具有透支功能。

发卡机构发行销售预付卡时，应向持卡人告知预付卡的有效期及计算方法。超过有效期尚有资金余额的预付卡，发卡机构应当提供延期、激活、换卡等服务，保障持卡人继续使用。

3. 预付卡办理

预付卡卡面应当记载预付卡名称、发卡机构名称、是否记名、卡号、有效期限或有效期截止日、持卡人注意事项、客户服务电话等要素。

个人或单位购买记名预付卡或一次性购买不记名预付卡 1 万元以上的，应当使用实名并提供有效身份证件。发卡机构应当识别购卡人、单位经办人的身份，核对有效身份证件，登记身份基本信息，并留存有效身份证件的复印件或影印件。代理他人购买预付卡的，发卡机构应当采取合理方式确认代理关系，核对代理人和被代理人的有效身份证件，登记代理人和被代理人的身份基本信息，并留存代理人和被代理人的有效身份证件的复印件或影印件。

使用实名购买预付卡的，发卡机构应当登记购卡人姓名或单位名称、单位经办人姓名、有效身份证件名称和号码、联系方式、购卡数量、购卡日期、购卡总金额、预付卡卡号及金额等信息。对于记名预付卡，发卡机构还应当在预付卡核心业务处理系统中记载持卡人的有效身份证件信息、预付卡卡号、金额等信息。

单位一次性购买预付卡 5000 元以上，个人一次性购买预付卡 50000 元以上的，应当通过银行转账等非现金结算方式购买，不得使用现金，并且付款人银行账户名称和购卡人名称应当一致。发卡机构应当核对账户信息和身份信息的一致性，在预付卡核心业务处理系统中记载付款人银行账户名称和账号、收款人银行账户名称和账号、转账金额等信息。

购卡人不得使用信用卡购买预付卡。

4. 预付卡充值

预付卡只能通过现金、银行转账方式进行充值。同时获准办理"互联网支付"业务的发卡机构，还可通过持卡人在本发卡机构开立的实名网络支付账户进行充值。

不得使用信用卡为预付卡充值。办理一次性金额5000元以上预付卡充值业务的，不得使用现金。单张预付卡充值后的资金余额不得超过规定限额。预付卡现金充值应当通过发卡机构网点进行，但单张预付卡同日累计现金充值在200元以下的，可通过自助充值终端、销售合作机构代理等方式充值，收取的现金应当直接存入发卡机构备付金银行账户。

5. 预付卡的使用

预付卡不得用于或变相用于提取现金；不得用于购买、交换非本发卡机构发行的预付卡、单一行业卡及其他商业预付卡或向其充值；卡内资金不得向银行账户或向非本发卡机构开立的网络支付账户转移。

预付卡不得用于网络支付渠道，下列情形除外：①缴纳公共事业费。②在本发卡机构合法拓展的实体特约商户的网络商店中使用。③同时获准办理"互联网支付"业务的发卡机构，其发行的预付卡可向在本发卡机构开立的实名网络支付账户充值，但同一客户的所有网络支付账户的年累计充值金额合计不超过5000元。

6. 预付卡赎回

记名预付卡可在购卡3个月后办理赎回，赎回时，持卡人应当出示预付卡及持卡人和购卡人的有效身份证件。由他人代理赎回的，应当同时出示代理人和被代理人的有效身份证件。单位购买的记名预付卡，只能由单位办理赎回。

发卡机构按照规定终止预付卡业务的，应当向持卡人免费赎回所发行的全部记名、不记名预付卡。赎回不记名预付卡的，发卡机构应当核实和登记持卡人的身份信息，采用密码验证方式的预付卡还应当核验密码，并保存赎回记录。

预付卡赎回应当使用银行转账方式，由发卡机构将赎回资金退至原购卡银行账户。用现金购买或原购卡银行账户已撤销的，赎回资金应当退至持卡人提供的与购卡人同名的单位或个人银行账户。单张预付卡赎回金额在100元以下的，可使用现金。

【本章参考法规】

1.《支付结算办法》（中国人民银行1997年9月19日发布）。

2.《人民币银行结算账户管理办法》（中国人民银行2003年4月10日发布）。

3.《银行卡业务管理办法》（中国人民银行1999年1月5日发布）。

4.《国内信用证结算办法》（中国人民银行、中国银行业监督管理委员会2016年4月27日发布）。

5.《中国人民银行关于改进个人银行账户服务 加强账户管理的通知》（中国人民银行2015年12月25日发布）。

6.《非金融机构支付服务管理办法》（中国人民银行2010年6月14日发布）。

7.《支付机构预付卡业务管理办法》（中国人民银行公告〔2012〕第12号，2012年9月27日公布）。

【课后练习】

一、单项选择题

1. 下列关于银行结算账户的表述中，正确的是（　　）。

A. 银行结算账户既包括人民币存款结算业务，也包括外币存款结算业务

B. 银行结算账户属于单位定期存款账户

C. 银行结算账户不同于储蓄账户

D. 银行结算账户仅限于单位存款人结算开立

2. 甲公司因结算需要，向乙银行申请开立一般存款账户。乙银行为该账户办理付款业务的起始时间是（　　）。

A. 正式开立该账户之日起

B. 向中国人民银行当地分支行备案之日起

C. 正式开立该账户之日起 3 个工作日后

D. 向中国人民银行当地分支行备案之日起 5 个工作日后

3. 根据支付结算法律制度的规定，下列关于基本存款账户的表述中，不正确的是（　　）。

A. 基本存款账户可以办理现金支取业务

B. 一个单位只能开立一个基本存款账户

C. 单位设立的独立核算的附属机构不得开立基本存款账户

D. 基本存款账户是存款人的主办账户

4. 江星有限责任公司在中国工商银行 A 市支行开立了基本存款账户，现因经营需要向中国建设银行 B 市分行申请贷款 100 万元，经审查同意办理贷款，其应在中国建设银行 B 市分行开立（　　）。

A. 基本存款账户　　B. 一般存款账户　　C. 临时存款账户　　D. 个人银行结算账户

5. 甲公司营业执照到期，经开户银行提示后在合理期限内仍未更新银行结算账户信息，且未提出合理理由。其开户银行应采取的措施是（　　）。

A. 中止甲公司账户办理业务

B. 将甲公司账户内资金转入久悬未取专户管理

C. 请求主管部门给予甲公司行政处罚

D. 要求甲公司限期撤销账户

6. 甲拟通过电子渠道申请开立两个个人银行存款账户，根据规定，下列选项中，甲可以成功开立的是（　　）。

A. Ⅰ类银行账户和Ⅱ类银行账户

B. Ⅰ类银行账户和Ⅲ类银行账户

C. Ⅱ类银行账户和Ⅲ类银行账户

D. 两个均为Ⅰ类银行账户

7. 王某购买了一张记名预付卡，根据支付结算法律制度的规定，该张预付卡的最高

限额是（　　）元。

 A. 5000   B. 50000   C. 10000   D. 1000

 8. 根据支付结算法律制度的规定，下列以汇兑方式结算的款项中，汇款人可以申请撤销的是（　　）。

 A. 汇出银行已经汇出的款项

 B. 汇入银行已经发出收账通知的款项

 C. 收款人拒绝接受的款项

 D. 汇出银行尚未汇出的款项

 9. 根据支付结算法律制度的规定，下列有关汇兑的表述中，正确的是（　　）。

 A. 汇兑每笔金额起点是 1 万元

 B. 汇款回单可以作为该笔汇款已转入收款人账户的证明

 C. 汇入银行对于已向收款人发出取款通知，经过 1 个月无法交付的汇款，应主动办理退汇

 D. 汇兑是汇款人委托银行将其款项支付给收款人的结算方式

 10. 下列关于张某为女儿李某申办信用卡的表述中，符合法律规定的是（　　）。

 A. 张某可以以自己的名义再办一张信用卡交由李某使用

 B. 李某申办信用卡需要父母提供相关担保

 C. 张某出示本人和李某的身份证即可为李某办理信用卡

 D. 李某不符合信用卡申领条件，不得申领

 11. 个人网上银行具体业务功能不包括（　　）。

 A. 账户信息查询   B. 人民币转账业务

 C. 外汇买卖业务   D. B2B 网上支付

 12. 消费者在超市购物，消费总金额为 500 元，通过支付宝扫码方式使用中信银行信用卡结账。根据支付结算法律制度的规定，下列说法正确的是（　　）。

 A. 支付宝属于银行卡清算机构

 B. 支付宝属于第三方支付机构

 C. 支付宝属于网上银行

 D. 消费者应支付收单结算手续费 1.9 元

 13. 王某使用甲支付机构发行的记名预付卡，可以办理的业务是（　　）。

 A. 在甲支付机构签约的特约商户消费

 B. 提取现金

 C. 将卡内资金转入信用卡还款

 D. 购买其他商业预付卡

 14. 下列关于国内信用证的表述中，正确的是（　　）。

 A. 可用于支取现金

 B. 开证申请人可以是个人

 C. 付款期限最长不超过 9 个月

D. 国内信用证为以人民币计价、不可撤销的跟单信用证

15. 下列关于国内信用证的说法中，错误的是（　　）。

A. 开证行可要求申请人交存一定数额的保证金，或提供其他形式的担保

B. 开证行、保兑行、议付行未在信用证有效期内收到单据的，开证行可在信用证逾有效期 1 个月后予以注销

C. 通知行只能由开证申请人指定

D. 可转让信用证可以部分转为由第二受益人兑用

二、多项选择题

1. 下列各项中，属于办理支付结算主体的有（　　）。

A. 城市信用合作社　　　　　　　　B. 个人

C. 单位　　　　　　　　　　　　　D. 个体工商户

2. 下列关于填写票据的各项表述中，正确的有（　　）。

A. 收款人名称不得记载规范化简称

B. 出票日期须使用中文大写

C. 金额应以中文大写和阿拉伯数码同时记载，且二者须一致

D. 收款人名称填写错误的应由原记载人更正，并在更正处签章证明

3. 下列关于银行结算账户的分类方式中，表述准确的有（　　）。

A. 按用途可分为基本存款账户、一般存款账户、专用存款账户和临时存款账户

B. 按存款人不同可分为个人银行结算账户和单位银行结算账户

C. 按存入币种不同可分为人民币结算账户和外币结算账户

D. 按存款期限不同可分为定期存款账户和活期存款账户

4. 根据支付结算法律制度的规定，下列情形中，存款人应向开户银行提出撤销银行结算账户申请的有（　　）。

A. 存款人被宣告破产的

B. 存款人因迁址需要变更开户银行的

C. 存款人被吊销营业执照的

D. 存款人被撤并的

5. 根据银行结算法律制度规定，下列关于委托收款结算方式的表述中，正确的有（　　）。

A. 银行在单位办理划款时，付款人存款账户不足支付的，应通知付款人交足存款

B. 单位凭已承兑的商业汇票办理款项结算，可以使用委托收款结算方式

C. 以银行以外的单位为付款人的，委托收款凭证必须记载付款人开户银行名称

D. 委托收款仅限于异地使用

6. 根据支付结算法律制度规定，关于信用卡计息和收费的下列表述中，不正确的有（　　）。

A. 发卡机构向信用卡持卡人按约定收取的违约金，不计收利息

B. 发卡机构向信用卡持卡人提供超过授信额度用卡的，应收取超限费

C. 发卡机构向信用卡持卡人收取的取现手续费，计收利息

D. 发卡机构向信用卡持卡人收取的年费，计收利息

7. 下列情形中，不属于线上支付的有（　　）。

A. 董某在机场购物，使用手机近端支付购物款

B. 吴某在超市购物，使用公交一卡通支付购物款

C. 周某在商场购物，通过 POS 机刷卡支付购物款

D. 郑某网上购物，通过支付宝支付购物款

8. 银行、支付机构应提升风险识别能力，采取有效措施防范风险，及时发现、处理可疑交易信息及风险事件，对于风险等级较高的特约商户，应当采取的措施有（　　）。

A. 建立特约商户风险准备金　　　　　B. 强化交易检测

C. 延迟清算　　　　　　　　　　　　D. 冻结账户

三、判断题

1. 存款人开立单位银行结算账户，自正式开立之日起就可使用该账户办理结算业务。（　　）

2. 一般存款账户既可办理现金缴存，也可办理现金支取。（　　）

3. 汇款回单是该笔汇款已转入收款人账户的法定证明。（　　）

4. 销户时，单位卡账户余额可以转入其基本存款账户，也可以提取现金。（　　）

5. 销户时，个人卡账户可以转账结清，也可以提取现金。（　　）

6. 根据支付结算法律制度的规定，国内信用证的开证申请人可以是个人。（　　）

7. 委托收款以单位为付款人的，银行收到委托收款凭证及债务说明，审查无误后应于当日将款项主动支付给收款人。（　　）

8. 未在银行开立存款账户的个人，不能办理委托收款业务。（　　）

9. 通过手机银行等电子渠道受理开户申请的，银行可为开户申请人开立Ⅰ类账户。（　　）

10. Ⅱ类支付账户，账户余额可以用于消费、转账以及购买投资理财等金融类产品，所有支付账户的余额付款交易年累计不超过 20 万元。（　　）

11. 甲在机场购物，使用手机微信支付购物款不属于线上支付。（　　）

12. 金融型支付企业依托于自有的电子商务网站并提供担保功能的第三方支付模式。（　　）

13. 在国内信用证中，通知行可自行决定是否通知。通知行同意通知的，应于收到信用证次日起 5 个营业日内通知受益人。（　　）

14. 信用证未明示不可议付的，任何银行都可以办理议付。（　　）

15. 信用证到期不获付款的，议付行有权向受益人追索。（　　）

四、案例题

【材料】（1）2020 年 1 月，张某为方便投资理财、网上购物等需求到 P 银行办理了一张借记卡，并开通了网上银行业务转入到期存款 20 万元。

（2）2021 年 2 月，张某在 P 银行申领一张信用卡用于日常生活消费。

（3）2021 年 8 月，因女儿李某（15 周岁）即将到外地上学，为方便其学习生活，张某拟为李某申办一张信用卡，到 Q 银行咨询相关事宜。

（4）2022 年 3 月，张某的信用卡丢失，因担心被盗刷，遂申请销户。

根据上述资料，不考虑其他因素，分析回答下列问题。

1. 张某通过网上银行可以办理的业务是（　　）。

A. 向李某的银行结算账户转账

B. 向张某的股票投资账户转账

C. 在某网站购物时向商家支付货款

D. 为张某的信用卡消费还款

2. 张某使用其信用卡可以办理的业务包括（　　）。

A. 通过银行柜面业务提取现金

B. 将该卡预借现金额度内的资金划转到张某本人的银行结算账户

C. 通过 ATM 等自助机具提取现金

D. 将该卡预借现金额度内的资金划到李某的银行结算账户

3. 关于张某为女儿李某申办信用卡的下列表述中，符合法律规定的是（　　）。

A. 张某可以以自己的名义再办一张信用卡交由李某使用

B. 李某申办信用卡需要父母提供相关担保

C. 张某出示本人和李某的身份证即可为李某办理信用卡

D. 李某不符合信用卡申领条件，不得申领

4. 关于张某信用卡销户事项表述中，符合法律规定的是（　　）。

A. 张某须还清该卡的全部透支利息

B. 张某须还清该卡的全部交易款项

C. P 银行受理注销之日起 45 日后，该卡账户方能清户

D. P 银行应收取该卡的销户手续费

第七章　票据法律制度

【学习目标】

掌握汇票、本票、支票等票据结算方式的具体规定；掌握票据的基本当事人、票据权利与义务、票据签章、票据行为、票据的伪造与变造；掌握支票、银行汇票、银行本票、商业汇票签发的相关规定；理解支票、银行汇票、银行本票、商业汇票办理的相关程序；理解电子商业汇票的相关规定；了解票据的概念及特征、功能。

【本章知识结构】

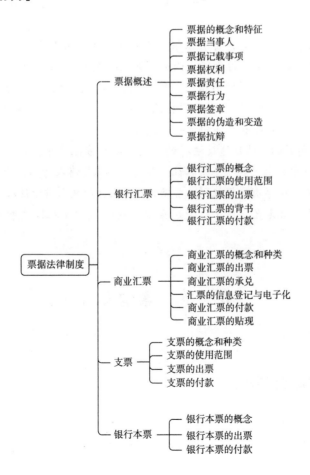

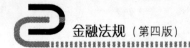

【案例导入】

乙公司向甲公司购买化肥，价值50万元，乙公司开具了一张银行承兑汇票，汇票上背书"不得背书转让"字样。甲公司在汇票到期日前将此汇票背书转让给丙公司，丙公司为了偿付货款，又将其背书转让给某农机厂。农机厂去银行提示付款，银行以该汇票上有不得背书转让的记载拒绝付款。农机厂向丙公司、甲公司和乙公司追索，均遭拒绝，农机厂无奈之下，将丙公司告上法庭。

回答下列问题：

（1）汇票上记载"不得转让"字样，甲公司、丙公司能否将此汇票转让？说明法律依据。

（2）本案中，甲公司和丙公司应承担什么责任？

（3）农机厂能否行使提示付款权和追索权？

（4）银行拒绝付款的做法是否正确？说明理由。

（5）农机厂应怎样实现其债权？

【解析】（1）《中华人民共和国票据法》规定：出票人在汇票上记载"不得转让"字样的汇票不得转让。甲公司不能将此票据转让给丙公司。丙公司亦不能将此票据转让给农机厂。

（2）甲公司在转让票据后，负有保证票据到期能够得到付款的责任，在票据不能得到付款时，应承担连带债务人的责任。丙公司须对此票据承担付款的责任。

（3）由于票据上记载不得背书转让，所以农机厂不能行使提示付款权。其追索权的行使也有一定限制。《中华人民共和国票据法》规定，记载有不得背书转让字样的票据，被背书人继续转让的，其后手不得向背书人追索。

（4）银行拒绝付款的做法不违反法律的规定。因为依照《中华人民共和国票据法》规定，票据的出票人在票据上记载"不得转让"字样，票据持有人背书转让的，背书行为无效。背书转让后的受让人不得享有票据权利，票据的出票人、承兑人对受让人不承担票据责任。

（5）农机厂可以向其直接前手行使追索权，或依《中华人民共和国票据法》的规定提起诉讼。

第一节 票据概述

一、票据的概念和特征

1. 票据的概念

票据有广义和狭义之分。广义的票据包括一切代表权利义务的书面凭证；狭义的票据仅指《中华人民共和国票据法》上规定的票据。《中华人民共和国票据法》规定的票据包括汇票、本票和支票。根据《中华人民共和国票据法》的规定，票据是由出票人签发的、约定自己或者委托付款人在见票时或指定的日期向收款人或持票人无条件支付一定金额的有价证券。票据的分类如图7-1所示。

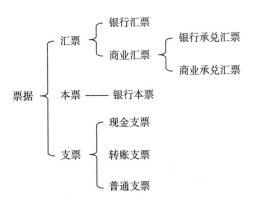

图7-1　票据的分类

2. 票据的特征

（1）票据是设权证券。票据的签发，不是为了证明已经存在的权利，而是为了创设一种权利。票据权利的发生必须首先作成票据，无票据即无票据权利。

（2）票据是债权证券。票据关系实质上是一种债权债务关系。票据持票人可以就票据上所载金额向特定债务人行使请求权。

（3）票据是要式证券。票据必须具备法定格式才能有效。除《中华人民共和国票据法》另有规定者外，不具备法定格式的，不发生票据效力。

（4）票据是文义证券。票据的一切权利与义务，必须严格依照票据上记载的文义而定，不得以票据以外的任何事由变更其效力。例如，票据上记载的出票日期与实际签发日期不一致时，以票据上记载的为准。

（5）票据是无因证券。票据关系一般不受原因关系的影响。票据的持票人行使票据权利时，以提示票据为必要，而不必证明其取得票据的原因，以及票据权利发生的原因。这些原因存在与否、有效与否，与票据权利原则上互不影响。票据的持票人仅依票据上所载文义就可以请求给付一定金额的货币。

（6）票据是流通证券。票据的转让可以依背书和交付的简单程序进行，不需经债务人同意。

（7）票据是缴回证券。票据债权人受领了票据金额后，必须将票据交还债务人，转移票据所有权，使票据关系消灭。

【知识拓展】票据的起源与发展

在我国，票据的起源最早可以追溯到唐代。唐宪宗（公元806—820年）时期，各地茶商交易频繁，但当时流通的货币是金、银、铜等金属，携带不便。为此，商人在京城把货币交给地方驻京的进奏院等机关，或者某些富商在各地设立的联号，由这些院、号发给商人半联票券，另半联票券则送往有关的院、号，持券的商人到目的地时，凭半联票券与当地的有关院、号进行"合券"，然后支取货币。

到宋代，出现了"便钱"和"交子"。宋太祖开宝三年（公元970年），官府设官号"便钱务"。商人要将钱带到外地的话，就将金属钱币交给"便钱务"，"便钱务"发给商人"便钱"，商人持"便钱"到达目的地后向当地官府提示付款。这种"便钱"类似于现代的汇票。宋真宗（公元998-1022年）时期，蜀地（今四川）富户联办"交子铺"，发行称为"交子"的票券，供作异地运送现款之用。后来，官府设"交子务"专办此事，发行"官交子"。"交子"类似于现代的本票。

明朝末年，山西地区商业发达，商人设立"票号"（又叫票庄、汇兑庄），在各地设立分号，经营汇兑及存放款业务，汇券、汇兑票、汇条、庄票、期票等类似现代汇票和本票的票券大为流行，票号逐渐演变为"钱庄"，19世纪中叶进入盛期。

清朝末年，伴随着西方银行业进入我国，外来票据制度逐渐取代了我国固有的票据规则，钱庄等趋于没落。1929年，国民政府制定票据法，规定票据为汇票、本票和支票，与西方国家票据制度接轨。

中华人民共和国成立后，票据一度限制使用，汇票、本票在国内不得使用，汇票仅限国际贸易中使用，个人不能使用支票，单位之间可以使用转账支票。进入20世纪80年代，随着改革开放深入，票据在我国的使用逐渐普遍起来，1996年颁布的《中华人民共和国票据法》，标志着我国的票据使用和发展进入了一个崭新的时期。

资料来源：王小能：《中国票据法律制度研究》，北京大学出版社1999年版。

二、票据当事人

票据当事人是指票据法律关系中享有票据权利、承担票据义务的当事人，也称票据法律关系主体。票据当事人可分为基本当事人和非基本当事人。

1. 基本当事人

基本当事人是指在票据作成和交付时就已存在的当事人，是构成票据法律关系的必要主体，包括出票人、收款人和付款人。

出票人是指依法定方式签发票据并将票据交付给收款人的人。支票的出票人为在银行开立支票存款账户的企业、组织或个人；银行本票的出票人为出票银行；银行汇票的出票人为银行；商业汇票的出票人为银行以外的企业或其他组织。

收款人是指据正面记载的票据到期后有权收取票据所载金额的人。

付款人是指由出票人委托付款或自行承担付款责任的人。支票的付款人是出票人的开户银行；银行本票的付款人是出票银行；银行汇票的付款人是出票银行或代理付款行；商业汇票的付款人是承兑人。

要注意区分票据中的付款人和交易中款项的实际支付者，二者一般是不一致的。比如支票，款项的实际支付者是出票人，付款人是出票人的开户银行。

2. 非基本当事人

非基本当事人是指在票据作成并交付后，通过一定的票据行为加入票据关系而享有一定权利、承担一定票据义务的当事人，包括承兑人、背书人、被背书人、保证人等。

承兑人是汇票的主债务人，是指接受汇票出票人的付款委托同意承担支付票据义务的人。

背书人是指在转让票据时，在票据背面或粘单上签字或盖章并将该票据交付给受让人的票据收款人或持有人。

被背书人是指被记名受让票据或接受票据转让的人。票据背书后，被背书人成为新的持有人，享有票据权利。

保证人是指为票据债务提供担保的人，由票据债务人以外的他人担当。保证人在被保证人不能履行票据付款责任时，以自己的金钱履行票据付款义务，然后取得持票人的权利，向票据债务人追索。

并非所有的票据当事人一定同时出现在某一张票据上，除基本当事人外，非基本当事人是否存在，取决于相应票据行为是否发生。不同票据上可能出现的票据当事人可能有所不同。

三、票据记载事项

票据记载事项分为绝对记载事项、相对记载事项、任意记载事项、不得记载事项等。

（1）绝对记载事项是指《中华人民共和国票据法》明文规定必须记载的，如不记载，票据即为无效的事项。如表明票据种类的事项，必须记明"汇票""本票""支票"，否则票据无效。不同的票据，其绝对记载事项有所不同。

（2）相对记载事项是指《中华人民共和国票据法》规定应该记载而未记载，适用法律的有关规定而不使票据失效的事项。如商业汇票上未记载付款日期的，视为见票即付；支票上未记载付款地的，以付款人的营业场所为付款地。

（3）任意记载事项是指《中华人民共和国票据法》不强制当事人必须记载而允许当事人自行选择，不记载时不影响票据效力，记载时则产生相应票据效力的事项。如出票人在汇票上记载"不得转让"字样的，则该汇票不得转让，持票人背书转让的，则受让人不享有票据权利。该"不得转让"事项即为任意记载事项。

（4）不得记载事项是指《中华人民共和国票据法》禁止行为人在票据上记载的事项，包括记载无效的事项和记载了将使票据无效的事项。记载无效的事项是指行为人虽作记载，但记载无效，票据效力不受影响。如支票上记载付款日期的，该记载无效，但支票本身仍然有效。使票据无效的事项是指行为人若记载了此类事项，不仅记载无效，而且导致票据无效。例如，在汇票上记载了附条件支付的委托，则该汇票将无效。

此外，票据上还可以记载非法定记载事项，但这些事项并不发生票据上的效力。如在支票用途栏记载的用途、汇票上记载的该项交易的合同号码等。

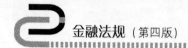

四、票据权利

1. 票据权利的概念和分类

票据权利是指票据持票人向票据债务人请求支付票据金额的权利，包括付款请求权和票据追索权。

（1）付款请求权又称主要票据权利，是指持票人向汇票的承兑人、本票的出票人、支票的付款人出示票据要求付款的权利，是第一顺序权利。行使付款请求权的持票人可以是票据记载的收款人或最后的被背书人；担负付款请求权付款义务的主要是主债务人。

（2）票据追索权又称偿还请求权，是指票据当事人行使付款请求权遭到拒绝或有其他法定原因存在时，向其前手请求偿还票据金额及其他法定费用的权利，是第二顺序权利。行使追索权的当事人除票据记载的收款人和最后被背书人外，还可能是代为清偿票据债务的保证人、背书人。

票据追索权是一种附条件的权利，持票人必须首先行使付款请求权，只有当付款请求权得不到实现时才可以行使追索权。但下列情况例外：①汇票被拒绝承兑的；②承兑人或者付款人死亡、逃匿的；③承兑人或者付款人被依法宣告破产的或者因违法被责令终止业务活动的。

如图7-2所示，A签发一张转账支票给B，甲银行为付款人，张三是B的保证人。B将票据背书转让了C，C享有票据权利，C应该首先向甲银行行使付款请求权。如果甲银行付款了，则C的票据权利得到了实现，票据上的一切权利和义务消灭。如果甲银行拒绝付款，就应将票据退给C，同时出具拒绝付款理由书，C的付款请求权得不到实现，就可以行使第二顺序的权利——追索权。行使追索权没有先后顺序之分。C可以向自己的所有前手追索，包括A、B和张三。假设C向张三行使追索权，张三将支票款项偿还给C后（相对于付款人叫"付款"，相对于其他被追索对象叫"清偿"或者"偿还"），张三还可以向被保证人B或者出票人A行使追索权。假设张三向B行使追索权，B清偿款项后还可以向A追索。

注意：追索只能向前手追索。

图7-2　票据追索示意图

2. 票据权利的取得

票据权利的取得也称票据权利的发生。持票人合法持有票据，即取得了票据权利。

当事人取得票据权利的主要方式有：①从出票人处取得。出票是创设票据权利的票据行为，从出票人处取得票据，即取得票据权利。②从持有票据的人处受让票据，即接受背书人的背书取得票据。③依税收、继承、赠与等方式获得票据。

票据的取得必须给付对价，即当事人一方在获得某种利益时，必须给付对方相应的对价。无对价或者无相当对价取得票据的，如果属于善意取得，仍然享有票据权利，但票据持有人必须承受其前手的权利瑕疵。如果前手的权利因违法或者有瑕疵而受影响或者丧失，该持票人的权利也因此受到影响或者丧失。因税收、继承、赠与依法无偿取得票据的，不受给付对价的限制。但是，所享有的票据权利不得优于其前手。

如图7-3所示，张三销售货物给甲公司，甲公司以支票付款给张三。李四盗窃张三支票，并将其赠送给女朋友小丽。小丽享有的票据权利不得优于其前手李四。由于李四是盗窃而取得票据，李四不享有票据权利，因此，小丽也不享有票据权利。

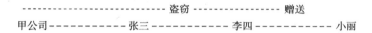

图7-3 票据权利取得示意图

票据权利的取得必须合法。单纯的占有票据，如因欺诈、偷盗、胁迫、恶意或者重大过失而取得票据的，不得享有票据权利。

【例7-1】甲偷盗所得某银行签发的金额为10000元的银行本票一张，并将该本票背书送给女友乙作生日礼物，乙不知该本票系甲偷盗所得，按期持票要求银行付款。假设银行知晓该本票系甲偷盗所得并送给乙，对于乙的付款请求，银行应拒绝付款吗？

【答案】银行应拒绝付款。

【解析】甲因偷盗而取得票据，不得享有票据权利。乙不知该本票系甲偷盗所得，属于善意、无对价取得本票，虽然享有票据权利，但必须承受其前手（甲）的权利瑕疵，甲不享有票据权利，因此，乙也不享有票据权利，银行应拒绝付款。

3. 票据权利丧失的补救

票据丧失是指由于持票人意志以外的原因而使其丧失对票据的占有。票据丧失分为绝对丧失和相对丧失，绝对丧失又称票据的灭失，指票据从物质形态上的丧失，如被火烧毁、被水洗烂等。相对丧失又称票据的遗失，是指票据在物质形态上没有发生变化，只是脱离了原持票人的占有，如票据丢失或被人盗窃或抢夺。票据丧失后，票据权利人可以采取挂失止付、公示催告、普通诉讼三种形式进行补救。

（1）挂失止付。挂失止付是指失票人将丧失票据的情况通知付款人或代理付款人，由接受通知的付款人或代理付款人审查后暂停支付的一种方式。只有确定付款人或代理付款人的票据丧失时，才可以进行挂失止付（因为挂失止付是向付款人或代理付款人提起的，如果付款人或代理付款人不确定，则权利人无从提起挂失止付），包括已承兑的

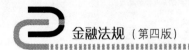

商业汇票、支票、填明"现金"字样的银行汇票和银行本票四种。

失票人通知票据的付款人或者代理付款人挂失止付时，应当填写挂失止付通知书并签章。挂失止付通知书应当记载下列事项：①票据丧失的时间和事由。②票据种类、号码、金额、出票日期、付款日期、付款人名称、收款人名称。③挂失止付人的名称、营业场所或者住所以及联系方法。

付款人或者代理付款人收到挂失止付通知书，应当立即暂停支付。付款人或者代理付款人自收到挂失止付通知书之日起 12 日内没有收到人民法院的止付通知书的，自第 13 日起，挂失止付通知书失效。

付款人或者代理付款人在收到挂失止付通知书前，已经依法向持票人付款的，不再接受挂失止付。

挂失止付并不是票据丧失后采取的必经措施，而只是一种暂时的预防措施，最终要通过申请公示催告或提起普通诉讼。挂失止付是为防票据被人冒领而采取的紧急措施，并不能起到和挂失银行存单相同的效果。银行存单挂失后，经过银行审核属实，存款人可以要求银行重新开具存单或者直接取出现金。但是，票据单纯挂失止付后，并不能恢复权利人的票据权利，必须还要经过公示催告或者普通诉讼程序才可以恢复其票据权利。所以，如果票据是绝对丧失，不存在被人冒领的风险，就不用挂失止付，直接申请公示催告或者提起普通诉讼。

（2）公示催告。公示催告是指在票据丧失后由失票人向人民法院提出申请，请求人民法院以公告方式通知不确定的利害关系人限期申报权利，逾期未申报者，则公示催告的该张票据权利失效，而由人民法院通过除权判决宣告所丧失的票据无效的一种制度或程序。

根据《中华人民共和国票据法》的规定，失票人应当在通知挂失止付后 3 日内，也可以在票据丧失后，依法向人民法院申请公示催告，或者向人民法院提起诉讼。申请公示催告的主体必须是可以背书转让的票据的最后持票人，失票人不知道票据的下落，利害关系人也不明确。

申请公示催告，必须向人民法院提交申请书，申请书内容包括：票面金额；出票人、持票人、背书人；申请的理由、事实；通知挂失止付的时间；付款人或代理付款人的名称、地址、电话。付款人与代理付款人收到止付通知应当立即止付，直至公示催告程序终结。在此期间，非经人民法院许可擅自解付不免除票据责任。

刊登公示催告的媒介应该是人民法院规定的全国性的报刊。公示催告的期间：国内票据自公告发布之日起 60 日，涉外票据根据具体情况适当延长，但最长不得超过 90 日。

公示催告期间，转让票据权利的行为无效，以公示催告的票据质押、贴现而接受该票据的持票人主张票据权利的，人民法院不予支持，但公示催告期间届满以后人民法院作出除权判决以前取得该票据的除外。

公示催告申请书　　　　公示催告利害关系人申报书　　　　公示催告除权判决书

（3）普通诉讼。普通诉讼是指丧失票据的失票人作为原告，以承兑人或出票人为被告，直接向人民法院提起民事诉讼，要求法院判令付款人向其支付票据金额的行为。如果与票据上的权利有利害关系的人是明确的，无须公示催告，可按一般的票据纠纷向法院提起诉讼。

4. 票据权利的消灭

票据权利的消灭是指因发生一定的法律事实而使票据权利消灭。票据权利消灭之后，票据上的债权债务关系随之消灭。票据权利基于以下原因而消灭：

（1）付款。付款人依法足额付款后，全体票据债务人的票据责任解除。

（2）票据时效期间届满。

此外，票据权利还可因民事债权的消灭事由如免除、抵消等的发生而消灭。

【例7-2】2021年6月5日，A公司向B公司签发一张金额为5万元的支票，B公司将支票背书转让给C公司。6月12日，C公司请求银行付款时，银行以A公司账户内只有5000元为由拒绝付款。C公司遂要求B公司付款，B公司于6月15日向C公司付清了全部款项。根据《中华人民共和国票据法》的规定，B公司应在何时向A公司行使再追索权？

【答案】B公司应在2021年12月5日之前向A公司行使再追索权。

【解析】因为持票人对支票出票人的权利，自出票之日起6个月不行使而消灭。故B公司应在2021年12月5日之前向A公司行使再追索权。

5. 票据权利时效

票据权利时效是指票据上的权利的消灭时效，即票据权利人如果在一定的时间内不行使票据权利，票据债务人就可以依票据权利人超过票据时效而拒绝履行票据义务。票据权利在下列期限内不行使而消灭（见图7-4）：

（1）持票人对票据的出票人和承兑人的权利，自票据到期日起2年；见票即付的汇票、本票，自出票日起2年。

（2）持票人对支票出票人的权利，自出票日起6个月。

（3）持票人对前手的追索权，自被拒绝承兑或者被拒绝付款之日起6个月。

（4）持票人对前手的再追索权，自清偿日或者被提起诉讼之日起3个月。

第（3）、第（4）两种情况所指的追索权，不包括对出票人、承兑人的追索权。

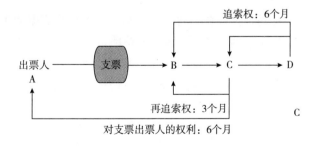

图7-4 票据权利时效示意图

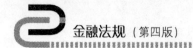

持票人因超过票据权利时效或者因票据记载事项欠缺而丧失票据权利的，仍享有民事权利，可以请求出票人或者承兑人返还其与未支付的票据金额相当的利益。

五、票据责任

票据责任也叫票据义务，是指票据债务人向持票人支付票据金额的责任。它是基于债务人特定的票据行为（如出票、背书、承兑等）而应承担的义务，主要包括付款义务和偿还义务。票据责任不具有制裁性质。

票据债务人承担票据义务一般有四种情况：①汇票承兑人因承兑而应承担付款义务。②本票出票人因出票而承担自己付款的义务。③支票付款人在与出票人有资金关系时承担付款义务。有资金关系才承担付款义务，无资金关系，如出票人签发的是空头支票，则不承担付款义务。④汇票、本票、支票的背书人，汇票、支票的出票人、保证人，在票据不获承兑或不获付款时的付款清偿义务（也称偿还义务）。

注意：付款义务与偿还义务不是一回事，比如甲签发一张1万元的支票给乙，乙持此支票向付款人丙银行要求付款。丙银行将1万元支付给乙，丙银行履行的是付款义务。如果乙取款时，丙银行告知该支票是空头支票，拒绝付款，那么乙可以持此支票向出票人甲追索，甲应该向乙支付1万元，此时，甲履行的是偿还义务。

六、票据行为[①]

票据行为是指票据当事人以发生票据债务为目的、以在票据上签名或盖章为权利义务成立要件的法律行为，包括出票、背书、承兑和保证四种。并非所有和票据有关的行为都属于票据行为，如票据的付款人付款，并不产生票据债务，恰恰相反，付款是消灭票据债务，所以付款不属于票据行为。

1. 出票

出票是指出票人签发票据并将其交付给收款人的行为。出票包括签发和交付两方面，单纯签发而不交付，并不构成出票。例如，张三签发一张以李四为收款人的支票，但他并未将该支票交与李四，则张三并未完成出票，不构成出票。

2. 背书

（1）背书的概念。背书是指票据的收款人或持票人为将票据权利转让给他人或者将一定的票据权利授予他人行使而在票据背面或者粘单上记载有关事项并签章的行为。

按照背书目的的不同，背书分为转让背书和非转让背书。转让背书是指以转让票据权利为目的的背书；非转让背书是指以授予他人行使一定的票据权利为目的的背书。非

---

① 票据行为有广义和狭义之分。按照通常的理解，广义的票据行为包括出票、背书、涂改、禁止背书、付款、保证、承兑、参加承兑、划线、保付等；狭义的票据行为包括出票、背书、承兑、参加承兑、保证、保付。本书按照票据法的规定，所述票据行为是狭义的票据行为，包括出票、背书、承兑、保证四种。

转让背书包括委托收款背书和质押背书。无论是何种背书，都应当记载背书事项并交付票据。

（2）背书记载事项。

1）绝对记载事项。背书时，背书人和被背书人两项事项为绝对记载事项，否则，背书无效。

背书人背书时，必须在票据上签章。以背书转让或者以背书将一定的票据权利授予他人行使时，必须记载被背书人名称。背书人未记载被背书人名称即将票据交付他人的，持票人在票据被背书人栏内记载自己的名称与背书人记载具有同等法律效力。

2）相对记载事项。背书时，背书人应记载背书日期。未记载背书日期的，视为到期日前背书。

3）任意记载事项。背书人在票据上记载"不得转让"字样，其后手再背书转让的，原背书人对后手的被背书人不承担保证责任。

【知识拓展】任意记载事项"不得转让"的效力

"不得转让"属于任意记载事项，不记载不影响票据效力，记载了则发生相应的效力。

（1）出票人记载"不得转让"字样，票据不得背书转让，否则受让人不享有票据权利。

"出票人"记载"不得转让"字样，票据有效，但是背书无效，即丧失了流通性。如图7-5所示，丙向付款人甲提示付款时，甲不会付款，因为出票人出票时记载了"不得转让"字样，所以收款人乙不能背书转让此票据，故丙不享有票据权利，但这张票据仍然有效，乙可以向付款人A提示付款。

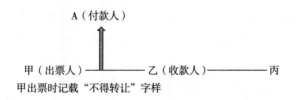

图7-5　出票人记载"不得转让"的效力

（2）背书人在汇票上记载"不得转让"字样，其后手再背书转让的，原背书人对后手的被背书人不承担保证责任。

背书人在汇票上记载"不得转让"字样，其后手再背书转让的，背书有效，但是原背书人只对直接的被背书人即直接后手承担票据责任，对其他后手不承担票据责任。如图7-6所示，乙在背书给丙时，在票据上记载"不得转让"，但丙仍然将票据背书转让给丁。如果丁持票据向付款人乙提示付款被乙拒绝的话，可以向甲、丙追索，但是不能向乙追索，因为乙背书时事先已经记载了"不得转让"，乙只对直接后手丙承担保证责

任，即只有丙可以向乙追索。

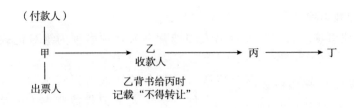

图7-6　背书人记载"不得转让"的效力

4）不得记载事项。背书不得附有条件。背书时附有条件的，所附条件不具有票据效力（但背书本身仍然有效）。背书人在背书时，将票据金额的一部分转让他人或者将全部金额分别转让给两人以上，叫部分背书。部分背书属于无效背书。

5）法定禁止背书。被拒绝承兑、被拒绝付款或者超过付款提示期限的票据，不得背书转让；背书转让的，背书人应当承担票据责任。

（3）背书粘单。票据凭证不能满足背书人记载事项的需要，可以加附粘单，粘附于票据凭证上。为了保证粘单的有效性和真实性，第一位使用粘单的背书人必须将粘单粘接在票据上，并且在票据和粘单的粘接处签章（盖骑缝章），否则该粘单记载的内容无效。

（4）背书连续。背书连续是指在票据转让中，转让票据的背书人与受让票据的被背书人在票据上的签章依次前后衔接。背书连续主要是指背书在形式上连续，如果背书在实质上不连续，如背书人的签章是伪造的等，付款人仍应对持票人付款。但是，如果付款人明知持票人不是真正的票据权利人，则不得向持票人付款，否则应自行承担责任。

以背书转让的票据，持票人以背书连续取得票据权利，否则不享有票据权利。

【例7-3】图7-7是某银行汇票背书签章的示意图。问：丙公司是否享有票据权利？

被背书人：甲公司	被背书人：乙公司	被背书人：丙公司
A公司财务专用章　张三印章	甲公司财务专用章　李四印章	乙公司财务专用章　王五印章

图7-7　汇票背书

【解析】该张银行汇票的三次背书，签章前后首尾连续，第三次背书的被背书人丙公司以背书连续取得票据权利。

（5）背书的效力。背书人以背书转让票据后，即承担保证其后手所持票据承兑和付款的责任。此处的"后手"是指所有后手，并不仅限于直接后手，但不包括不连续背书的受让人。

背书的效力如表7-1所示。

表7-1　背书的效力

具体情形	背书的效力
背书人未签章	背书无效
未记载背书日期	背书有效
背书人未记载被背书人名称即将票据交付他人的，持票人在被背书人栏内记载自己的名称	背书有效
附条件的背书	背书有效
部分背书、多头背书	背书无效
背书人在汇票上记载"不得转让"字样，其后手再背书转让的	背书有效

3. 承兑

承兑是指汇票付款人承诺在汇票到期日支付汇票金额并签章的行为。承兑是商业汇票特有的制度，仅适用于商业汇票。

4. 保证

票据保证，即票据债务人以外的第三人以担保特定债务人履行票据债务为目的，而在票据上记载有关事项并签章的行为。

为什么票据债务人不能充当同一票据其他债务人的保证人？这是因为，保证人承担票据保证责任的目的，是增强票据的信用，保证票据债务的履行。根据票据法规定，票据的债务人本来对其所有的后手承担保证责任，如果由票据债务人担任同一票据的保证人，就变成债务人自己保证自己履行债务，其保证就失去了意义，也是多此一举。例如，付款人为同一汇票上的出票人或背书人承担保证责任，由于付款人本身已负有绝对付款义务，他对出票人或背书人的保证，根本不会增强汇票债务人总体的偿债能力，失去了汇票保证应当具有的补充汇票信用不足的意义。

（1）保证的记载事项。保证时，保证文句及保证人签章是绝对记载事项，否则保证无效。

保证人名称和住所、被保证人名称及保证日期为相对记载事项。未记载保证人名称和住所的，以保证人的签章和营业场所或住所推定。未记载被保证人名称的，已承兑的汇票，承兑人为被保证人；未承兑的汇票，出票人为被保证人。未记载保证日期的，出票日期为保证日期。

保证人未在票据或粘单记载"保证"字样而另行签订保证合同或者保证条款的，不属于票据保证，而属于一般保证。

如图7-8所示，A签发一张汇票给B，用于支付所欠B货款，甲是付款人，B是收款人。后B在和C交易时又将汇票背书给C，但C要求B提供担保，于是B要求乙公司为自己提供担保，乙即在汇票上作了担保，后汇票又依次背书给D、E、F。

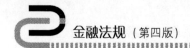

汇票到期后,F持汇票向付款人甲要求付款,被甲拒绝付款,则F可以向自己的所有前手,包括A、B、乙、C、D、E追索,要求他们支付汇票金额,他们中的人如果向F支付汇票金额后,还可以再向自己的前手再追索。如果F向乙追索,乙向F支付票据金额后,还可以向B或A再追索。

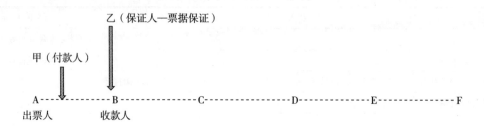

图 7-8　票据保证

如果乙为B担保,不是在票据上作记载,而是另外签订一份保证合同,约定当C得不到付款时由乙承担付款责任,则C的所有后手D、E、F都不能向乙追索,只有C可以要求乙承担保证责任,要求其向自己支付汇票金额,而且乙向C支付汇票金额后,只能向自己的被保证人B追索,不能再向A追索。

(2)保证责任。被保证的汇票,保证人应当与被保证人对持票人承担连带责任。汇票到期后得不到付款的,持票人有权向保证人请求付款,保证人应当足额付款。保证人为两人以上的,保证人之间承担连带责任。

(3)保证的效力。保证人对合法取得汇票的持票人所享有的汇票权利,承担保证责任。但是,被保证人的债务因汇票记载事项欠缺而无效的除外。保证不得附加任何条件,保证附有条件的,所附条件无效。保证人清偿汇票债务后,可以行使持票人对被保证人及其前手的追索权。

七、票据签章

票据签章是指票据有关当事人在票据上签名、盖章或签名加盖章的行为。票据签章是票据行为生效的重要条件,也是票据行为表现形式中必须记载的事项。如果票据缺少当事人的签章,将导致票据无效或该项票据行为无效。

票据上的签章因票据行为的性质不同,签章当事人也不同。票据签发时,由出票人签章;票据转让时,由背书人签章;票据承兑时,由承兑人签章;票据保证时,由保证人签章;持票人行使票据权利时,由持票人签章。

出票人在票据上的签章不符合法律规定的,票据无效;背书人在票据上的签章不符合法律规定的,其签章无效,但不影响其前手符合规定签章的效力;承兑人、保证人在票据上的签章不符合法律规定的,其签章无效,但不影响其他符合规定签章的效力。

例如,甲假冒A的名义签发一张支票给B,B将该支票背书给C,C持支票向付款人乙银行提示付款时，乙银行以支票的出票人的签章是伪造的因而该支票无效为由拒绝付款，则 C 不能向 A 追索，因为 A 并没有在支票上签章，A 并不是真正的出票人。但是，C 可以持支票向 B 追索，因为 B 的签章是真实有效的。

【知识拓展】票据签章具体规定

银行汇票的出票人在票据上的签章和银行承兑汇票的承兑人的签章，应为经中国人民银行批准使用的该银行汇票专用章加其法定代表人或该法定代表人授权的代理人的签名或者盖章。

商业汇票的出票人在票据上的签章，为该法人的财务专用章或者公章加其法定代表人或者该法定代表人授权的代理人的签名或者盖章。

银行本票的出票人在票据上的签章，应为经中国人民银行批准使用的该银行本票专用章加其法定代表人或该法定代表人授权的代理人的签名或者盖章。

单位在票据上的签章，应为该单位的财务专用章或者公章加其法定代表人或该法定代表人授权的代理人的签名或者盖章。支票的出票人和商业承兑汇票的承兑人在票据上的签章，应为其预留银行的签章。

银行汇票、银行本票的出票人以及银行承兑汇票的承兑人在票据上未加盖规定的专用章而加盖该银行的公章，支票的出票人在票据上未加盖与该单位在银行预留签章一致的财务专用章而加盖该出票人公章的，签章人应当承担票据责任。

八、票据的伪造和变造

1. 票据的伪造

票据的伪造是指无权限人假冒他人名义或虚构人名义签章的行为，如假冒出票人的签章出票，假冒他人名义进行背书签章、承兑签章、保证签章等行为。

票据伪造是一种扰乱社会经济秩序、损害他人利益的行为，在法律上不具有任何票据行为的效力。由于其从一开始就是无效的，故持票人即使是善意取得，对被伪造人也不能行使票据权利。由于伪造人没有在票据上以自己的名义签章，因此不承担票据责任。但是，伪造人的行为给他人造成损害的，必须承担民事责任；构成犯罪的，应承担刑事责任。

票据上有伪造签章的，不影响票据上其他真实签章的效力。在票据上真正签章的当事人，仍应对被伪造的票据的债权人承担票据责任，票据债权人在提示承兑、提示付款或者行使追索权时，票据上真正的签章人不能以伪造为由进行抗辩。

【例7-4】 甲私刻乙公司的财务专用章，假冒乙公司名义签发一张转账支票交给收款人丙，丙将该支票背书转让给丁，丁又背书转让给戊。请问：当戊主张票据权利时，哪些人应承担票据责任？

【解析】 伪造人甲没有在票据上以自己的名义签章，因此不承担票据责任，但是应当承担其他法律责任。被伪造人乙也不承担票据责任，丙、丁是真正的签章人，应承担票据责任。

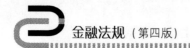

2. 票据的变造

票据的变造是指无权更改票据内容的人，对票据签章以外的记载事项加以变更的行为，如更改票据到期日、付款日、付款地、金额等。

票据的变造应依照签章是在变造之前或之后来承担责任。如果当事人的签章在变造之前，应按原记载的内容负责；如果当事人的签章在变造之后，则应按变造后的记载内容负责；如果无法辨别是在票据被变造之前或之后签章的，视为在变造之前签章。

【例7-5】甲签发一张票面金额为2万元的转账支票给乙，乙将该支票背书转让给丙，丙将票面金额改为5万元后背书转让给丁，丁又背书转让给戊。请问：甲、乙、丙、丁应承担的票据责任各是多少？

【解析】如果当事人的签章在变造之前，应按原记载的内容负责；如果当事人的签章在变造之后，则应按变造后的记载内容负责。故甲、乙对变造之前的2万元负责，丙、丁对变造之后的5万元负责。

九、票据抗辩

（一）抗辩的种类

票据抗辩是指票据债务人依据一定的合法理由对抗票据持有人，拒绝履行票据责任的行为。根据抗辩事由的不同，票据抗辩分为对物的抗辩和对人的抗辩两种。

1. 对物的抗辩

对物的抗辩是指因票据本身所存在的事由如票据行为不合法或者票据权利不存在等而发生的抗辩，票据债务人可以对任何票据债权人抗辩，又称绝对抗辩、客观抗辩。对物的抗辩，根据抗辩人不同又可以分为以下两类：

（1）所有票据债务人可对所有票据债权人提出的抗辩。

1）票据行为不成立的。主要包括：票据欠缺绝对记载事项而无效，如未记载付款人名称导致票据无效；票据金额记载不合法，如票据金额的中文大写和阿拉伯数码不一致，导致票据无效；在票据上作不合法更改的，如更改票据金额、日期、收款人名称，导致票据无效；背书不连续的，背书不连续时持票人不享有票据权利，因而不能向付款人提示付款。

2）因人民法院的除权判决已经发生法律效力而导致票据无效的。票据丧失后，公示催告期满，无利害关系人申报的，人民法院可根据当事人的申请，作出除权判决，宣告票据无效。票据经人民法院以除权判决宣告无效后，持票人无权向票据债务人请求付款。任何票据债务人可以除权判决为抗辩事由而对抗任何持票人，即使是善意受让人也不例外。

3）不依票据文义而提出的请求。票据是文义证券，当事人行使票据权利，必须以票据记载为准，不依票据记载而为的付款请求，债务人得行使抗辩权。如持未到期的票据提示付款、持已过提示付款期限的票据提示付款、不在规定的付款地请求付款、不向票据记载的付款人提示付款等，付款人都可以拒绝付款。

4）票据债权已消灭的。票据债权因付款、提存而消灭的，票据债务人可以以此为由进行抗辩。在票据债务人已将票面金额提存的情况下，票据债权因提存而消灭，任何持票人向票据债务人行使票据权利时，票据债务人均可以已经提存为由，行使抗辩权。

5）票据时效消灭的。票据如已超过时效期，持票人的票据权利丧失，则不能向债务人行使票据权利。

（2）特定票据债务人提出的，但可以对抗一切票据债权人的抗辩。包括：欠缺票据行为能力的抗辩；票据伪造、更改的抗辩；保全手续欠缺的抗辩；等等。

1）签章人是无民事行为能力或者限制民事行为能力人的，其签章无效，不承担票据责任。

2）在无权代理的情形下，本人（被代理人）不承担票据责任。

3）票据伪造的被伪造人，不承担票据责任。

4）票据被变造时，变造前在票据上签章的债务人，可以拒绝依照变造后的记载事项承担票据责任。

5）对特定债务人的票据权利时效期间经过，其票据债务消灭。

6）对特定票据债务人的追索权，因持票人未进行票据权利的保全而丧失。

2．对人的抗辩

票据债务人可以对不履行约定义务的与自己有直接债权债务关系的持票人进行抗辩。这种抗辩称为对人的抗辩，又称相对抗辩，是指票据债务人只能对特定的持票人进行抗辩，是基于持票人自身或者票据债务人对特定的持票人之间的关系而产生的抗辩。

例如，甲公司和乙公司签订了买卖一份合同，甲向乙采购一批小麦，甲签发一张商业承兑汇票给乙，约定两个月后付款。后来甲发现乙的小麦严重霉变，此时甲就可以对乙抗辩，即乙向甲行使票据权利时，甲可以拒绝付款。因为甲乙之间有直接债权债务关系，而乙又没有履行约定义务（货物质量不符合规定），所以甲可以抗辩乙，拒绝向乙付款。

（二）抗辩权的限制

票据的抗辩是为了防止不法行为，保障票据债务人的合法权益，但是，票据抗辩权的不当行使，也会损害票据债权人的合法权益，破坏票据流通的正常秩序。因此，有必要对票据抗辩加以限制。

（1）票据债务人不得以自己与出票人或者与持票人的前手之间的抗辩事由，对抗持票人。但是，持票人明知存在抗辩事由而取得票据的除外。

接上例：如果乙公司在和丙公司交易时，又把汇票背书转让给丙公司，丙公司找甲公司行使票据权利，要求甲公司付款时，甲公司就不得拒绝了，因为甲和丙之间没有直接的债权债务关系。

如果丙公司在和乙公司交易时，明明知道乙公司因为交付甲公司的产品不符合规定被甲公司拒绝付款的事实，仍然受让乙公司持有的这张汇票，则当乙公司持此汇票向甲公司提示付款时，甲公司可以行使抗辩权，拒绝向丙公司付款。

（2）票据的签发，必须具有真实的交易关系和债权债务关系；票据的取得，必须给

付对价。

但是，票据债务人对业经背书转让的票据的持票人以"票据签发时，无真实的交易关系和债权债务关系；票据取得时，未给付对价"为由进行抗辩的，人民法院不予支持。

对票据抗辩作以上限制，其核心在于将票据抗辩中关于对人的抗辩限制于直接当事人之间，不允许将特定人之间的抗辩扩大到其他人之间的票据关系中去，目的是保障正当持票人或善意取得票据人的票据权利，以确保票据的流通性和信用性。

第二节　银行汇票

一、银行汇票的概念

银行汇票是出票银行签发的，由其在见票时按照实际结算金额无条件支付给收款人或者持票人的票据（银行汇票票样见图7-9、图7-10）。

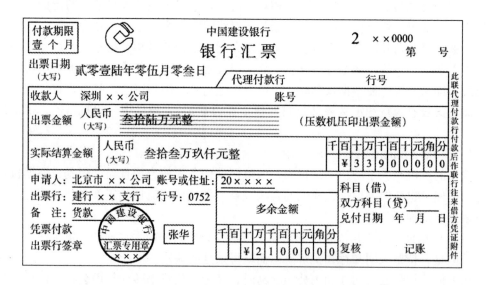

图 7-9　银行汇票正面（第 2 联）

资料来源：360 图片。

银行汇票的当事人只有两个，即出票银行和收款人，银行汇票的出票银行就是银行汇票的付款人。银行汇票可分为银行现金汇票和银行转账汇票。汇票上有签发银行按规定载明"现金"字样的是银行现金汇票，可用于支取现金；票面上载有"转账"字样或未记载"现金"字样的是银行转账汇票，银行转账汇票一般用于结算，不用于支取现金，需要支付现金的，付款银行按照现金管理规定审查后才予以支付。

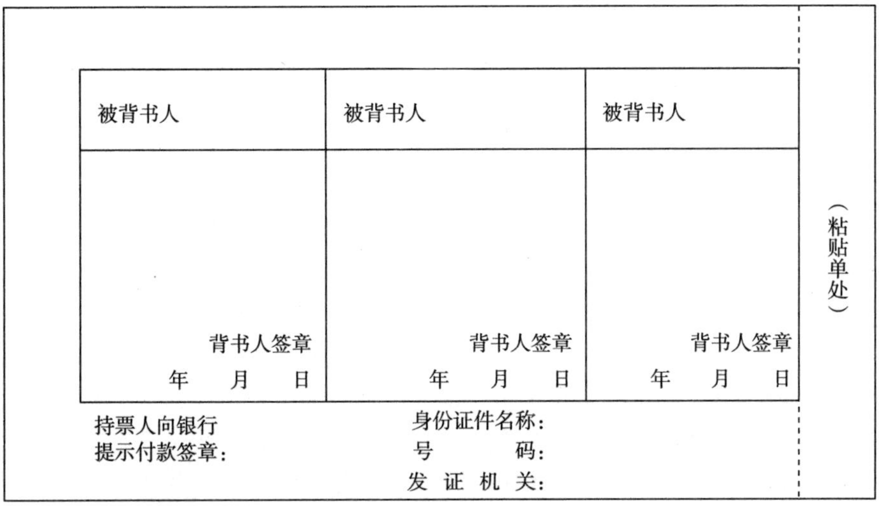

被背书人	被背书人	被背书人	
			（粘贴单处）
背书人签章 年　月　日	背书人签章 年　月　日	背书人签章 年　月　日	
持票人向银行 提示付款签章：	身份证件名称： 号　　码： 发证机关：		

图 7-10　银行汇票背面

二、银行汇票的使用范围

单位和个人在同城、异地或统一票据交换区域的各种款项结算，均可使用银行汇票。

银行汇票的出票和付款，全国范围限于中国人民银行和各商业银行参加"全国联行往来"的银行机构办理。跨系统银行签发的转账银行汇票的付款，应通过同城票据交换将银行汇票和解讫通知提交给同城的有关银行审核支付后抵用。代理付款人不得受理未在本行开立存款账户的持票人为单位直接提交的银行汇票。省、自治区、直辖市内和跨省、市的经济区域内银行汇票的出票和付款，按照有关规定办理。

银行汇票的代理付款人是代理本系统出票银行或跨系统签约银行审核支付汇票款项的银行。

三、银行汇票的出票

（一）出票的基本规定

申请人使用银行汇票，应向出票银行填写"银行汇票申请书"，填明收款人名称、汇票金额、申请人名称、申请日期等事项并签章。

申请人和收款人均为个人，需要使用银行汇票向代理付款人支取现金的，申请人须在"银行汇票申请书"上填明代理付款人名称，在"汇票金额"栏先填写"现金"字样，后填写汇票金额。

申请人或者收款人为单位的，不得在"银行汇票申请书"上填明"现金"字样。申请人或者收款人为单位的，银行不得为其签发现金银行汇票。签发转账银行汇票，不得填写代理付款人名称，但由中国人民银行代理兑付银行汇票的商业银行向设有分支机构地区签发转账银行汇票的除外。

出票银行受理银行汇票申请书，收妥款项后签发银行汇票，并用压数机压印出票金额，将银行汇票和解讫通知一并交给申请人。

（二）出票的记载事项

1. 绝对记载事项

（1）表明"银行汇票"的字样。票据上必须记载足以表明该票据是银行汇票的文字。如果没有该文字，"银行汇票"则无效。

（2）无条件支付的承诺。无条件支付的承诺是汇票的支付文句，即须表明付款人支付汇票金额是不附加任何条件的，换言之，如果汇票附有条件，则汇票无效。

（3）确定的金额。确定的金额是指汇票上记载的金额必须是固定的数额，如果汇票上记载的金额是不确定的，汇票将无效。有关金额的记载必须文义确定，不容含糊、模糊，要使用中文大写和阿拉伯数码同时记载，且二者必须一致，金额文字模糊不能辨认或两种记载不一致的，票据无效。票据金额不得涂改或更改，否则汇票无效。

（4）代理付款人名称。现金银行汇票应填明代理付款人名称，代理付款人不是汇票当事人。

（5）收款人名称。收款人是指出票人在汇票上记载的受领汇票金额的最初票据权利人。自然人收款的，应以其身份证件上的姓名为准，不可任意变名。收款人为法人或其他非法人的企业、团体、其他单位的，应记载经登记或经批准的名称。收款人在付款银行开立资金账户的，出票时记载的名称，应与在开户银行预留印鉴的名称一致，以便于票据权利的实现。

（6）出票日期。出票日期是指出票人在汇票上记载的签发汇票的日期。出票日为当事人意思表示的日期，不一定是事实上的出票日，可以提前或错后。

（7）出票人签章。出票人签章是指出票人在票据上亲自书写自己的姓名或盖章。出票人应签其本名、全名。

银行汇票欠缺上述记载之一的，汇票无效。

2. 相对记载事项

银行汇票上未记载付款地的，以付款人的营业场所、住所或经常居住地为付款地。

银行汇票上未记载出票地的，以出票人的营业场所、住所或经常居住地为出票地。

银行汇票见票即付，无须记载付款日期。如有记载，该记载无效，但汇票本身仍然有效。

3. 非法定记载事项

银行汇票的非法定记载事项是指法律规定以外的记载事项，主要是指与汇票的基础关系有关的事项，如签发票据的原因或用途、该票据项下交易的合同号码等。记载这些事项是为了有利于当事人清算方便，但不具有票据上的效力。

四、银行汇票的背书

收款人可以将银行汇票背书转让给被背书人，但注明"现金"字样的银行汇票不得背书转让。

银行汇票的背书转让以不超过出票金额的实际结算金额为准。未填写实际结算金额或实际结算金额超过出票金额的银行汇票不得背书转让。

被背书人受理银行汇票时，除审查收款人受理银行汇票时应审查的事项外，还应审查下列事项：银行汇票是否记载实际结算金额，有无更改，其金额是否超过出票金额；背书是否连续，背书人签章是否符合规定，背书使用粘单的，是否按规定签章；背书人为个人的，应验证其个人身份证件。

【例 7-6】 甲企业向乙企业购买一批原材料，为其开具了一张 100 万元的银行汇票，该汇票的收款人为乙企业，付款人为丙银行。由于受市场供需和物价的影响，这项经济业务的实际结算金额为 150 万元。甲企业在汇票上签了章，并写明了出票日期等有关内容。乙企业接受此银行汇票后，到丙银行请求兑付时，遭到了丙银行拒绝。问：丙银行的做法是否正确？

【解析】 该银行汇票是无效的，丙银行的做法正确。实际结算金额超过出票金额的，银行不予受理。

五、银行汇票的付款

1. 银行汇票的提示付款期限

银行汇票的提示付款期限为自出票日起 1 个月，持票人超过提示付款期限提示付款的，代理付款人不予受理。

持票人向银行提示付款时，必须同时提交银行汇票和解讫通知，缺少任何一联，银行不予受理。

持票人超过提示付款期限向代理付款银行提示付款不获付款的，须在票据权利时效期间内向出票银行作出说明，并提供本人身份证件或单位证明，持银行汇票和解讫通知向出票银行请求付款。

2. 银行汇票见票付款

银行汇票见票即付，收款人或持票人取得银行汇票后，可随时请求出票人付款。

收款人受理银行汇票时，应审查下列事项：银行汇票和解讫通知是否齐全、汇票号码和记载的内容是否一致；收款人是否确为本单位或本人；银行汇票是否在提示付款期限内；必须记载的事项是否齐全；出票人签章是否符合规定，是否有压数机压印的出票金额，并与大写出票金额一致；出票金额、出票日期、收款人名称是否更改，更改的其他记载事项是否由原记载人签章证明。

收款人受理申请人交付的银行汇票时，应在出票金额以内，根据实际需要的款项办理结算，并将实际结算金额和多余金额准确、清晰地填入银行汇票和解讫通知的有关栏内。未填明实际结算金额和多余金额或实际结算金额超过出票金额的，银行不予受理。

银行汇票的实际结算金额不得更改，更改实际结算金额的银行汇票无效。

在银行开立存款账户的持票人向开户银行提示付款时，应在汇票背面"持票人向银行提示付款签章"处签章，签章须与预留银行签章相同，并将银行汇票和解讫通知、进账单送交开户银行。银行审查无误后办理转账。

未在银行开立存款账户的个人持票人，可以向选择的任何一家银行机构提示付款。提示付款时，应在汇票背面"持票人向银行提示付款签章"处签章，并填明本人身份证件名称、号码及发证机关，由其本人向银行提交身份证件及其复印件。银行审核无误后，将其身份证件复印件留存备查，并以持票人的姓名开立应解汇款及临时存款账户，该账户只付不收，付完清户，不计付利息。

转账支付的银行汇票，应由原持票人向银行填制支款凭证，并由本人交验其身份证件办理支付款项。该账户的款项只能转入单位或个体工商户的存款账户，严禁转入储蓄和银行卡账户。

支取现金的，银行汇票上必须有出票银行按规定填明的"现金"字样才能办理。未填明"现金"字样，需要支取现金的，由银行按照国家现金管理规定审查支付。

持票人对填明"现金"字样的银行汇票，需要委托他人向银行提示付款的，应在银行汇票背面背书栏签章，记载"委托收款"字样、被委托人姓名和背书日期以及委托人身份证件名称、号码、发证机关。被委托人向银行提示付款时，也应在银行汇票背面"持票人向银行提示付款签章"处签章，记载证件名称、号码及发证机关，并同时向银行交验委托人和被委托人的身份证件及其复印件。

第三节　商业汇票

一、商业汇票的概念和种类

（一）商业汇票的概念

商业汇票是指由出票人签发的，委托付款人在指定日期无条件支付确定金额给收款人或者持票人的票据。

在银行开立存款账户的法人以及其他组织之间，必须有真实的交易关系或债权债务关系才能使用商业汇票。

（二）商业汇票的种类

商业汇票按承兑人的不同，分为银行承兑汇票（见图7-11）和商业承兑汇票（见图7-12、图7-13）。商业承兑汇票由银行以外的付款人承兑，银行承兑汇票由银行承兑。

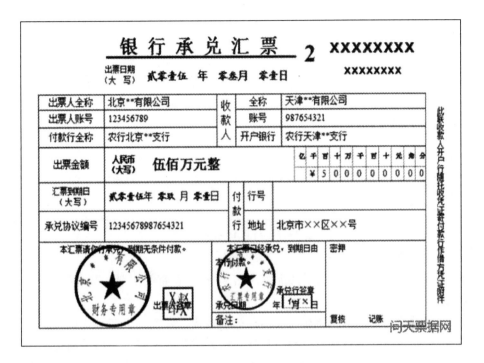

图7-11 银行承兑汇票正面

资料来源：360图片。

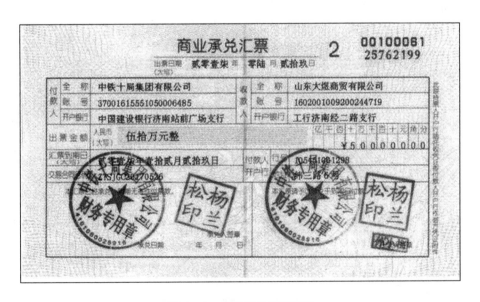

图7-12 商业承兑汇票正面

资料来源：360图片。

图 7-13　商业承兑汇票背面

资料来源：360 图片。

商业汇票按介质的不同，分为纸质商业汇票和电子商业汇票。本书如无特别说明，所述商业汇票是指纸质汇票。

电子商业汇票是指出票人依托电子商业汇票系统，以数据电文形式制作的，委托付款人在指定日期无条件支付确定金额给收款人或者持票人的票据。电子商业汇票分为电子银行承兑汇票（见图 7-14）和电子商业承兑汇票（见图 7-15）。电子银行承兑汇票由银行业金融机构、财务公司（以下统称金融机构）承兑；电子商业承兑汇票由金融机构以外的法人或其他组织承兑。

电 子 银 行 承 兑 汇 票

出 票 日 期	贰零壹捌年伍月贰拾贰日			票据状态		背书已签收		
汇票到期日	2018-11-22			票号		1 308100005141 20180522 19732157 9		
出票人	全　称	宝塔盛华商贸集团有限公司		收票人	全　称	北京宝塔国际经济技术合作有限公司		
	账　号	110908206010601			账　号	11014746715005		
	开户银行	招商银行股份有限公司北京北三环支行			开户银行	平安银行股份有限公司北京北苑支行		
出票保证信息	保证人姓名：			保证人地址：		保证日期：		
票据金额	人民币（大写）	壹拾万圆整					￥100,000.00	
承兑人信息	全　称	宝塔石化集团财务有限公司		开户行行号	303100000604			
	账　号	35530188000021769		开户行名称	中国光大银行股份有限公司北京建国门内大街支行			
交易合同号				承兑信息	出票人承诺：本汇票信息请予以承兑，到期无条件付款			
能否转让	可转让				承兑人承诺：本汇票已经承兑，到期无条件付款			
							承兑日期　2018-05-22	
承兑保证信息	保证人姓名：			保证人地址：		保证日期：		
评级信息（由出票、承兑人自己记载，仅供参考）	出 票 人	评级主体	宝塔盛华商贸集团有限公司		信用等级：		评级到期日：	
	承 兑 人	评级主体	宝塔石化集团财务有限公司		信用等级：		评级到期日：	
备 注								问天票据网

图 7-14　电子银行承兑汇票

资料来源：360 图片。

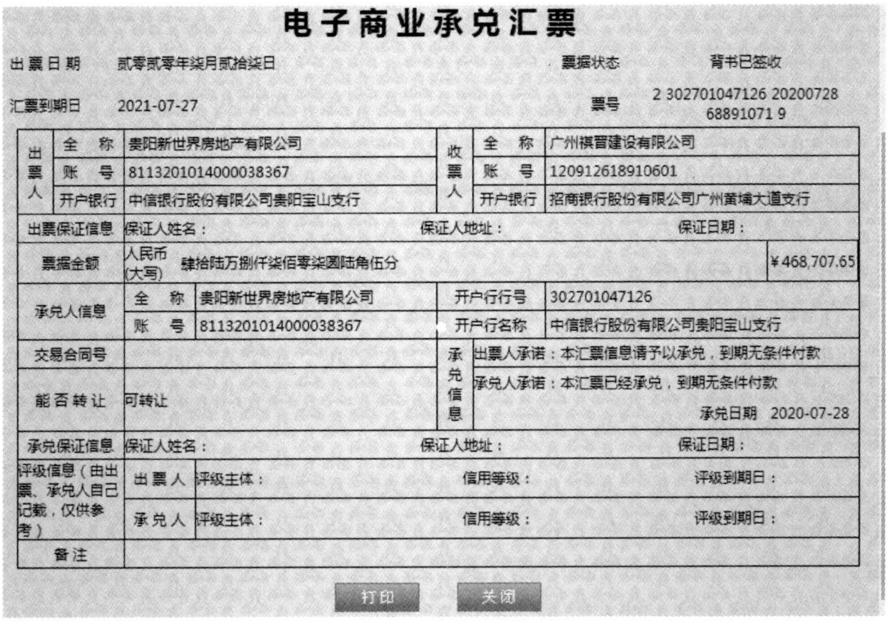

图 7-15　电子商业承兑汇票

资料来源：360图片。

电子商业汇票的付款人为承兑人。

二、商业汇票的出票

（一）出票人的确定

商业承兑汇票的出票人为在银行开立存款账户的法人以及其他组织，与付款人具有真实的委托付款关系，具有支付汇票金额的可靠资金来源。银行承兑汇票的出票人必须是在承兑银行开立存款账户的法人以及其他组织，并与承兑银行具有真实的委托付款关系，资信状况良好，具有支付汇票金额的可靠资金来源。

电子商业汇票当事人办理电子商业汇票业务应具备中华人民共和国组织机构代码。被代理机构、金融机构以外的法人及其他组织办理电子商业汇票业务，应在接入机构开立账户。

商业承兑汇票可以由付款人签发并承兑，也可由收款人签发交付款人承兑。银行承兑汇票由在承兑银行开立存款账户的存款人签发。

（二）出票的效力

汇票出票后即产生汇票上的效力，该效力因汇票当事人地位的不同而不同。

（1）对出票人的效力。汇票的出票人出票后，并不产生自己的直接付款义务，只承担法定担保义务，即担保汇票的承兑和付款。担保汇票的承兑是指汇票到期日前不获承兑时，收款人或持票人可以请求出票人偿还票据金额、利息和有关费用。担保汇票的付

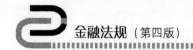

款是指汇票到期时，付款人虽已承兑但拒绝付款的，出票人必须承担清偿责任。

（2）对付款人的效力。出票行为是单方行为，付款人在承兑之前，不承担任何票据责任。但一旦承兑，即成为汇票上的主债务人，必须承担到期付款的责任。

（3）对收款人的效力。收款人取得汇票后，成为第一持票人，即取得票据权利：一方面，就票据金额享有付款请求权；另一方面，在该请求权不能满足时，即享有追索权。同时，收款人享有依法转让票据、获得相应对价的权利。

（三）出票的记载事项

1. 绝对记载事项

签发商业汇票必须记载下列事项，欠缺其中之一的，该汇票无效：①表明商业承兑汇票或银行承兑汇票的字样。②无条件支付的委托。③确定的金额。④付款人名称。⑤收款人名称。⑥出票日期。⑦出票人签章。

电子商业汇票出票必须记载下列事项：①表明"电子银行承兑汇票"或"电子商业承兑汇票"的字样。②无条件支付的委托。③确定的金额。④出票人名称。⑤付款人名称。⑥收款人名称。⑦出票日期。⑧票据到期日。⑨出票人签章。电子商业汇票的出票日期是指出票人记载在电子商业汇票上的出票日期。

2. 相对记载事项

汇票上未记载付款日期的，视为见票即付。商业汇票上的付款日期（即到期日）的记载形式有三种：①定日付款，即记载为"某年某月某日付款"的形式。②出票后定期付款，即记载为"出票后×个月付款"的形式。③见票后定期付款，即记载为"见票后×个月付款"的形式。未记载付款日期的，视为见票即付，持票人提示付款时，付款人即得付款。

电子商业汇票为定日付款票据。电子商业汇票的付款期限自出票日起至到期日止，最长不得超过1年。

汇票上未记载付款地的，以付款人的营业场所、住所为付款地。

汇票上未记载出票地的，以出票人的营业场所、住所为出票地。

此外，汇票上可以记载非法定记载事项，但这些事项不具有汇票上的效力。

三、商业汇票的承兑

承兑是汇票的付款人承诺在汇票到期日无条件支付汇票金额的行为。

1. 承兑人的确定

商业承兑汇票既可以由付款人签发并承兑，也可由收款人签发交付款人承兑。银行承兑汇票由在承兑银行开立存款账户的存款人签发。

电子商业承兑汇票的承兑有以下四种方式：

（1）真实交易关系或债权债务关系中的债务人签发并承兑。

（2）真实交易关系或债权债务关系中的债务人签发，交由第三人承兑。

（3）第三人签发，交由真实交易关系或债权债务关系中的债务人承兑。

（4）收款人签发，交由真实交易关系或债权债务关系中的债务人承兑。

2. 承兑的程序

（1）提示承兑。提示承兑是指持票人向付款人出示汇票，要求付款人承诺付款的行为。定日付款或者出票后定期付款的汇票，持票人应当在汇票到期日前向付款人提示承兑。见票后定期付款的汇票，持票人应当自出票日起 1 个月内向付款人提示承兑。汇票未按规定期限提示承兑的，持票人丧失对其前手的追索权。见票即付的汇票无须提示承兑。

定日付款是指记载为"×年×月×日付款"，到期日可以从汇票上直接看出；出票后定期付款，是指记载为"出票后×个月付款"，到期日可以根据票据上记载的出票日推出。这两种情况，都要在到期日前向付款人提示承兑，即请付款人作出到期付款的承诺。

见票后定期付款，是指记载为"见票后×个月付款"。在这种情况下，到期日取决于见票日（承兑日），哪一天承兑的，就从这一天往后推几个月就是到期日。为了尽快确定付款人到底会不会付款、什么时候付款，这种汇票应当在出票日起 1 个月内提示承兑。

（2）承兑时间。付款人收到持票人提示承兑的汇票时，应当向持票人签发收到汇票的回单。回单上应当记明汇票提示承兑日期并签章。付款人对向其提示承兑的汇票，应当自收到汇票之日起 3 日内承兑或者拒绝承兑。付款人在 3 日内不作承兑与否表示的，视为拒绝承兑，持票人可以请求其作出拒绝承兑证明，向其前手行使追索权。

（3）承兑的格式。付款人承兑汇票的，应当在汇票正面记载"承兑"字样和承兑日期并签章；见票后定期付款的汇票，应当在承兑时记载付款日期。汇票上未记载承兑日期的，应当以收到提示承兑的汇票之日起 3 天内的最后一日为承兑日期。

付款人承兑商业汇票，不得附有条件。承兑附有条件的，视为拒绝承兑。

【例 7-7】乙公司在与甲公司交易中获得 300 万元的商业汇票一张，付款人为丙公司。乙公司请求丙公司承兑时，丙公司在汇票上签注："承兑。甲公司款到后支付。"下列关于丙公司付款责任的表述中，正确的是（　）。

A. 丙公司已经承兑，应承担付款责任

B. 应视为丙公司拒绝承兑，丙公司不承担付款责任

C. 甲公司给丙公司付款后，丙公司才承担付款责任

D. 按甲公司给丙公司付款的多少确定丙公司应承担的付款责任

【答案】B

【解析】选项 B，丙公司的承兑附有"甲公司款到后支付"的条件（言外之意即不到款则不付款），应视为拒绝承兑。

3. 承兑的效力

付款人承兑汇票后，应当承担到期付款的责任。这一到期付款的责任是一种绝对责任，具体表现在：①承兑人于汇票到期日必须向持票人无条件地支付汇票的金额，否则其必须承担迟延付款责任。②承兑人必须对汇票上的一切权利人承担责任，该等权利人包括付款请求权人和追索权人。③承兑人不得以其与出票人之间的资金关系对抗持票人，拒绝支付汇票金额。④承兑人的票据责任不因持票人未在法定期限提示付款而解除。

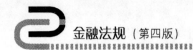

银行承兑汇票的承兑银行，应当按照票面金额向出票人收取0.5‰的手续费。

四、汇票的信息登记与电子化

纸质商业汇票贴现前，金融机构办理承兑、质押、保证等业务，应当在票据市场基础设施①——上海票据交易所完成相关信息登记工作。

纸质商业承兑汇票完成承兑后，承兑人开户行应当根据承兑人委托代其进行承兑信息登记。纸质票据票面信息与登记信息不一致的，以纸质票据票面信息为准。

电子商业汇票签发、承兑、质押、保证、贴现等信息应当通过电子商业汇票系统同步传送至票据市场基础设施。

五、商业汇票的付款

商业汇票的付款是指付款人依据票据文义支付票据金额，以消灭票据关系的行为。

（一）提示付款

1. 提示付款的概念

提示付款是指持票人向付款人或承兑人出示票据，请求其付款的行为。电子商业汇票的提示付款是指持票人通过电子商业汇票系统向承兑人请求付款的行为。

2. 提示付款期限

（1）持票人应当按照下列法定期限提示付款：见票即付的汇票，自出票日起1个月内向付款人提示付款。定日付款、出票后定期付款或者见票后定期付款的汇票，自到期日起10日内向承兑人提示付款。电子商业汇票的提示付款期最后一日遇法定休假日、大额支付系统非营业日、电子商业汇票系统非营业日顺延。

（2）持票人超过规定期限提示付款的，持票人开户银行不予受理，但在作出说明后，承兑人或者付款人仍应当对持票人承担付款责任。

（3）通过委托收款银行或者通过票据市场基础设施向付款人提示付款的，视同持票人提示付款。

【例7-8】甲公司于2022年4月1日向乙公司签发了一张见票后3个月付款的银行承兑汇票，乙公司于4月10日承兑。乙公司向承兑人提示付款的日期最迟为（　　）。

【解析】见票日为2022年4月10日。

到期日为2022年7月10日。

提示付款期限为2022年7月10~20日。

提示付款的日期最迟为2022年7月20日。

---

① 票据市场基础设施是指提供票据交易、登记托管、清算结算、信息服务的机构，其主要为市场参与者提供以下服务：组织票据交易，公布票据交易即时行情；票据登记托管；票据交易的清算结算；票据信息服务；中国人民银行认可的其他服务。

【例7-9】甲公司于2022年4月1日向乙公司签发了一张出票后3个月付款的银行承兑汇票，乙公司于4月10日提示承兑。乙公司向承兑人提示付款的日期最迟为（　　）。

【解析】2022年4月1日出票。

出票后3个月付款，则到期日为2022年7月1日。

提示付款期限为2022年7月1~11日。

提示付款的日期最迟为2022年7月11日。

【例7-10】甲公司于2022年4月10日向乙公司签发了一张商业承兑汇票，未记载付款日期。乙公司向付款人提示付款的日期最迟为（　　）。

【解析】商业汇票未记载付款日期的，视为见票即付。见票即付的汇票应该自出票日期1个月内向出票人提示付款。

故提示付款期限是2022年4月10日至2022年5月10日，最迟日期是2022年5月10日。

（二）付款期限

商业汇票的付款期限，最长不得超过6个月。电子商业汇票的付款期限，最长不得超过一年。

注意：付款期限不同于提示付款期限。记载到期日的汇票，其提示付款期限是自汇票到期日起10日。例如，2022年1月10日，甲公司签发一张纸质汇票，汇票上记载："见票后叁个月付款。"2022年2月8日，收款人乙公司持汇票向付款人丙银行申请承兑，2022年2月10日，丙银行承兑该汇票，并在汇票上记载："承兑，到期日付款。"自出票日2022年1月10日到汇票到期日2022年5月10日，共4个月，即付款期限是4个月。提示付款期限是指从到期日2022年5月10日开始到2022年5月20日，共10天。

（三）付款

持票人按照规定期限提示付款的，承兑人必须无条件地在当日按票据金额足额支付给持票人。否则，应承担迟延付款的责任。

（1）持票人在提示付款期内通过票据市场基础设施提示付款的，承兑人应当在提示付款当日应答或者委托其开户行应答。承兑人存在合法抗辩事由拒绝付款的，应当在提示付款当日出具或者委托其开户行出具拒绝付款证明，并通过票据市场基础设施通知持票人。承兑人或其开户行在提示付款当日未作应答的，视为拒绝付款，票据市场基础设施应提供拒绝付款证明并通知持票人。

（2）商业承兑汇票的承兑人在提示付款当日同意付款且其账户余额足够支付的，承兑人开户行应当代承兑人作出同意付款应答，并于提示付款日向持票人付款。承兑人账户余额不足支付的，视同拒绝付款，承兑人开户行应于提示付款日代承兑人作出拒付应答并说明理由，并通过票据市场基础设施通知持票人。

银行承兑汇票的承兑人已于汇票到期前进行付款确认的，票据市场基础设施应当根据承兑人的委托于提示付款日代承兑人发送指令划付资金至持票人资金账户。

（3）纸质商业汇票的持票人在提示付款期内通过其开户银行委托收款或直接向付款人提示付款的，对异地委托收款的，可匡算邮程，提前通过开户银行委托收款。付款人的开户银行收到通过委托收款寄来的汇票，应通知付款人，付款人收到开户银行的付款通知，应于当日通知银行付款。付款人在接到通知日的次日起 3 日内未通知银行付款的，视同付款人承诺付款。付款人提前收到由其承兑的商业汇票，应通知银行于汇票到期日付款，银行应于汇票到期日将票款划给持票人。付款人存在合法抗辩事由拒绝付款的，应自接到通知的次日起 3 日内，作成拒绝付款证明送交开户银行，银行将拒绝付款证明和商业承兑汇票邮寄持票人开户银行转交持票人。

（4）纸质银行承兑汇票的承兑银行应于到期日或到期日后的见票当日支付票款。承兑银行存在合法抗辩事由拒绝支付的，应自接到商业汇票的次日起 3 日内作出拒绝付款证明，连同汇票邮寄持票人开户银行转交持票人。

（5）付款人及其代理付款人付款时，应当审查汇票背书的连续性，并审查提示付款人的合法身份证明或者有效证件。如果付款人及其代理付款人以恶意或者有重大过失付款的，应当自行承担责任。此外，如果付款人对定日付款、出票后定期付款或者见票后定期付款的汇票在到期日前付款，由付款人自行承担所产生责任。

（6）银行承兑汇票的出票人于汇票到期日未能足额交存票款时，承兑银行除凭票向持票人无条件付款外，对出票人尚未支付的汇票金额按照每天 0.5‰计收利息。商业承兑汇票签发后，由付款人承兑后交给收款人。付款人应于商业承兑汇票到期前将票款足额交存其开户银行，银行待该汇票到期日凭票将款项划给收款人或持票人。商业承兑汇票到期日付款人账户资金不足支付时，其开户银行应将该汇票退回，由其自行处理，同时对付款人按票面金额处以 5%但不低于 50 元的罚款。

（7）付款人依法足额付款后，票据关系消灭，汇票上全体债务人的责任解除。

【例 7-11】甲公司要求乙公司以银行承兑汇票支付货款，甲公司在取得乙公司提交的银行承兑汇票后按照约定向乙公司交货，并且将汇票委托给开户银行到期收款。但是，该银行承兑汇票到期，银行告知甲公司，乙公司缴付的款项不足支付。

回答下列问题：

（1）甲公司可否收到货款？

（2）银行如何处理该银行承兑汇票？

【解析】（1）甲公司可以收到货款。因为，它持有的是银行承兑汇票，到期后无论乙公司是否将款项足额缴存银行，银行都应无条件支付。

（2）银行首先会按其承诺支付款项，然后按照相关规定对乙公司进行追索。

六、商业汇票的贴现

（一）贴现的概念

贴现是指持票人在商业汇票到期之前，为提前获得现金向银行贴付一定利息而发生的票据转让行为。贴现按照交易方式，分为买断式、回购式。贴现属于转让背书。

贴现是持票人以贴息为代价将票据权利"背书转让"给银行，以提前获得现金。贴现是商业汇票特有的，银行汇票、银行本票、支票等见票即付的票据无须贴现，也不能办理贴现。

（二）贴现的基本规定

1. 贴现条件

（1）票据未到期。

（2）未记载"不得转让"字样。

（3）持票人是在银行开立存款账户的企业法人以及其他组织。

（4）持票人与出票人或者直接前手之间具有真实的商品交易关系。

（5）持票人应提供与其直接前手之间进行商品交易的增值税发票和商品发运单据复印件。

（6）企业申请电子银行承兑汇票贴现的，无须向金融机构提供合同、发票等资料。

（7）电子商业汇票贴现必须记载贴出人名称、贴入人名称、贴现日期、贴现类型、贴现利率、实付金额、贴出人签章。

（8）电子商业汇票回购式贴现赎回时应作成背书，并记载原贴出人名称、原贴入人名称、赎回日期、赎回利率、赎回金额、原贴入人签章。转让票据的是贴出人，受让票据的是贴入人。

【例7-12】持票人甲公司在P银行办理商业汇票贴现必须具备的条件有（　　）。

A. 该汇票未到期

B. 甲公司在P银行开立了存款账户

C. 甲公司与出票人或者直接前手之间具有真实的商品交易关系

D. 该汇票未记载"不得转让"事项

【答案】 ABCD

2. 贴现利息的计算

（1）实付贴现金额按票面金额扣除贴现日至汇票到期日前1日的利息计算。

贴现利息＝票面金额×贴现率×贴现期/360

贴现期：贴现日至汇票到期前1日。

（2）承兑人在异地的，贴现的期限以及贴现利息的计算应另加3天的划款日期。

第四节　支票

一、支票的概念和种类

1. 支票的概念

支票是指出票人签发的、委托办理支票存款业务的银行在见票时无条件支付确定的金额给收款人或者持票人的票据。支票之"支"，是将钱先存在银行，到时凭票支取之意。

支票的基本当事人包括出票人、付款人和收款人。出票人即存款人，是在经中国人民银行当地分支行批准办理支票业务的银行机构开立可以使用支票存款账户的单位和个人；付款人是出票人的开户银行；持票人是票面上填明的收款人，或者是经背书转让的被背书人。

支票的出票人签发支票的金额不得超过付款时在付款人处实有的存款金额。禁止签发空头支票。

2. 支票的种类

按照支付票款方式，支票分为普通支票、现金支票和转账支票。

支票上印有"现金"字样的为现金支票（见图7-16），现金支票只能用于支取现金。

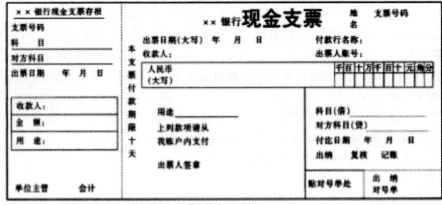

图7-16　现金支票正面

支票上印有"转账"字样的为转账支票（见图7-17），转账支票只能用于转账。

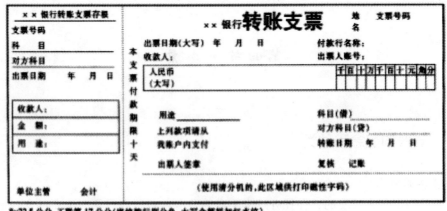

图7-17　转账支票正面

支票上未印有"现金"或"转账"字样的为普通支票（见图7-18），普通支票既可以用于支取现金，也可以用于转账。在普通支票左上角划两条平行线的，为划线支票，划线支票只能用于转账，不得支取现金。

被背书人	被背书人	
背书人签章	背书人签章	（粘贴单处）
年　月　日	年　月　日	
持票人向银行提示付款签章：	身份证件名称：　　发证机关： 号码：	

图7-18　普通支票正面

注意：①划线支票不属于独立的支票种类，只是在普通支票上标了个记号而已。②"用于支取现金的支票"和"现金支票"、"用于转账的支票"和"转账支票"，其含义是不同的。

二、支票的使用范围

单位和个人在同一票据交换区域的各种款项结算，均可以使用支票。全国支票影像交换系统支持全国使用。

支票在其票据交换区域内可以背书转让，但用于支取现金的支票不能背书转让。

三、支票的出票

1. 绝对记载事项

签发支票必须记载下列事项，缺少其中之一者，支票无效：表明"支票"的字样；无条件支付的委托[①]；确定的金额；付款人名称；出票日期；出票人签章。

根据《中华人民共和国票据法》的规定，签发支票时，绝对记载事项必须记载完全，否则支票无效。但签发时往往因交易尚未发生，交易金额难以具体确定，须待有关货款、酬金等费用结算清楚，才能确定具体数额，交易对象在签发支票时可能也不确

---

① 即支票上所记载的"上列款项请从我账户内支付"字样。

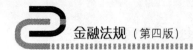

定。为减少多退少补或其他方面的麻烦，收款人名称和支票金额可以暂时不记载，待交易金额和交易对象确定后补记。

在实务中，支票的空白授权出票，一般在支票正面记载一个限额，其形式为"限××元""限额××元"等字样或相同文义的文字。持票人补记不得超过限额。

虽然出票时可签发空白授权的支票，但是，未补记前，不得背书转让和提示付款。

2. 相对记载事项

支票上未记载付款地的，以付款人的营业场所为付款地。

支票上未记载出票地的，以出票人的营业场所、住所或经常居住地为出票地。

3. 非法定记载事项

此外，根据《中华人民共和国票据法》的规定，支票上可以记载非法定记载事项，但这些事项并不发生支票上的效力。

4. 不得记载事项

支票的付款日期限于见票即付，不得另行记载付款日期。另行记载付款日期的，该记载无效。

四、支票的付款

1. 提示付款期限

支票的提示付款期限为自出票日起 10 日，异地使用的支票由中国人民银行另行规定。

超过提示付款期限的，持票人开户银行不予受理，付款人不予付款。

持票人超过提示付款期限的，并不丧失对出票人的追索权，持票人在支票的时效期限内向出票人追索的，出票人仍应当对持票人承担支付票款的责任。

2. 提示付款

持票人可委托开户银行收款或直接向付款人提示付款，用于支取现金的支票仅限于收款人向付款人提示付款。因为用于支取现金的支票不能背书转让，故只能由支票上记载的收款人向付款银行提示付款。

持票人委托开户银行收款时，应作委托收款背书，在支票背面的"背书人签章栏"签章、记载"委托收款"字样、背书日期，在被背书人栏记载开户银行名称，并将支票和填制的进账单送交开户银行。

持票人持用于转账的支票向付款人提示付款时，应在支票背面"背书人签章"栏签章，并将支票和填制的进账单送交出票人开户银行。

收款人持用于支取现金的支票向付款人提示付款时，应在支票背面"收款人签章"处签章，持票人为个人的，还需查验本人身份证件，并在支票背面注明证件名称、号码及发证机关。

3. 付款

支票的出票人预留银行签章是银行审核支票付款的依据。银行也可以与出票人约定使用支付密码，作为银行审核支付支票金额的条件。

出票人在支票存款账户的存款足以支付支票金额时，付款人应当在见票当日足额付款。付款人依法支付支票金额的，对出票人不再承担受委托付款责任，对持票人不再承担付款责任。但付款人以恶意或者有重大过失付款的除外。

签发空头支票或者签发与其预留银行签章不符的支票，不以骗取财物为目的的，由中国人民银行处以票面金额5%但不低于1000元的罚款；持票人有权要求出票人赔偿支票金额2%的赔偿金。对于屡次签发的，银行应当停止其签发支票。

第五节　银行本票

一、银行本票的概念

本票是出票人签发的，承诺自己在见票时无条件支付确定的金额给收款人或者持票人的票据。本票是由出票人约定自己付款的一种自付证券，其基本当事人有两个，即出票人和收款人，在出票人之外不存在独立的付款人。本票之"本"，是出票人"本人付款"之意。出票人完成出票行为后，即承担了到期无条件支付票据金额的责任。

《中华人民共和国票据法》规定，只有银行可以签发本票，所以，在我国，本票仅指银行本票。银行本票是申请人将款项交存银行，由银行签发给其据以办理转账结算或支取现金的票据。银行本票的出票人为经中国人民银行当地分支行批准办理银行本票业务的银行机构，非银行金融机构不得签发银行本票。银行本票的样式如图7-19、图7-20所示。

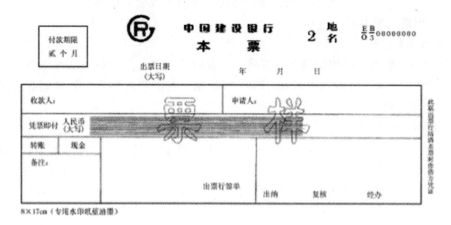

图7-19　银行本票正面

被背书人	被背书人	
		（粘贴单处）
背书人签章	背书人签章	
年　月　日	年　月　日	
持票人向银行 提示付款签章：	身份证件名称：　　　　　发证机关： 号码：□□□□□□□□□□□□□□□□□□	

图 7-20　银行本票背面

单位和个人在同一票据交换区域的各种款项结算，均可以使用银行本票。银行本票可以用于转账，注明"现金"字样的银行本票可以用于支取现金。

二、银行本票的出票

（一）出票基本规定

（1）申请人使用银行本票，应向银行填写"银行本票申请书"，填明收款人名称、申请人名称、支付金额、申请日期等事项并签章。申请人和收款人均为个人需要支取现金的，应在"支付金额"栏先填写"现金"字样，后填写支付金额。

（2）出票银行受理银行本票申请书，收妥款项签发银行本票。用于转账的，在银行本票上划去"现金"字样；申请人和收款人均为个人需要支取现金的，在银行本票上划去"转账"字样。用压数机压印出票金额，并在银行本票上签章后交给申请人。

（3）申请人或收款人为单位的，银行不得为其签发现金银行本票。

（二）出票记载事项

1. 绝对记载事项

签发银行本票时，必须记载下列事项：①表明"本票"的字样。②无条件支付的承诺[1]。③确定的金额。④收款人名称。⑤出票日期。⑥出票人签章。欠缺记载其中之一者，银行本票无效。

2. 相对记载事项

本票上未记载付款地的，以出票人的营业场所为付款地；本票上未记载出票地的，以出票人的营业场所为出票地。

此外，根据《中华人民共和国票据法》的规定，本票上可以记载非法定记载事项，

---

[1]　即银行本票上记载的"凭票即付"字样。

但这些事项并不发生本票上的效力。

三、银行本票的付款

1. 提示付款期限

银行本票的提示付款期限自出票之日起最长不得超过 2 个月。持票人超过提示付款期限不获付款的，在票据权利时效期内向出票银行作出说明，并提供本人身份证件或单位证明、持银行本票向出票银行请求付款。

2. 银行本票见票付款

银行本票见票即付，收款人或持票人取得银行本票后，可随时请求出票人付款。本票的出票人在持票人提示见票时，必须承担付款的责任。本票的持票人未按照规定期限提示付款的，丧失对出票人以外的前手的追索权。

本票的出票人是票据主债务人，负有绝对付款责任。持票人在规定期限内提示本票，出票人必须承担付款责任。除票据时效届满而使票据权利消灭或者要式欠缺而使票据无效外，出票人的付款责任并不因持票人未在规定期限内向其提示付款而解除，所以持票人仍对出票人享有付款请求权和追索权，只是丧失对出票人以外的前手的追索权。

【例 7-13】甲出具一张银行本票给乙，乙将该本票背书转让给丙，丙又背书转让给丁，丁又背书转让给戊。戊作为持票人未在规定的期限内提示付款。问：戊可以向哪些人行使追索权？

【解析】《中华人民共和国票据法》规定，本票的持票人未按照规定期限提示见票的，丧失对出票人以外的前手的追索权。戊作为持票人未在规定的期限内提示付款，则戊丧失对出票人甲以外的前手的追索权。故戊只能向持票人甲行使追索权。

3. 银行本票的退款和丧失

（1）申请人因银行本票超过提示付款期限或其他原因要求退款时，应将银行本票提交出票银行。申请人为单位的，应出具该单位的证明；申请人为个人的，应出具该人的身份证件。

（2）出票银行对于在本行开立存款账户的申请人，只能将款项转入原申请人账户；对于现金银行本票和未在本行开立存款账户的申请人，才能退付现金。

（3）银行本票丧失，失票人可以凭人民法院出具的其享有票据权利的证明，向出票银行请求付款或退款。

【本章参考法规】

1. 《中华人民共和国票据法》（1995 年 5 月 10 日第八届全国人民代表大会常务委员会第十三次会议通过，2004 年 8 月 28 日第十届全国人民代表大会常务委员会第十一次会议修正）。

2. 《票据管理实施办法》（1997 年 6 月 23 日国务院批准，1997 年 8 月 21 日中国人民银行发布，2011 年 1 月 8 日根据《国务院关于废止和修改部分行政法规的决定》

修正）。

3.《电子商业汇票业务管理办法》（中国人民银行令〔2009〕年第2号）。

4.《最高人民法院关于审理票据纠纷案件若干问题的规定》（2000年2月24日由最高人民法院审判委员会第1102次会议通过，自2000年11月21日起施行）。

【课后练习】

一、单项选择题

1. 根据票据法律制度的规定，在票据上更改特定记载事项的，将导致票据无效。下列各项中，属于该记载事项的是（　）。

　　A. 付款人名称　　B. 收款人名称　　C. 付款地　　　D. 出票地

2. 某公司于2005年2月10日签发一张支票，下列有关支票日期的写法中符合要求的是（　）。

　　A. 贰零零伍年贰月拾日

　　B. 贰零零伍年零贰月壹拾日

　　C. 贰零零伍年零贰月零壹拾日

　　D. 贰零零伍年贰月壹拾日

3. 根据支付结算法律制度的规定，下列票据欺诈行为中，属于伪造票据行为的是（　）。

　　A. 假冒出票人在票据上签章　　　　B. 涂改票据号码

　　C. 对票据金额进行挖补篡改　　　　D. 修改票据密押

4. 甲公司在与乙公司交易中获得100万元的汇票一张，付款人为丙公司。甲公司请求承兑时，丙公司在汇票上签注："承兑。乙公司款到后支付。"根据《中华人民共和国票据法》的规定，下列关于丙公司付款责任的表述中，正确的是（　）。

　　A. 丙公司已经承兑，应承担付款责任

　　B. 应视为丙公司拒绝承兑，丙公司不承担付款责任

　　C. 乙公司给丙公司付款后，丙公司才承担付款责任

　　D. 按乙公司给丙公司付款的多少确定丙公司应承担的付款责任

5. 不能成为支票当事人的是（　）。

　　A. 出票人　　　　B. 承兑人　　　　C. 背书人　　　　D. 保证人

6. 支票的持票人应当在自出票日起（　）日内提示付款。

　　A. 15　　　　　B. 10　　　　　　C. 20　　　　　　D. 30

7. 甲企业在其银行存款余额不足1万元的情况下，向业务单位开出一张1.5万元的转账支票，银行可以处以（　）元罚款。

　　A. 750　　　　B. 500　　　　　C. 300　　　　　D. 1000

8. 根据《中华人民共和国票据法》的规定，如果本票的持票人未在法定付款提示期限内提示见票，则丧失对特定票据债务人以外的其他债务人的追索权。该特定票据债务人是（　）。

A. 出票人　　　　B. 保证人　　　　C. 背书人　　　　D. 被背书人

9. 下列关于银行本票性质的表述中，不正确的是（　　）。

A. 银行本票的付款人见票时必须无条件付款给持票人

B. 持票人超过提示付款期限不获付款的，可向出票银行请求付款

C. 银行本票不可以背书转让

D. 注明"现金"字样的银行本票可以用于支取现金

10. 下列不属于票据行为的是（　　）。

A. 出票人签发票据并将其交付

B. 票据遗失，向银行挂失止付

C. 汇票付款人承诺在汇票到期日支付汇票金额并签章的行为

D. 票据债务人以外的人在票据上记载有关事项并签章的行为

11. 若一张汇票上记载"见票后两个月付款"，这张汇票属于（　　）。

A. 出票后定期付款的汇票　　　　B. 见票后定期付款的汇票

C. 见票即付汇票　　　　　　　　D. 定日汇票

12. 银行汇票的付款方式是（　　）。

A. 定日付款　　　　　　　　　　B. 出票后定期付款

C. 见票即付　　　　　　　　　　D. 见票后定期付款

13. 蓝天汽车公司于 2022 年 3 月 12 日向军杰公司购买了一批汽车轮胎，于是委托其开户银行于当日签发了一张出票金额为 20 万元的银行汇票，军杰公司收到银行汇票后应在（　　）前提示付款。

A. 2022 年 3 月 22 日　　　　　B. 2022 年 5 月 12 日

C. 2022 年 4 月 12 日　　　　　D. 2022 年 9 月 22 日

14. 甲公司签发金额为 100 万元的商业承兑汇票。对此说法正确的是（　　）。

A. 甲公司在签发汇票时必须在银行有 100 万元的存款

B. 甲公司必须在签发汇票后的 10 日内向银行提供 100 万元的付款保证金

C. 只要汇票到期时甲公司能支付 100 万元即可

D. 汇票到期时甲公司存款余额不足支付的，该汇票为空头汇票，汇票无效

15. 甲在将一汇票背书转让给乙时，未将乙的姓名记载于被背书人栏内。乙发现后将自己的姓名填入被背书人栏内。下列关于乙填入自己姓名的行为效力的表述中正确的是（　　）。

A. 无效　　　　B. 有效　　　　C. 可撤销　　　　D. 甲追认后有效

16. 乙公司与丙公司交易时以汇票支付。丙公司见汇票出票人为甲公司，遂要求乙公司提供担保，乙公司请丁公司为该汇票作保证，丁公司在汇票背书栏签注"若甲公司出票真实，本公司愿意保证"。后经了解甲公司实际并不存在。根据票据法律制度的规定，下列表述中正确的是（　　）。

A. 丁公司应承担一定的赔偿责任

B. 丁公司只承担一般保证责任，不承担票据保证责任

C. 丁公司应当承担票据保证责任

D. 丁公司不承担任何责任

二、多项选择题

1. 下列关于填写票据的表述中，正确的有（　　）。

A. 收款人名称不得记载规范化简称

B. 出票日期须使用中文大写

C. 金额应以中文大写和阿拉伯数码同时记载，且二者须一致

D. 收款人名称填写错误的应由原记载人更正，并在更正处签章证明

2. 下列各项中，属于无效票据的有（　　）。

A. 更改签发日期的票据

B. 更改收款单位名称的票据

C. 出票日期使用中文大写，但大写日期未按要求规范填写的票据

D. 更改中文大写金额的票据

3. 根据《中华人民共和国票据法》的规定，下列选项中，属于变造票据的有（　　）。

A. 变更票据金额

B. 变更票据上的到期日

C. 变更票据上的签章

D. 变更票据上的付款日

4. 下列关于票据签章的表述中，正确的有（　　）。

A. 票据和结算凭证上的签章，为签名、盖章或者签名加盖章

B. 单位、银行在票据上的签章和单位在结算凭证上的签章，为该单位、银行的盖章加其法定代表人或其授权的代理人的签名或盖章

C. 个人在票据和结算凭证上的签章，为个人本名的签名或盖章

D. 票据签章是票据行为生效的重要条件，也是票据行为表现形式中必须记载的事项

5. 甲公司持有的一张现金支票不慎丢失，申请办理挂失止付。下列事项中，属于填写挂失止付通知书应记载的有（　　）。

A. 付款人名称

B. 甲公司的名称、联系方法

C. 支票丢失的时间、地点

D. 支票号码、金额

6. 甲、乙签订一份购销合同，甲将自己取得的银行承兑汇票背书转让给乙，以支付货款。甲在汇票的背书栏记载有"若乙不按期履行交货义务，则不享有票据权利"，乙又将此汇票背书转让给丙。根据票据法律制度的规定，下列表述中正确的有（　　）。

A. 该票据的背书行为为附条件背书，背书的效力待定

B. 乙在未履行交货义务时，不得主张票据权利

C. 无论乙是否履行交货义务，票据背书转让后，丙都取得票据权利

D. 背书上所附条件不产生汇票上的效力，乙无论交货与否均享有票据权利

7. 银行承兑汇票到期、承兑申请人账户资金不足付款时，承兑银行应（　　）。

A. 无条件向收款人、被背书人付款

B. 不负责付款

C. 对尚未扣回的承兑金额每天按0.5‰收罚息

D. 将汇票退给收款人

8. 下列人员行使付款请求权时，对持票人负有付款义务的有（　　）。

A. 汇票的承兑人　　　　　　　　　B. 银行本票的出票人

C. 支票的付款人　　　　　　　　　D. 汇票的背书人

9. 基本当事人有出票人、付款人和收款人的票据有（　　）。

A. 汇票　　　　　　B. 本票　　　　　　C. 发票　　　　　　D. 支票

10. 签发现金银行汇票，（　　）必须均为个人。

A. 出票人　　　　　B. 收款人　　　　　C. 申请人　　　　　D. 付款人

11. 根据票据法律制度的规定，下列各背书情形中，属于背书无效的有（　　）。

A. 将汇票金额全部转让给甲某

B. 将汇票金额的一半转让给甲某

C. 将汇票金额分别转让给甲某和乙某

D. 将汇票金额转让给甲某但要求甲某不得对背书人行使追索权

12. 根据票据法律制度的规定，下列情形中，汇票不得背书转让的有（　　）。

A. 汇票超过付款提示期限　　　　　B. 汇票上未记载付款日期的

C. 汇票被拒绝付款的　　　　　　　D. 汇票被拒绝承兑的

三、判断题

1. 票据上有伪造、变造的签章的，将影响到票据上其他真实的签章的效力。（　　）

2. 背书人在汇票上记载"不得转让"字样的，其后手再背书转让的，原背书人对后手的被背书人仍须承担付款责任。（　　）

3. 甲签发一张以乙为收款人、丙为保证人的即期汇票，但甲未在汇票上签章，则乙在付款银行拒绝付款后，亦不得向丙主张票据权利。（　　）

4. 2022 年 1 月 18 日，甲公司因购货向乙公司签发了一张支票，出票日期填写为"2022 年 1 月 18 日"，则该张支票仍然有效，银行可以受理，但由此造成的损失由甲自行承担。（　　）

5. 2022 年 5 月 1 日甲公司签发一张支票给乙公司以支付材料款，根据《中华人民共和国票据法》的规定，甲公司应当在 2022 年 5 月 11 日前提示付款。（　　）

6. 商业汇票在出票时付款人是否确实承担付款责任并不确定，因而需要由付款人进行承兑。（　　）

7. 支票持有人超过提示期限提示，付款人不予付款的，持票人仍然享有票据权利，出票人仍然应当对持票人承担票据责任，即付款义务。（　　）

8. 银行承兑汇票的付款人一经承兑，就必须承担绝对的无条件的付款责任。（　　）

9. 持票人善意取得伪造的票据，对被伪造人不能行使票据权利。（　　）

10. 甲签发一张金额为 5 万元的本票交收款人乙，乙背书转让给丙，丙将本票金额改为 8 万元后转让给丁，丁又背书转让给戊。如果戊向甲请求付款，甲只应支付 5 万元，戊所受损失 3 万元应向丁和丙请求赔偿。（　　）

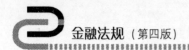

11. 票据丧失后，首先要采取挂失止付，然后再申请公示催告和提起普通诉讼。

                           （ ）

12. 支票的付款日期限于见票即付，不得另行记载付款日期。另行记载付款日期的，该支票无效。   （ ）

四、案例题

【材料1】甲公司申请出票银行（丁银行）签发一张银行汇票，出票日期为2022年2月5日，金额为50万元，收款人为乙银行。甲公司交给乙银行时填写实际结算金额为45万元。2月8日，乙银行向丙公司购买50万元的货物，将该汇票背书转让给丙公司。

回答下列问题：

1. 签发银行汇票时必须记载的事项包括（ ）。

A. 出票日期   B. 出票银行签章   C. 收款人名称   D. 出票金额

2. 关于多余5万元的处理，下列表述正确的是（ ）。

A. 多余5万元由乙银行退交甲公司

B. 多余5万元由乙银行退交丙公司

C. 多余5万元由丁银行退交甲公司

D. 多余5万元由丁银行退交丙公司

3. 关于乙银行和丙公司之间的货物买卖，下列表述正确的是（ ）。

A. 差5万元，由乙银行向丙公司签发银行本票支付

B. 差5万元，由乙银行向丙公司签发支票

C. 该银行汇票应按出票金额50万元支付

D. 因实际结算金额低于应付货款，该银行汇票不能用于向丙公司结算货款

4. 该银行汇票的提示付款期限截止日期为（ ）。

A. 2022年4月5日   B. 2022年3月5日

C. 2022年2月8日   D. 2022年2月15日

【材料2】2022年3月4日，甲公司为履行与乙公司的货物买卖合同，签发一张商业汇票交付乙公司。汇票收款人为乙公司，由Q银行承兑，到期日为9月4日。7月9日，乙公司财务人员不慎将该汇票丢失，于当日同时申请挂失止付和公示催告。7月10日，法院通知Q银行停止支付并发出公告，公告期间为自公告之日起60日。

丙公司法定代表人张某捡到该汇票并自行在票据上记载丙公司为被背书人。9月5日，丙公司向Q银行提示付款。

根据上述资料，不考虑其他因素，分析回答下列问题。

1. Q银行承兑时必须在汇票上记载的事项是（ ）。

A. Q银行住所   B. "承兑"字样   C. 承兑日期   D. Q银行签章

2. 下列当事人中，属于该汇票债务人的是（ ）。

A. 乙公司   B. 甲公司   C. 丙公司   D. Q银行

3. 乙公司申请挂失止付，挂失止付通知书应记载的事项是（ ）。

A. 乙公司的名称、营业场所或者住所以及联系方式

B. 该汇票的种类、号码、金额

C. 该汇票丧失的时间、地点、原因

D. 该汇票的出票日期、付款日期、收款人名称、付款人名称

4. 下列关于该汇票付款责任的表述中，正确的是（　　）。

A. 丙公司是持票人，Q 银行应予付款

B. 乙公司丢失票据，丧失票据权利，Q 银行不应向乙公司付款

C. 乙公司是票据权利人，在法院作出除权判决并公告后，Q 银行应向乙公司付款

D. Q 银行应向丙公司付款，但需请求法院提前结束公示催告程序

第八章 公司法律制度

【学习目标】

掌握有限责任公司、股份有限公司的设立条件、组织机构及股权转让；熟悉一人有限责任公司和国有独资公司的特殊规定；熟悉有限责任公司、股份有限责任公司的设立程序；了解公司的财务会计制度、公司合并分立的形式及责任承担。

【本章知识结构】

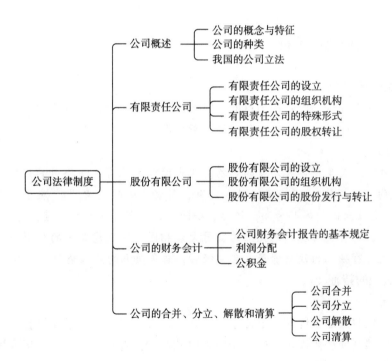

【案例导入】

经协商，甲、乙、丙三人准备成立一家有限责任公司丁，主要从事一种小家电产品的生产，其中：甲为公司提供厂房和设备，经评估作价 45 万元；乙从银行借款 30 万元现金作为出资；丙以一专利权作价 26 万元出资。甲、乙、丙签订协议后，向公司登记

机关申请注册。

回答下列问题：

（1）本案包括哪几种出资形式？请分析甲、乙、丙的出资效力。

（2）如无其他不符合《中华人民共和国公司法》规定的情形，丁公司能否成立？为什么？

【解析】（1）本案例中出资形式有三种：实物、现金、无形资产。其中，甲为实物出资，符合《中华人民共和国公司法》的规定；乙虽然是从银行借的资金，当并不影响其出资能力，属货币出资，符合《中华人民共和国公司法》的规定；丙的出资是无形资产，符合《中华人民共和国公司法》的规定。

（2）丁公司可以成立。因为三人出资形式符合规定，股东人数也符合规定。

第一节　公司概述

一、公司的概念与特征

（一）公司的概念

公司是依法设立的，以营利为目的，股东以其认缴的出资额或认购的股份为限对公司承担责任，公司以其全部资产对公司债务承担责任的企业法人。

【拓展知识】

公司是资本主义生产方式发展的产物。在我国很早就有关于公司的说法，最早出自孔子的《大同·列词传》："公者，数人之财，司者，运转之意。"《庄子·则阳第二十五》中曰："是故丘山积卑而为高，江河合小而为大。合并而为公之道，是谓公司。"庄子提到的公司，其含义与现代意义上的公司大致相同。现代意义上的公司一般是指依法集资联合组成，有独立的注册资产，自主经营，自负盈亏的法人企业。

（二）公司的特征

1. 依法设立

公司必须依照法定条件和法定程序而设立。如果公司的设立必须符合其他法律规定的，还应当依照其他法律规定，如《中华人民共和国商业银行法》《中华人民共和国保险法》《中华人民共和国证券法》等。

2. 以营利为目的

公司是以营利为目的的经济组织。股东设立公司的目的是通过公司的经营活动获取利润。公司的营利目的既要求公司本身为盈利而活动，又要求公司有盈利时应当分配给股东。如果获得的盈利不是分配给投资者，而是用于社会公益等其他目的，则不是公司，而属于公益性法人。

3. 以股东投资行为为基础

公司以股东的投资行为为基础而设立。公司财产最初由股东出资形成，并在经营过程中逐步通过盈利积累或其他途径形成。股东出资之后，享有的是公司的股权，即依法享有收益、参与重大决策和选择管理者等权利；而对公司财产没有直接的支配权，公司对股东出资享有法律上的财产权。公司以其全部财产对外承担责任。

4. 具有法人资格

公司是企业法人，能独立承担民事责任。公司的责任与股东的责任相互独立。股东只以其出资额或认购的股份为限对公司承担有限责任，公司只以其全部资产为限对外承担责任。当公司资产不足以抵偿其债务时，应依法宣告破产，清算结束后未受清偿的债务不再清偿。公司的责任与公司管理人员和工作人员的责任也是相互独立的，虽然他们是以公司的名义对外进行经营活动的，但他们不对公司的债务承担责任。

公司的本质就是承担有限责任的法人。但在公司法人人格制度的运作中，出现了大股东滥用公司独立人格和股东有限责任给他人或社会造成损害的现象，损害公司制度公平、正义的价值目标。为防止对公司独立人格的滥用，有必要对公司的法人地位予以限制，规定公司法人资格否认制度。《中华人民共和国公司法》规定："公司股东不得滥用公司法人独立地位和股东有限责任损害公司债权人的利益。"公司股东如滥用公司法人地位以逃避债务，严重损害公司债权人利益的，应当对公司债务承担连带责任。

二、公司的种类

公司可以按不同的标准，加以分类。

1. 母公司和子公司

按照公司之间控制和依附关系的不同，可分为母公司和子公司。

母公司也称控股公司，是指拥有另一个公司一定比例股权或股份，并能够控制另一个公司的公司。子公司也称被控股公司，是指被另一个公司拥有一定比例的股权或股份，并被另一个公司控制的公司。《中华人民共和国公司法》第216条第2项规定："控股股东，是指其出资额占有限责任公司资本总额50%以上或者其持有的股份占股份有限公司股本总额50%以上的股东；出资额或者持有股份的比例虽然不足50%，但依其出资额或者持有的股份所享有的表决权已足以对股东会、股东大会的决议产生重大影响的股东。"可见子公司主要有以下情形：一是全资子公司，即母公司持有子公司100%的股权；二是绝对控股子公司，即母公司持有子公司超过50%但不足100%的股权；三是相对控股子公司，即母公司持有子公司的股权虽然低于50%，但仅仅依赖该股权或者股份的表决权足以控制子公司。如果持有其他公司的股份，但仅凭股权或股份控制机制又不足以控制该公司的，理论上称该公司为"参股公司"。

母公司、子公司均具有企业法人资格，均能独立承担法律责任。《中华人民共和国公司法》第14条规定："公司可以设立子公司，子公司具有法人资格，依法独立承担民事责任。"

2. 总公司和分公司

以公司的管辖关系为标准，公司分为总公司和分公司。总公司从组织上、业务上管辖分公司。分公司只是本公司的一个分支机构，分公司可以取得营业执照，可以以自己的名义进行经营活动，有经营资格；但没有法人资格，没有独立的财产，不能独立承担责任，其民事责任由总公司承担。

分公司的名称不具有独立性，反映的是与总公司的隶属关系。根据《企业名称登记管理规定》的有关规定，企业设立分支机构的，企业及分支机构的名称应当符合有关要求，例如：在企业名称中使用"总"字的，必须下设三个以上分支机构；不能独立承担民事责任的分支机构，其名称应当冠以其所从属的企业名称，缀以"分""分厂""分店""分公司"等字样。

分公司设立时也须依法登记，但其设立程序比较简便。

分公司不同于公司内部的其他机构。公司内部的管理机构和经营机构，如财务部、办公室、采购部、生产车间等，这些内部机构只能以公司的名义活动，不能以自己的名义对外开展活动，也无须进行登记。

3. 有限责任公司和股份有限公司

以公司资本结构和股东对公司债务承担责任的方式为标准，分为有限责任公司和股份有限公司。《中华人民共和国公司法》即将公司分为有限责任公司和股份有限公司。有限责任公司是指股东以其认缴的出资额为限对公司承担责任，公司以其全部财产对公司的债务承担责任。股份有限公司的全部资本分为等额股份，股东以其认购的股份为限对公司承担责任，公司以其全部财产对公司的债务承担责任。

三、我国的公司立法

公司法有广义和狭义之分。广义的公司法是调整公司设立、组织、活动和解散过程中所发生的社会关系以及股东的权利义务关系的法律规范的总称，包括涉及公司的所有法律、法规等，如《中华人民共和国公司法》《公司登记管理条例》《公司注册资本登记管理规定》《中华人民共和国中外合资经营企业法》《中华人民共和国民法典》关于公司的法律规范和最高人民法院关于公司法的司法解释等。狭义的公司法即《中华人民共和国公司法》。

【例8-1】甲公司的分公司在其经营范围内以自己的名义对外签订一份货物买卖合同。请问：该合同是否有效？民事责任如何承担？

【解析】该合同有效，其民事责任由甲公司承担。《中华人民共和国公司法》规定，分公司有经营资格，但没有法人资格，不能独立承担责任，其民事责任由总公司承担。

第二节 有限责任公司

一、有限责任公司的设立

（一）设立条件

1. 股东有法定资格并符合法定人数

股东具有国家法律、行政法规规定的资格，并符合法定人数。《中华人民共和国公司法》第24条规定："有限责任公司由50个以下股东出资设立。"一般情况下，50个以下的自然人或法人可以共同出资设立有限责任公司。

2. 有符合公司章程规定的全体股东认缴的出资

股东可以用货币出资，也可以用实物、知识产权、土地使用权等可以用货币估价并可以依法转让的非货币财产作价出资；但是，股东不得以劳务、信用、自然人姓名、商誉、特许经营权或者设定担保的财产等作价出资。

对作为出资的非货币财产应当评估作价，核实财产，不得高估或者低估作价。法律、行政法规对评估作价有规定的，从其规定。

股东以货币出资的，应当将货币出资足额存入有限责任公司在银行开设的账户；以非货币财产出资的，应当依法办理其财产权的转移手续。

股东不按照前款规定缴纳出资的，除应当向公司足额缴纳外，还应当向已按期足额缴纳出资的股东承担违约责任。

3. 有股东共同制定的公司章程

《中华人民共和国公司法》第11条规定："设立公司必须依法制定公司章程。"公司章程是公司的行为准则，是确定股东权利义务的纲领性文件，对公司、股东、董事、监事、高级管理人员具有约束力。公司章程由全体出资者在自愿协商的基础上制定，经全体出资者同意，所有股东应当在公司章程上签名、盖章。

4. 有公司名称和符合有限责任公司要求的组织机构

设立有限责任公司，除公司名称应符合企业法人名称的一般性规定外，还必须在公司名称中标明"有限责任公司"或"有限公司"字样。公司应当设立符合有限责任公司要求的组织机构，即股东会、董事会或者执行董事、监事会或者监事。

5. 有公司住所

住所是公司进行经营活动的中心场所，同时也是发生纠纷时确定诉讼及行政管辖的依据，是向公司送达文件的法定地址。一个公司可以有多个经营场所，但登记的住所只能有一个。

公司住所依法确定后，不得任意变更。确需变动的，应当依法办理变更登记。通常

情况下，公司以其主要办事机构所在地为住所。

（二）设立程序

有限责任公司是一种封闭性的法人，只能以发起方式设立，由全体股东缴足股款，不能采取募集设立方式。有限责任公司设立主要经过以下程序：

1. 订立公司章程

公司章程应当载明下列事项：①公司名称和住所。②公司经营范围。③公司注册资本。④股东的姓名或者名称。⑤股东的出资方式、出资额和出资时间。⑥公司的机构及其产生办法、职权、议事规则。⑦公司法定代表人。⑧股东会会议认为需要规定的其他事项。

全体股东应当在公司章程上签名、盖章。

2. 申请公司名称预先核准

设立公司应当申请公司名称预先核准。预先核准的公司名称保留期为 6 个月。在保留期内，预先核准的公司名称不得用于从事经营活动，不得转让。

3. 申请设立审批

法律、行政法规规定须经有关部门审批的要进行报批，获得批准文件。

4. 缴纳出资

股东应当按期足额缴纳公司章程中规定的各自所认缴的出资额。股东以货币出资的，应当将货币出资足额存入有限责任公司在银行开设的账户；以非货币财产出资的，应当依法办理其财产权的转移手续。

5. 向公司登记机关申请设立登记

申请设立有限责任公司，申请人为全体股东指定的代表或共同委托的代理人，国有独资公司由国务院或者地方人民政府授权的本级人民政府国有资产监督管理委员会代表国家作为申请人。

6. 登记发证

登记机关对符合条件的即予以登记并发给企业法人营业执照，有限责任公司即告成立。

公司成立后，可凭企业法人营业执照刻制印章、开立银行账户、申请税务登记，并以公司名义对外从事经营活动。

有限责任公司成立后，发现作为设立公司出资的非货币财产的实际价额显著低于公司章程所定价额的，应当由交付该出资的股东补足其差额，公司设立时的其他股东承担连带责任。

【例8-2】 甲、乙、丙、丁共同出资设立一有限责任公司。其中，丁以房产出资50万元。公司成立后又吸收戊入股。后查明，丁作为出资的房产仅值20万元，丁仅有10万元个人财产可供执行。请问：对丁的出资不实的行为该如何处理？

【解析】 对丁的出资不实的行为，应该由丁以现有可执行财产补交差额，不足部分由甲、乙、丙承担连带责任，与后加入的股东戊无关。

二、有限责任公司的组织机构

有限责任公司的组织机构包括股东会、董事会、监事会及高级管理人员。高级管理人员是指公司的经理、副经理、财务负责人、上市公司董事会秘书和公司章程规定的其他人员。公司的组织形式不同，组织机构的组成也有相应的区别。

（一）股东会

1. 股东会的职权

有限责任公司股东会由全体股东组成，股东会是公司权力机构，行使下列职权：①决定公司的经营方针和投资计划。②选举和更换非由职工代表担任的董事、监事，决定有关董事、监事的报酬事项。③审议批准董事会的报告。④审议批准监事会或者监事的报告。⑤审议批准公司的年度财务预算方案、决算方案。⑥审议批准公司的利润分配方案和亏损弥补方案。⑦对公司增加或者减少注册资本作出决议。⑧对发行公司债券作出决议。⑨对公司合并、分立、变更公司形式、解散和清算等事项作出决议。⑩修改公司章程。公司章程规定的其他职权。

对上述事项，股东以书面形式一致表示同意的，可以不召开股东会会议，直接作出决定，并由全体股东在决定文件上签名、盖章。

2. 股东会的形式

股东会会议分为定期会议和临时会议。定期会议应当按照公司章程的规定按时召开。临时会议是指在定期会议之外必要的时间，由于法定事由或者根据法定人员、机构的提议召开的股东会会议。根据《中华人民共和国公司法》的规定，代表 1/10 以上表决权的股东，1/3 以上的董事，监事会或者不设监事会的公司的监事提议召开临时会议的，应当召开临时会议。

3. 股东会的召集

首次股东会会议由出资最多的股东召集和主持，依法行使职权。以后的股东会会议，公司设立董事会的，由董事会召集，董事长主持；董事长不能或者不履行职务的，由副董事长主持；副董事长不能或者不履行职务的，由半数以上董事共同推举 1 名董事主持。公司不设董事会的，股东会会议由执行董事召集和主持。董事会或者执行董事不能或者不履行召集股东会会议职责的，由监事会或者不设监事会的公司的监事召集和主持；监事会或者监事不召集和主持的，代表 1/10 以上表决权的股东可以自行召集和主持。

召开股东会会议，应当于会议召开 15 日以前通知全体股东，但公司章程另有规定或者全体股东另有约定的除外。股东会应当对所议事项的决定作成会议记录，出席会议的股东应当在会议记录上签名。

4. 股东会的决议

股东会会议由股东按照出资比例行使表决权，但公司章程另有规定的除外。股东会的议事方式和表决程序，一般由公司章程规定。股东会会议作出修改公司章程、增加或者减少注册资本的决议，以及公司合并、分立、解散或者变更公司形式的决议，必须经代表 2/3 以上表决权的股东通过。

（二）董事会

有限责任公司的董事会是公司股东会的执行机构，向股东会负责。

1. 董事会的组成

有限责任公司的董事会成员为 3~13 人。两个以上的国有企业或者其他两个以上的国有投资主体投资设立的有限责任公司，其董事会成员中应当有公司职工代表；其他有限责任公司董事会成员中也可以有公司职工代表。董事会中的职工代表由公司职工通过职工代表大会、职工大会或者其他形式民主选举产生。

董事会设董事长 1 人，可以设副董事长。董事长、副董事长的产生办法由公司章程规定。董事任期由公司章程规定，但每届任期不得超过 3 年。董事任期届满，连选可以连任。董事任期届满未及时改选，或者董事在任期内辞职导致董事会成员低于法定人数的，在改选出的董事就任前，原董事仍应当依照法律、行政法规和公司章程的规定，履行董事职务。

2. 董事会的职权

董事会对股东会负责，行使下列职权：①召集股东会会议，并向股东会报告工作。②执行股东会的决议。③决定公司的经营计划和投资方案。④制订公司的年度财务预算方案、决算方案。⑤制订公司的利润分配方案和弥补亏损方案。⑥制订公司增加或者减少注册资本以及发行公司债券的方案。⑦制订公司合并、分立、解散或者变更公司形式的方案。⑧决定公司内部管理机构的设置。⑨决定聘任或者解聘公司经理及其报酬事项，并根据经理的提名决定聘任或者解聘公司副经理、财务负责人及其报酬事项。⑩制定公司的基本管理制度。公司章程规定的其他职权。

3. 董事会会议

董事会会议由董事长召集和主持；董事长不能或者不履行职务的，由副董事长召集和主持；副董事长不能履行职务或者不履行职务的，由半数以上董事共同推举 1 名董事召集和主持。董事会的议事方式和表决程序，除《中华人民共和国公司法》另有规定外，由公司章程规定。董事会决议的表决，实行一人一票。董事会应当对所议事项的决定作成会议记录，出席会议的董事应当在会议记录上签名。

股东人数较少或者规模较小的有限责任公司，可以设 1 名执行董事，不设立董事会。执行董事可以兼任公司经理。执行董事的职权由公司章程规定。

4. 经理

有限责任公司可以设经理，由董事会决定聘任或者解聘。经理对董事会负责，行使下列职权：①主持公司的生产经营管理工作，组织实施董事会决议。②组织实施公司年度经营计划和投资方案。③拟订公司内部管理机构设置方案。④拟订公司的基本管理制度。⑤制定公司的具体规章。⑥提请聘任或者解聘公司副经理、财务负责人。⑦决定聘任或者解聘除应由董事会决定聘任或者解聘以外的负责管理人员。⑧董事会授予的其他职权。

经理列席董事会会议。

（三）监事会

监事会是公司的监督机构，由依法产生的监事组成，是对董事和经理的经营管理行为以及对公司财务进行监督的常设机构。它代表全体股东对公司经营管理进行监督，行使监督职能。

1. 监事会的组成

有限责任公司设立监事会，其成员不得少于 3 人。股东人数较少或者规模较小的有限责任公司，可以设 1~2 名监事，不设立监事会。监事会应当包括股东代表和适当比例的公司职工代表，其中职工代表的比例不得低于 1/3，具体比例由公司章程规定。监事会中的职工代表由公司职工通过职工代表大会、职工大会或者其他形式民主选举产生。监事会设主席 1 人，由全体监事过半数选举产生。董事、高级管理人员不得兼任监事。

2. 监事的任期

监事的任期每届为 3 年。监事任期届满，连选可以连任。监事任期届满未及时改选，或者监事在任期内辞职导致监事会成员低于法定人数的，在改选出的监事就任前，原监事仍应当依照法律、行政法规和公司章程的规定，履行监事职务。

3. 监事会的职权

监事会、不设监事会的公司的监事行使下列职权：①检查公司财务。②对董事、高级管理人员执行公司职务的行为进行监督，对违反法律、行政法规、公司章程或者股东会决议的董事、高级管理人员提出罢免的建议。③当董事、高级管理人员的行为损害公司的利益时，要求董事、高级管理人员予以纠正。④提议召开临时股东会会议，在董事会不履行本法规定的召集和主持股东会会议职责时召集和主持股东会会议。⑤向股东会会议提出提案。⑥依照《中华人民共和国公司法》第 151 条的规定，对董事、高级管理人员提起诉讼。⑦公司章程规定的其他职权。

监事可以列席董事会会议，并对董事会决议事项提出质询或者建议。

监事会、不设监事会的公司的监事发现公司经营情况异常，可以进行调查；必要时，可以聘请会计师事务所等协助其工作，费用由公司承担。

4. 监事会会议

监事会会议由监事会主席召集和主持；监事会主席不能或者不履行职务的，由半数以上监事共同推举 1 名监事召集和主持监事会会议。

监事会每年度至少召开一次，监事可以提议召开临时监事会会议。监事会的议事方式和表决程序，除《中华人民共和国公司法》有规定的外，由公司章程规定。监事会决议应当经半数以上监事通过。监事会应当对所议决事项的决定作成会议记录，出席会议的监事应在会议记录上签名。

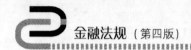
三、有限责任公司的特殊形式

（一）一人有限责任公司

一人有限责任公司是指股东仅为一人，并由该股东持有公司全部出资的有限责任公司。一人有限责任公司有以下特殊规定：

（1）一人有限责任公司是指只有一个自然人股东或者一个法人股东的有限责任公司。

（2）一个自然人只能投资设立一个一人有限责任公司，该一人有限责任公司不能投资设立新的一人有限责任公司。

（3）一人有限责任公司章程由股东制定。

（4）一人有限责任公司不设股东会。股东会职权由股东行使，股东行使职权时，应当采用书面形式，并由股东签名后置备于公司。

（5）一人有限责任公司应当在每一会计年度终了时编制财务会计报告，并经会计师事务所审计。

（6）一人有限责任公司应当在公司登记中注明自然人独资或者法人独资，并在公司营业执照中载明。为防止一人有限责任公司的股东滥用公司法人人格与有限责任制度，将公司财产混同于个人财产，抽逃资产，损害债权人的利益，《中华人民共和国公司法》规定，一人有限责任公司的股东不能证明公司财产独立于股东自己的财产的，应当对公司债务承担连带责任。

（二）国有独资公司

国有独资公司是指国家单独出资、由国务院或者地方人民政府授权本级人民政府国有资产监督管理机构履行出资人职责的有限责任公司。国务院确定的生产特殊产品的公司或者属于特定行业的公司，应当采取国有独资公司形式。国有独资公司有以下特殊规定：

（1）国有独资公司章程由国有资产监督管理机构制定，或者由董事会制定报国有资产监督管理机构批准。

（2）国有独资公司不设股东会，由国有资产监督管理机构行使股东会职权。国有资产监督管理机构可以授权公司董事会行使股东会的部分职权，决定公司的重大事项，但公司的合并、分立、解散、增加或者减少注册资本和发行公司债券，必须由国有资产监督管理机构决定；其中，重要的国有独资公司合并、分立、解散、申请破产的，应当由国有资产监督管理机构审核后，报本级人民政府批准。

（3）国有独资公司设董事会，董事每届任期不得超过3年。董事会成员中应当有公司职工代表。董事会成员由国有资产监督管理机构委派；但是，董事会成员中的职工代表由公司职工代表大会选举产生。董事会设董事长一人，可以设副董事长。董事长、副董事长由国有资产监督管理机构从董事会成员中指定。

（4）国有独资公司设经理，由董事会聘任或者解聘。经国有资产监督管理机构同意，董事会成员可以兼任经理。

国有独资公司的董事长、副董事长、董事、高级管理人员，未经国有资产监督管理机构同意，不得在其他有限责任公司、股份有限公司或者其他经济组织兼职。

（5）国有独资公司设监事会，其成员不得少于 5 人，其中职工代表的比例不得低于 1/3，具体比例由公司章程规定。监事会成员由国有资产监督管理机构委派，但监事会中的职工代表由职工代表大会选举产生。监事会主席由国有资产监督管理机构从监事会成员中指定。

四、有限责任公司的股权转让

股权转让是指有限责任公司的股东依照一定程序将自己持有的股权转让给受让人，受让人取得该股权而成为公司股东或增加持有公司的出资额的行为。

（一）股权转让的限制

1. 股东之间转让股权

有限责任公司的股东之间可以相互转让股权。股东之间只要双方协商一致，即可转让股权。公司章程对股东之间股权转让另有规定的，从其规定。

2. 股东向股东以外的人转让股权

股东向股东以外的人转让股权，应当经其他股东过半数同意。股东应就其股权转让事项书面通知其他股东征求同意，其他股东自接到书面通知之日起满 30 日未答复的，视为同意转让。其他股东半数以上不同意转让的，不同意的股东应当购买该转让的股权；不购买的，视为同意转让。

经股东同意转让的股权，在同等条件下，其他股东有优先购买权。两个以上股东主张行使优先购买权的，协商确定各自的购买比例；协商不成的，按照各自的出资比例行使优先购买权。公司章程对股权转让另有规定的，从其规定。

3. 人民法院强制执行的股权转让

人民法院依照法律规定的强制执行程序转让股东的股权时，应当通知公司及全体股东，其他股东在同等条件下有优先购买权。其他股东自人民法院通知之日起满 20 日不行使优先购买权的，视为放弃优先购买权。

（二）股权转让的程序

公司内部股东之间股权转让的，出让方与受让方签订股权转让协议，完成股权转让后，公司应当注销原股东的出资证明书，向受让股东重新签发出资证明书，并相应修改公司章程和股东名册中有关股东及其出资额的记载。对公司章程的该项修改不需要再由股东会表决。

股东向股东之外的人转让股权的，除新股东要提交主体资格证明或自然人身份证明，并向新股东签发出资证明外，其他手续与前述转让手续相同。即使股东向股东之外的人转让股权，也无须经过股东会作出决议。

自然人股东死亡后，其合法继承人可以继承股东资格；但是，公司章程另有规定的除外。

第三节　股份有限公司

一、股份有限公司的设立

（一）股份有限公司的设立条件

（1）发起人符合法定人数。设立股份有限公司，应当有 2 人以上 200 人以下为发起人，其中须有半数以上的发起人在中国境内有住所。

（2）有符合公司章程规定的全体发起人认购的股本总额或者募集的实收股本总额。股份有限公司采取发起设立方式设立的，注册资本为在公司登记机关登记的全体发起人认购的股本总额。在发起人认购的股份缴足前，不得向他人募集股份。

股份有限公司采取募集方式设立的，注册资本为在公司登记机关登记的实收股本总额。

法律、行政法规以及国务院决定对股份有限公司注册资本实缴、注册资本最低限额另有规定的，从其规定。

（3）股份发行、筹办事项符合法律规定。

（4）发起人制定公司章程，采用募集方式设立的经创立大会通过。股份有限公司采取发起设立方式设立的，公司章程由全体发起人共同制定；采取募集方式设立的，章程由发起人制定，但要经有其他认股人参加的创立大会通过，以出席会议的认股人所持表决权的半数以上通过，方为有效。

（5）有公司名称，建立符合股份有限公司要求的组织机构。

（6）有公司住所。

（二）股份有限公司的设立程序

1. 发起设立方式设立股份有限公司的程序

（1）发起人书面认足公司章程规定其认购的股份。

（2）缴纳出资。

（3）选举董事会和监事会。

（4）申请设立登记。

2. 募集设立方式设立股份有限公司的程序

（1）发起人认购股份。发起人认购的股份不得少于公司股份总数的 35%；但是，法律、行政法规另有规定的，从其规定。

（2）向社会公开募集股份。必须公告招股说明书，并制作认股书。

（3）召开创立大会。发起人应当在股款缴足之日起 30 日内主持召开由发起人、认股人组成的创立大会。创立大会对诸如通过公司章程、选举董事会成员、监事会成员、是否设立公司等重大事项作出决议。发行的股份超过招股说明书规定的截止日期尚未募足的，或发行股份的股款缴足后，发起人30天内未召开创立大会的，或创立大会作出不设立公司决议的，认股人可以就所缴股款并加算银行同期存款利息，要求发起人返还。

（4）申请设立登记并公告。董事会于创立大会结束后30日内向公司登记机关申请设立登记。登记机关依法核准登记后发给《企业法人营业执照》，营业执照签发日期为公司成立日期。股份公司成立后，发起人未按公司章程的规定缴足出资的，应当补缴，其他发起人承担连带责任；发现作为设立公司出资的非货币财产的实际价额显著低于公司章程所定价额的，应由交付该出资的发起人补足其差额，其他发起人承担连带责任。

【知识拓展】发起设立与募集设立

股份有限公司的设立分为发起设立和募集设立两种方式。发起设立是指由发起人共同出资认购全部股份，不再向社会公众公开募集的一种公司设立方式。募集设立是指发起人只认购公司股份或首期发行股份的一部分，其余部分对外募集而设立公司的方式。发起设立和募集设立有以下区别：

（1）以发起设立方式设立股份有限公司的，设立时股份全部由发起人认购，而不向发起人以外的任何社会公众发行股份，在发行新股之前，其全部股份都由发起人持有，公司的全部股东都是设立公司的发起人。

以募集设立方式设立股份有限公司的，在公司成立时，认购公司应发行股份的人不仅有发起人，还有发起人以外的投资者。

（2）发起设立方式比较简便，只要发起人认足了股份就可以向公司登记机关申请设立登记。这种设立方式，要求发起人有比较雄厚的资金。

募集设立方式的发起人只需要投入较少的资金，就能够从社会上募集到较多的资金，从而使公司迅速聚集到较大的资本额。但是，由于募集设立涉及发起人以外的人，法律对募集设立规定了较严格的程序。

二、股份有限公司的组织机构

股份有限公司的组织机构与有限责任公司的组织机构基本相同。这里仅重点说明其特别之处。

（一）股东大会

1. 股东大会职权

股东大会的职权与有限责任公司股东会的职权基本相同。

2. 股东大会形式

股东大会分为年会与临时大会。股东大会年会应当每年召开一次。上市公司的年度股东大会应当于上一会计年度结束后的6个月内举行。

有下列情形之一的，应当在2个月内召开临时股东大会：①董事人数不足《中华人民共和国公司法》规定人数或者公司章程所定人数的2/3时。②公司未弥补的亏损达实收股本总额1/3时。③单独或者合计持有公司10%以上股份的股东请求时。④董事会认

为必要时。⑤监事会提议召开时。⑥公司章程规定的其他情形。

3. 股东大会召开

股东大会会议由董事会召集，董事长主持；董事长不能或者不履行职务的，由副董事长主持；副董事长不能或者不履行职务的，由半数以上董事共同推举一名董事主持。董事会不能或者不履行召集股东大会会议职责的，监事会应当及时召集和主持；监事会不召集和主持的，连续90日以上单独或者合计持有公司10%以上股份的股东可以自行召集和主持。

召开股东大会会议，应当将会议召开的时间、地点和审议的事项于会议召开20日前通知各股东；临时股东大会应当于会议召开15日前通知各股东；发行无记名股票的，应当于会议召开30日前公告会议召开的时间、地点和审议事项。单独或者合计持有公司3%以上股份的股东，可以在股东大会召开10日前提出临时提案并书面提交董事会；董事会应在收到提案后2日内通知其他股东，并将该临时提案提交股东大会审议。无记名股票持有人出席股东大会会议的，应当在会议召开5日前至股东大会闭会时将股票交存于公司。

4. 股东大会决议

股东出席股东大会会议，所持每一股份有一表决权。公司持有的本公司的股份没有表决权。

股东大会作出决议，必须经出席会议的股东所持表决权过半数通过。但是，股东大会作出修改公司章程，增加或者减少注册资本的决议，以及公司合并、分立、解散或者变更公司形式的决议，必须经出席会议的股东所持表决权的2/3以上通过。

股东大会应当对所议事项的决定作成会议记录，主持人、出席会议的董事应当在会议记录上签名。会议记录应当与出席股东的签名册及代理出席的委托书一并保存。

（二）董事会

1. 董事会组成

股份有限公司董事会的成员为5～19人。董事由股东大会选举产生。董事会成员中可以有公司职工代表。董事会中的职工代表由公司职工通过职工代表大会、职工大会或者其他形式民主选举产生。

董事会设董事长一人，可以设副董事长。董事长和副董事长由董事会以全体董事的过半数选举产生。董事长召集和主持董事会会议，检查董事会决议的实施情况。副董事长协助董事长工作，董事长不能或者不履行职务的，由副董事长履行职务；副董事长不能或者不履行职务的，由半数以上董事共同推举一名董事履行职务。

2. 董事的任期和董事会的职权

股份有限公司董事的任期、董事会的职权与有限责任公司相同。

3. 董事会的召开

（1）董事会每年度至少召开两次会议，每次会议应当于会议召开10日前通知全体董事和监事。代表1/10以上表决权的股东、1/3以上董事或者监事会，可以提议召开董事会临时会议。董事长应当自接到提议后10日内，召集和主持董事会会议。董事会召开临时会议，可以另定召集董事会的通知方式和通知时限。

（2）董事会会议应有过半数的董事出席方可举行。董事会作出决议必须经全体董事的过半数通过。董事会决议的表决实行一人一票。董事会会议应由董事本人出席，董事因故不能出席，可以书面委托其他董事代为出席，委托书中应载明授权范围。

（3）董事会应当对会议所议事项的决定作成会议记录，出席会议的董事应当在会议记录上签名。董事应当对董事会的决议承担责任。董事会的决议违反法律、行政法规或者公司章程、股东大会决议，致使公司遭受严重损失的，参与决议的董事对公司负赔偿责任。但经证明在表决时曾表明异议并记载于会议记录的，该董事可以免除责任。

（4）上市公司董事与董事会会议决议事项所涉及的企业有关联关系的，不得对该项决议行使表决权，也不得代理其他董事行使表决权。该董事会会议由过半数的无关联关系董事出席即可举行，董事会会议所作决议须经无关联关系董事过半数通过。

4. 经理

经理负责公司的日常管理工作，由董事会决定聘任或解聘。经理对董事会负责，其职权与有限责任公司的经理职权相同。经理可以由董事会成员兼任。

（三）监事会

1. 监事会的组成

股份有限公司应当设监事会，其成员不得少于 3 人。监事会应当包括股东代表和适当比例的公司职工代表，其中职工代表的比例不得低于 1/3，具体比例由公司章程规定。监事会中的职工代表由公司职工通过职工代表大会、职工大会或者其他形式民主选举产生。董事、高级管理人员不得兼任监事。

监事会设主席一人，可以设副主席。监事会主席和副主席由全体监事过半数选举产生。监事会会议由监事会主席召集和主持；监事会主席不能或者不履行职务的，由监事会副主席召集和主持；监事会副主席不能或者不履行职务的，由半数以上监事共同推举一名监事召集和主持。

2. 监事会的任期和职权

股份有限公司监事会的职权和监事的任期与有限责任公司监事会的职权和监事的任期基本相同。

3. 监事会会议的召开。

股份有限公司监事会每 6 个月至少召开一次会议。监事可以提议召开临时监事会会议。监事会的议事方式和表决程序，除法律有规定的外，由公司章程规定。

三、股份有限公司的股份发行与转让

（一）股份发行

股份的发行实行公平、公正的原则，同种类的每一股份应当具有同等权利。同次发行的同种类股票，每股的发行条件和价格应当相同；任何单位或个人所认购的股份，每股应当支付相同的价额。

股票发行价格可以按票面金额，也可以按超过票面金额发行，但不得低于票面金额

发行。

公司发行的股票可以为记名股票，也可以为无记名股票，但公司向发起人、法人发行的股票，应当为记名股票，应当记载发起人、法人的名称或者姓名，不得另立户名或者以代表人姓名记名。

（二）股份转让

股东持有的股份可以依法转让。股东转让其股份，应当在依法设立的证券交易场所进行或者按照国务院规定的其他方式进行。公司法对股份转让有以下限制：

（1）发起人持有的本公司股份，自公司成立之日起1年内不得转让，公司公开发行股份前已发行的股份，自公司股票在证券交易所上市交易之日起1年内不得转让。

（2）公司董事、监事、高级管理人员应当向公司申报所持有的本公司的股份及其变动情况，任职期间每年转让的股份不得超过其所持有本公司股份总数的25%；所持本公司股份自公司股票上市交易之日起1年内不得转让。上述人员离职后半年内，不得转让其所持有的本公司股份。

（3）公司不得收购本公司股份。但是，有下列情形之一的除外：①减少公司注册资本。②与持有本公司股份的其他公司合并。③将股份用于员工持股计划或者股权激励。④股东因对股东大会作出的公司合并、分立决议持异议，要求公司收购其股份。⑤将股份用于转换上市公司发行的可转换为股票的公司债券。⑥上市公司为维护公司价值及股东权益所必需。

（4）公司不得接受本公司的股票作为质押权的标的。

第四节　公司的财务会计

一、公司财务会计报告的基本规定

公司财务会计报告包括会计报表及其附注、其他应当在财务会计报告中披露的相关信息和资料。公司应当于年度终了编报财务会计报告。

公司对外提供的财务会计报告，应由公司负责人和主管会计工作的负责人、会计机构负责人（会计主管人员）签名并盖章。设置总会计师的企业，还应由总会计师签名并盖章。

财务会计报告须经注册会计师审计的，公司应当将注册会计师及其会计师事务所出具的审计报告随同财务会计报告一并对外提供。

二、利润分配

公司利润是指公司在一定会计期间的经营成果，包括营业利润、投资净收益和营业外收支净额等。根据《中华人民共和国公司法》以及有关规定，公司应当按照以下顺序进行利润分配：

（1）弥补以前年度的亏损，但最长不得超过 5 年。

（2）缴纳企业所得税。

（3）弥补在税前利润亏损之后仍存在的亏损。

（4）提取法定公积金。

（5）提取任意公积金。

（6）向股东分配利润。

公司弥补亏损和提取公积金后所余税后利润，有限责任公司按照股东实缴的出资比例分配，但全体股东约定不按照出资比例分配的除外；股份有限公司按照股东持有的股份比例分配，但股份有限公司章程规定不按持股比例分配的除外。

公司股东（大）会或者董事会违反规定，在公司弥补亏损和提取法定公积金之前向股东分配利润的，股东必须将违规分配的利润退还给公司。公司持有的本公司股份不得分配利润。

三、公积金

公积金是公司在资本之外所保留的资金金额，又称附加资本或准备金。

（一）公积金的种类

公积金分为盈余公积金和资本公积金两类。

（1）盈余公积金。盈余公积金是从公司税后利润中提取的公积金，分为法定公积金和任意公积金两种。任意公积金按照公司股东会或者股东代表大会决议，从公司税后利润中提取。法定公积金按照公司税后利润的 10% 提取，当公司法定公积金累计额为公司注册资本的 50% 以上的，可不再提取。

（2）资本公积金。资本公积金是直接由资本原因等形成的公积金，股份有限公司以超过股票票面金额的发行价格发行股份所得的溢价款，以及国务院财政部门规定列入资本公积金的其他收入，应当列为公司资本公积金。

（二）公积金的用途

（1）弥补公司亏损。公司的亏损可以用公司税后利润弥补，税后利润仍不足弥补的，可以用公积金弥补。但是，资本公积金不得用于弥补公司的亏损。

（2）扩大公司生产经营。

（3）转增公司资本。对用任意公积金转增资本的，法律没有限制，但用法定公积金转增资本时，所留存的该项公积金不得少于转增前公司注册资本的 25%。

【例 8-3】 某有限责任公司的下列财务会计事项中，符合公司法律制度规定的是（ ）。

A. 依照公司章程的规定，由董事会决定聘用承办公司审计业务的会计师事务所

B. 将公司部分货币资产以个人名义开立账户存储

C. 公司财务会计报告只提供给持有表决权 10% 以上的股东查阅

D. 在法定会计账簿外另立会计账簿

【答案】A

【解析】①公司聘用、解聘承办公司审计业务的会计师事务所，依照公司章程的规定，由股东会、股东大会或者董事会决定，选项 A 正确。②公司资产不得以任何个人名义开立账户存储，选项 B 错误。③有限责任公司应当依照公司章程规定的期限将财务会计报告送交各股东，选项 C 错误。④公司除法定的会计账簿外，不得另立会计账簿，选项 D 错误。

第五节　公司的合并、分立、解散和清算

一、公司合并

公司合并是指两个以上的公司依照法定程序变为一个公司的行为。

（一）公司合并的形式

（1）吸收合并。吸收合并是指一个公司吸收其他公司加入本公司，被吸收的公司解散。如图 8-1 所示，B 公司被 A 公司吸收合并组成新的 A 公司，B 公司被解散，不再存在。

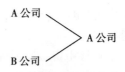

图 8-1　吸收合并示意图

（2）新设合并。新设合并是指两个以上公司合并设立一个新的公司，合并各方解散。如图 8-2 所示，A 公司和 B 公司合并组成新的 C 公司，A、B 公司都被解散，不再存在。

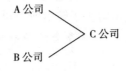

图 8-2　新设合并示意图

（二）公司合并的程序

（1）签订合并协议。合并协议应当包括以下主要内容：①合并各方的名称、住所。②合并后存续公司或新设公司的名称、住所。③合并各方的债权债务处理办法。④合并各方的资产状况及其处理办法。⑤存续公司或新设公司因合并而增资所发行的股份总额、种类和数量。⑥合并各方认为需要载明的其他事项。

（2）编制资产负债表及财产清单。

（3）通知债权人。公司应当自作出合并决议之日起 10 日内通知债权人，并于 30 日内在报纸上公告。债权人自接到通知书之日起 30 日内，未接到通知书的自公告之日起 45 日内，可以要求公司清偿债务或者提供相应的担保。

（4）依法进行登记。公司合并后，应当依法向公司登记机关办理相应的变更登记、注销登记、设立登记。

（三）公司合并各方的债权、债务的承接

公司合并时，合并各方的债权、债务应当由合并后存续的公司或者新设的公司承继。

二、公司分立

公司分立是指一个公司依法分为两个以上的公司。

（一）公司分立的形式

1. 派生分立

派生分立是指公司以其部分财产另设一个或数个新的公司，原公司存续。如图 8-3 所示，A 公司以其部分财产新设立一个公司 B 公司，A 公司继续存续。

图 8-3　派生分立示意图

2. 新设分立

新设分立是公司以其全部财产分别归入两个以上的新设公司，原公司解散。如图 8-4 所示，A 公司以其全部的财产新设立两个公司（B 公司和 C 公司），A 不再存续。

图 8-4　新设分立示意图

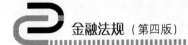

（二）公司分立的程序

公司分立的程序与公司合并的程序基本一样，要签订分立协议，编制资产负债表及财产清单，作出分立决议，通知债权人，办理工商变更登记等。

（三）公司分立前债务的承担

公司分立前的债务由分立后的公司承担连带责任。但是，公司在分立前与债权人就债务清偿达成的书面协议另有约定的除外。

三、公司解散

公司有以下情形之一的，应当解散：①公司章程规定的营业期限届满或者公司章程规定的其他解散事由出现。②股东会或者股东大会决议解散。③因公司合并、分立需要解散。④依法被吊销营业执照、责令关闭或者被撤销。⑤人民法院依法予以解散。

四、公司清算

（一）清算组

公司应当在解散事由出现之日起 15 日内成立清算组。有限责任公司的清算组由股东组成，股份有限公司的清算组由董事或者股东大会确定的人员组成。

（二）债权登记

清算组应当自成立之日起 10 日内通知债权人，并于 60 日内在报纸上公告。债权人自接到通知书之日起 30 日内，未接到通知书的自公告之日起 45 日内，向清算组申报债权。

（三）清算

清算方案应当报股东大会或者人民法院确认。清算组执行未经确认的清算方案给公司或者债权人造成损失，公司、股东或者债权人有权要求清算组成员承担赔偿责任。公司解散时，股东尚未缴纳的出资均应作为清算财产。清算组如发现公司财产不足清偿债务的，应当依法向人民法院申请宣告破产。

（四）债务清偿

公司财产在分别支付清算费用、职工的工资、社会保险费用和法定补偿金，缴纳所欠税款，清偿公司债务后的剩余财产，有限责任公司按照股东的出资比例分配，股份有限公司按照股东所持有的股份比例分配。

（五）注销登记

公司清算结束后，清算组应当制作清算报告，报股东（大）会或人民法院确认，并报送公司登记机关，申请注销公司登记，公告公司终止。

公司未经清算即办理注销登记，导致公司无法进行清算的，债权人有权要求有限责任公司的股东、股份有限公司的董事和控股股东，以及公司的实际控制人对公司债务承担清偿责任。

【本章参考法规】

1. 《中华人民共和国公司法》（1993 年 12 月 29 日第八届全国人民代表大会常务委员会第五次会议通过，2018 年 10 月 26 日第十三届全国人民代表大会常务委员会第六次会议第五次修正）。

2. 《最高人民法院关于公司法的五个司法解释》。

3. 《中华人民共和国公司登记管理条例》（1994 年 6 月 24 日国务院令第 156 号发布，2016 年 2 月 6 日国务院第三次修正）。

【课后练习】

一、单项选择题

1. 根据公司法律制度的规定，有限责任公司的成立日期为（　　）。

A. 公司登记机关受理设立申请之日

B. 公司企业法人营业执照签发之日

C. 公司企业法人营业执照领取之日

D. 公司股东缴足出资之日

2. 下列关于有限责任公司股东出资方式的表述中，符合公司法律制度规定的是（　　）。

A. 以商誉作价出资

B. 以劳务作价出资

C. 以特许经营权作价出资

D. 以土地使用权作价出资

3. 根据公司法律制度的规定，有限责任公司的股东不得抽回其投资的是（　　）。

A. 缴纳出资后

B. 经法定验资机构验资后

C. 提出公司设立登记申请后

D. 公司成立后

4. 王某、刘某共同出资设立了甲有限责任公司，注册资本为 10 万元，下列关于甲公司组织机构设置的表述中，不符合公司法律制度规定的是（　　）。

A. 甲公司决定不设董事会，由王某担任执行董事

B. 甲公司决定不设监事会，由刘某担任监事

C. 甲公司决定由执行董事王某兼任经理

D. 甲公司决定由执行董事王某兼任监事

5. 下列关于一人有限责任公司的表述中，不符合公司法律制度规定的是（　　）。

A. 股东只能是一个自然人

B. 一个自然人只能投资设立一个一人有限责任公司

C. 财务会计报告应当经会计师事务所审计

D. 股东不能证明公司财产独立于自己财产的，应当对公司债务承担连带责任

6. 下列关于子公司法人资格和民事责任承担的表述中，符合公司法律制度规定的是（　　）。

A. 子公司不具有法人资格，其民事责任由母公司承担

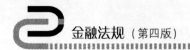

B. 子公司不具有法人资格，其财产不足以清偿的民事责任，由母公司承担

C. 子公司具有法人资格，独立承担民事责任

D. 子公司不具有法人资格，应与母公司共同承担民事责任

7. 根据《中华人民共和国公司法》的规定，下列各项中，不属于有限责任公司监事会职权的是（　　）。

　　A. 检查公司财务　　　　　　　　B. 解聘公司财务负责人

　　C. 提议召开临时股东会会议　　　D. 建议罢免违反公司章程的经理

8. 某有限责任公司股东甲、乙、丙、丁分别持有公司 5%、20%、35% 和 40% 的股权，该公司章程未对股东行使表决权及股东会决议方式作出规定。下列关于该公司股东会会议召开及决议作出的表述中，符合《中华人民共和国公司法》规定的是（　　）。

　　A. 甲可以提议召开股东会临时会议

　　B. 只有丁可以提议召开股东会临时会议

　　C. 只要丙和丁表示同意，股东会即可作出增加公司注册资本的决议

　　D. 只要乙和丁表示同意，股东会即可作出变更公司形式的决议

9. 下列关于国有独资公司组织机构的表述中，符合公司法律制度规定的是（　　）。

　　A. 国有独资公司应当设股东会

　　B. 国有独资公司董事长由董事会选举产生

　　C. 经国有资产监督管理机构同意，国有独资公司董事可以兼任经理

　　D. 国有独资公司监事会主席由监事会成员选举产生

10. 下列关于股份有限公司股票发行的表述中，不符合《中华人民共和国公司法》规定的是（　　）。

　　A. 股票发行必须同股同价

　　B. 股票发行价格可以低于票面金额

　　C. 向发起人发行的股票，应当为记名股票

　　D. 向法人发行的股票，应当为记名股票

11. 下列关于股份有限公司公积金的表述中，不符合《中华人民共和国公司法》规定的是（　　）。

　　A. 法定公积金按照公司税后利润的 10% 提取

　　B. 法定公积金累计额为公司注册资本的 50% 以上时，可以不再提取

　　C. 资本公积金可用于弥补公司的亏损

　　D. 公司以超过股票票面金额的发行价格发行股份所得的溢价款，应列为资本公积金

二、多项选择题

1. 下列关于有限责任公司成立条件的说法中，正确的有（　　）。

A. 股东可以用劳务出资

B. 股东既可一次缴足出资，也可分期缴付出资

C. 分期缴付出资，应自公司成立之日起两年内缴足

D. 有限责任公司成立后，发现作为设立公司出资的非货币财产的实际价额显著低

于公司章程所定价额的，应当由交付该出资的股东补足其差额，公司设立时的其他股东承担连带责任

2. 根据公司法律制度的规定，有限责任公司股东会会议对下列事项作出的决议中，必须经代表2/3以上表决权的股东通过的有（　　）。

A. 修改公司章程　　　　　　　　B. 减少注册资本

C. 更换公司董事　　　　　　　　D. 变更公司形式

3. 甲、乙、丙三人共同出资100万元设立了一个有限责任公司，其中甲以现金出资60万元，乙以财产出资25万元，丙出资15万元。2010年4月公司成立后，召开了第一次股东会会议。有关这次会议的下列情况中，符合《中华人民共和国公司法》规定的有（　　）。

A. 会议由乙召集和主持

B. 会议决定不设董事会，由甲担任执行董事，甲为公司的法定代表人

C. 会议决定设1名监事，由乙担任，任期3年

D. 会议决定了公司的经营计划和投资方案

4. 根据《中华人民共和国公司法》的规定，下列属于上市公司高级管理人员的有（　　）。

A. 副经理　　　　B. 监事会主席　　　　C. 董事　　　　　　D. 董事会秘书

5. 根据公司法律制度的规定，股份有限公司股东大会所议下列事项中，必须经出席会议的股东所持表决权2/3以上通过的有（　　）。

A. 增加公司注册资本　　　　　　B. 修改公司章程

C. 发行公司债券　　　　　　　　D. 与其他公司合并

6. 下列关于股份有限公司股份转让限制的表述中，符合《中华人民共和国公司法》规定的有（　　）。

A. 公司发起人持有的本公司股份，自公司成立之日起1年内不得转让

B. 公司董事持有的本公司股份，自公司股票上市交易之日起1年内不得转让

C. 公司监事离职后1年内，不得转让其所持有的本公司股份

D. 公司经理在任职期间每年转让的股份不得超过其所持有本公司股份总数的25%

7. 甲公司为有限责任公司，根据公司法律制度的规定，下列各项中，属于甲公司解散事由的有（　　）。

A. 甲公司章程规定的营业期限届满

B. 甲公司被丁公司吸收合并

C. 经代表2/3以上表决权的股东同意，甲公司股东会通过了解散公司的决议

D. 甲公司被依法吊销营业执照

三、判断题

1. 公司是企业法人，有独立的法人财产，享有法人财产权。公司是以其注册资本对公司的债务承担责任的。　　　　　　　　　　　　　　　　　　　　（　　）

2. 公司章程是记载公司组织规范及其行动准则的书面文件，一经生效即对公司股

东、董事、职工及公司债权人发生法律效力。 （　）

3. 公司可以设立分公司。设立分公司，应当向公司登记机关申请登记，领取营业执照。分公司具有法人资格，可以承担民事责任。 （　）

4. 董事会是公司的权力机构，依照公司法行使职权。 （　）

5. 公司的法定代表人依照公司章程的规定，由董事长、执行董事或者经理担任，并依法登记。 （　）

6. 股票发行价格可以按票面金额，也可以超过票面金额，也可低于票面金额。 （　）

7. 股份有限公司股东大会作出决议，必须经出席会议的股东所持表决权过半数通过，包括作出修改公司章程、增加或者减少注册资本的决议，以及公司合并、分立、解散或者变更公司形式的决议。 （　）

8. 发起人向社会公开募集股份，应当同银行签订代收股款协议。代收股款的银行应当按照协议代收和保存股款，向缴纳股款的认股人出具收款单据，并负有向有关部门出具收款证明的义务。 （　）

9. 甲、乙、丙共同投资设立一家有限责任公司，甲以房屋作价100万元出资，并自公司设立时办理了产权转移手续，但直至公司成立半年后才将房屋实际交付给公司使用，乙、丙主张甲在实际交付房屋之前不享有相应股东权利。乙、丙的主张是合法的。 （　）

10. 公司股东滥用公司法人独立地位和股东有限责任，逃避债务，严重损害公司债权人利益的，应当对公司债务承担连带责任。 （　）

四、简答题

比较有限责任公司和股份有限公司的区别。

五、案例题

【材料】甲、乙、丙、丁等20人拟共同出资设立一有限责任公司。股东共同制定了公司章程。在公司章程中，对董事任期、监事会组成、股权转让规则等事项作了以下规定：

（1）公司董事任期为4年。

（2）公司设立监事会，监事会成员为7人，其中包括2名职工代表。

（3）股东向股东以外的人转让股权，必须经其他股东2/3以上同意。

回答下列问题：

（1）公司章程中关于董事任期的规定是否合法？简要说明理由。

（2）公司章程中关于监事会职工代表人数的规定是否合法？简要说明理由。

（3）公司章程中关于股权转让的规定是否合法？简要说明理由。

第九章 合同法律制度

【学习目标】

掌握合同的订立、合同的效力、合同的履行、违约责任的承担；理解合同的条款、合同的变更、转让与终止；了解合同的分类。

【本章知识结构】

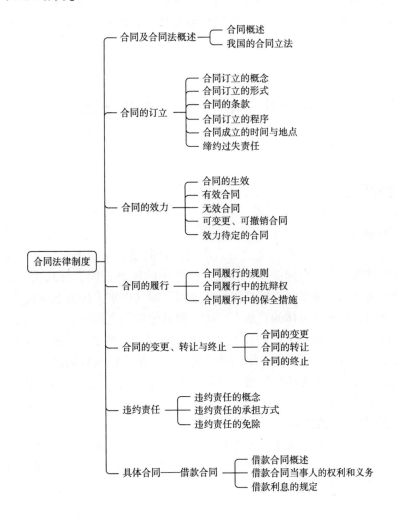

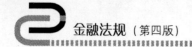

【案例导入】

王某因急需饲料，找到个体经销商李某，经商定，王某以每袋20元的价格购买饲料800袋，共计16000元。王某当即付款6000元。由于该饲料刚从外地运来尚未入库，双方约定由王某于第二天上午10点前来提货和付清余款。不料当晚突然下起暴雨，饲料全被淋湿。第二天，王某闻讯后，要求李某更换饲料或退回6000元货款，但遭李某拒绝。

回答下列问题：

（1）该案中的饲料买卖合同是否成立？属于何种形式？

（2）合同标的物所有权是否发生转移？为什么？

（3）该案中饲料损毁的风险应该由谁承担？为什么？

资料来源：全国高等教育自学考试金融法规试题。

【解析】（1）买卖合同成立。

（2）由于标的物未交付，且双方未约定，所以所有权仍然归李某。

（3）标的物毁损、灭失的风险，在标的物交付之前由出卖人承担，交付之后由买受人承担。本案中由于饲料未交付，风险应由李某承担。

第一节　合同及合同法概述

一、合同概述

（一）合同的概念

合同又称契约，有广义和狭义之分。广义的合同是指一切确立权利、义务的协议，包含了所有法律部门中的合同关系。例如，民法中的民事合同、行政法中的行政合同、劳动法中的劳动合同。狭义的合同是指民事合同，即《中华人民共和国民法典》合同编规定的各类合同，即平等主体的自然人、法人和其他组织之间设立、变更、终止民事法律关系的协议。根据《中华人民共和国民法典》的规定，婚姻、收养、监护等有关身份关系的协议虽然也属于民事合同，但因其不属于《中华人民共和国民法典》合同编的调整范围，为叙述方便，如无特别说明，本书以下所述合同，均不包括婚姻、收养、监护等有关身份关系的协议。

【知识拓展】合同的起源

先秦时期，还没有发明纸张，文字都是刻在竹简或者木简上。当时的一些契约，如借债的债券，就是在竹简或者木简上书写相关的文书，侧面刻上特殊的花纹作为记号，将竹简或者木简一剖为二，契约的双方各执一半作为凭据。收债的时候，债权人和债务人的两半拿到一起，合二为一，"合而相同"，才算验明无误。

《战国策》之《冯谖客孟尝君》就清楚地记录了这一情况。孟尝君问冯谖："乃有意欲为收责于薛乎？"冯谖曰："愿之。"于是约车治装，载券契而行。冯谖带着"券契"去替孟尝君收债。到了孟尝君的封地"薛"之后，使吏召诸民当偿者，悉来合券。这里的合券，就是因为是两部分，双方各执一半，所以要合而验之。

从上面的例子可以看出，周代的合同形式就已经比较完备了。《周礼·秋官·朝土·"判书"疏》中记载道："云判，半分而合者，即质剂，傅别分友合同，两家各得其一者也。"所谓"质剂""傅别"，都是当时用于交易的券据。订立契约后，交易的双方各执一半，作为凭据，互相监督、制约，以保证交易的正常进行。

纸张发明后，订立契约不再用竹简、木简，而是用毛笔书写在纸张上。仍然是采用一式两份，并且沿袭早期的在竹简、木简上刻画记号的做法，将两张契纸并拢，骑缝上画上各自独有的记号，也有骑缝写上"合同大吉"或者在骑缝写上合体字"合同"字样，便于日后双方合对，以验证确属原件。唐宋时期，朝廷规定，凡是典当契约必须为"合同契"一式两份，骑缝做好记号或者盖章，当事双方各保留一份。明清时，凡是商业交易一概都使用"合同契"，简称合同。

到了现代，合同作为当事人之间设立、变更、终止民事关系的协议，成为正式的法律用语。

资料来源：http：//www.360doc.com/index.html。

（二）合同的特征

1. 合同是民事主体之间在平等自愿的基础上达成的协议

合同是平等民事主体之间的协议，非平等主体之间的协议，不属于合同。如行政机关与公务人员之间签订的协议，虽然有的也称为合同，但不属于《中华人民共和国民法典》所指的合同。

2. 合同是双方或多方的民事法律行为

合同是当事人以发生一定民事法律后果为目的的行为，以意思表示为要素，合同至少要有两个以上的当事人，且各方意思表示必须一致。只有一方的意思表示，或虽有各方的意思表示，但意思表示不一致，达不成协议，合同仍然无法成立。

3. 合同是以设立、变更、终止民事法律关系为目的的民事法律行为

协议的内容可以涉及政治、道德、法律等多方面，只有平等主体之间达成的以设立、变更、终止民事法律关系为目的的协议才叫合同。

（三）合同的分类

合同可以按照不同的标准加以分类。

1. 单务合同和双务合同

根据合同当事人是否相互负有对价给付义务，可将合同分为单务合同和双务合同。

单务合同是指当事人双方并不相互负有对价给付义务，而仅有一方当事人承担义务的合同，如赠与合同、借用合同等。

双务合同是指双方当事人互负对价给付义务的合同，如买卖合同、承揽合同、租赁

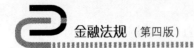

合同等。在这类合同中，一方当事人所享受的权利正是他方当事人所负担的义务。如买卖合同，购买方交付价款的义务，正是销售方收取价款的权利；购买方收取货物的权利正是销售方交付货物的义务。

2. 有偿合同和无偿合同

根据合同当事人权利的获得是否支付相应的代价，可将合同分为有偿合同和无偿合同。

有偿合同是指当事人取得权利必须支付相应代价的合同，如买卖合同、互易合同、租赁合同、运输合同、承揽合同、保险合同等都是有偿合同。

无偿合同是指当事人取得权利无须支付相应代价的合同，如赠与合同、借用合同是典型的无偿合同。

3. 诺成合同和实践合同

根据合同成立除当事人的意思表示以外是否还要交付标的物，可以将合同分为诺成合同和实践合同。

诺成合同是指除当事人意思表示一致即可认定合同成立的合同。这种合同不以交付标的物作为合同成立的要件，如买卖合同、租赁合同、承揽合同等。

实践合同是指除当事人意思表示一致以外，尚须有实际交付标的物或者有其他现实给付行为才能成立的合同。确认某种合同是否属于实践合同，必须法律有规定或者当事人之间有约定。常见的实践合同有保管合同、自然人之间的借贷合同、定金合同等。

【例9-1】老张到菜市场买菜。菜贩吆喝道："卖白菜啰，白菜便宜卖啰！"老张："多少钱一斤？"菜贩："五角一斤！"老张："给你二元，来五斤！"菜贩："好嘞！"菜贩称好菜，递给老张："师傅，你的菜。——二元。"老张正要掏钱，听到菜场里有人喊："大减价啦，新鲜的大白菜一元五斤啦，不好吃不要钱啦！""不要了！不要了！"老张丢下白菜就跑了。

问：菜贩和老张达成买卖白菜的合同了吗？

【答案】菜贩和老张之间已经达成买卖白菜的合同。

【解析】因为买卖合同是诺成合同，只要双方意思表示一致，合同即告成立。本案例中，菜贩开价五角一斤，老张还价二元买五斤，菜贩答应了，这个时候合同就成立了。至于后来老张不要菜了，不是合同没有成立，而是合同没有履行。

4. 有名合同和无名合同

根据法律是否对合同的名称有明确规定，可将合同分为有名合同和无名合同。

有名合同是《中华人民共和国民法典》明确规定了名称与规则的合同，又称典型合同。如《中华人民共和国民法典》规定的买卖合同、赠与合同、借款合同、租赁合同等就属于有名合同。有名合同可直接适用《中华人民共和国民法典》关于该种合同的具体规定。

无名合同是《中华人民共和国民法典》没有明确规定名称与规则的合同，又称非典型合同。当事人可以根据自己的特殊需要订立法律没有规定的无名合同，只要不违背法律的禁止性规定和公序良俗。对无名合同只能在适用《中华人民共和国民法典》合同编中规定的一般规则的同时，参照《中华人民共和国民法典》合同编中最相类似的规定执行。

5. 要式合同和不要式合同

根据法律是否要求具备特定的形式和手续，可将合同分为要式合同和不要式合同。要式合同是指法律规定当事人必须采取法定形式的合同。不要式合同是指法律没有规定必须采取特定的形式，而由当事人自行约定形式的合同。

6. 主合同和从合同

以合同相互间的主从关系为标准，可将合同分为主合同和从合同。

主合同是指不依赖于其他合同而能独立存在的合同。从合同是指以其他合同的存在为存在前提的合同。如借款合同为主合同，为担保该借款合同的履行而订立的保证合同就是从合同。

二、我国的合同立法

改革开放以前，我国实行的是计划经济，经济生活中真正的经济合同几乎绝迹，因而合同法也就没有存在的基础。1982 年开始，《中华人民共和国经济合同法》《中华人民共和国涉外技术合同法》《中华人民共和国技术合同法》相继颁布实施。1999 年统一的《中华人民共和国合同法》颁布，结束了各类经济合同分别立法的历史。2020 年 5 月28 日第十三届全国人民代表大会第三次会议通过了《中华人民共和国民法典》，1999 年的《中华人民共和国合同法》的基本规定为《中华人民共和国民法典》所吸收。

随着《中华人民共和国民法典》的颁布实施，我国目前已无单独的狭义的合同法。本书所述的合同法是广义的合同法，即通常所谓的"合同法律制度"，它是调整平等主体之间民事合同关系的法律规范的总称。我国现行的合同法律制度主要包括三方面：①《中华人民共和国民法典》第三编合同编。②《中华人民共和国民法典》第一编总则编、第二编物权编中关于物权担保合同的法律规范。③最高人民法院关于合同法律规范的司法解释。以上三个方面共同构成了我国的合同法律制度。

平等主体之间有关民事权利义务关系设立、变更、终止的协议均属于合同法的调整范围。用人单位和劳动者之间建立劳动关系，订立、履行、变更、解除或者终止劳动合同，适用《中华人民共和国劳动合同法》，不属于合同法的调整范围。

第二节　合同的订立

一、合同订立的概念

合同订立是指合同当事人就合同的主要条款经过协商一致达成协议的法律行为。合

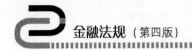

同的当事人可以是自然人，也可以是法人或者其他组织。合同的当事人应当具有与所订立的合同相应的民事权利能力和民事行为能力。当事人可以依法委托代理人订立合同。

二、合同订立的形式

合同的形式分为书面形式、口头形式和其他形式。

（一）书面形式

书面形式是指合同书、信件和数据电文（包括电报、电传、传真、电子数据交换和电子邮件）等可以有形地表现所载内容的形式。法律、行政法规规定采用书面形式的，应当采用书面形式。当事人约定采用书面形式的，应当采用书面形式。

书面形式分为一般书面形式和特殊书面形式。前者不需要履行特殊的手续，后者需要公证、登记、审批等特殊手续。

书面形式是我国合同的主要形式。书面形式明确肯定、有据可查，发生纠纷时便于举证和分清责任。

（二）口头形式

口头形式是指双方当事人通过当面交谈或者以通信设备交谈达成协议。口头形式简单易行，但发生纠纷后取证较难，难以分清责任，一般仅适用于即时清结和涉及金额较小的合同。

（三）其他形式

除书面形式和口头形式外，当事人订立合同还可以采取其他形式，实务中主要有行为默示形式和推定形式。

默示形式是指当事人采用沉默不语的方式为意思表示，但只有在法律有明确规定的情况下才能认定行为人以默示的形式表示其意思。如顾客到自选商场购买商品，直接到货架上拿取商品，支付价款后合同即成立，无须以口头或书面形式确立双方的合同关系。

推定形式是指当事人不直接采取口头或书面形式进行意思表示，而是通过实施某种行为来表示。如存在长期业务往来的生意伙伴之间，一方在看到对方发出的订货单或提供的货物时，如不及时向对方表示拒绝接受，则推定为同意接受，合同成立。推定形式的意思表示只有在有法定或约定、存在交易习惯的情况下，才可视为同意的意思表示。

三、合同的条款

（一）合同的主要条款

合同条款是合同当事人协商一致，规定双方当事人权利义务的具体条文。根据《中华人民共和国民法典》的规定，合同的内容由当事人约定，一般应包括以下条款：

1. 当事人的名称或者姓名和住所

当事人是合同权利的享有者和合同义务的承担者，订立合同时必须把各方当事人的名称或者姓名和住所写清楚。合同当事人是自然人时，应写明当事人的姓名和住所；是法人和其他组织时，应写明名称和住所。

2. 标的

标的是合同权利与义务共同指向的对象。标的是一切合同的必备条款。没有标的，合同不成立，合同关系也无法建立。合同的标的物可以是有形财产、无形财产、劳务和工作成果等。合同对标的的规定应细致、准确、明白。法律禁止的行为或禁止转让的物品，不得作为合同的标的物。

3. 数量

数量是对标的物量的规定性，是以数字和计量单位来衡量标的的尺度。在大多数合同中，数量是必备条款，没有数量，合同不能成立。合同的数量要准确，应选择使用双方当事人共同接受的计量单位、计量方法和计量工具。

4. 质量

质量是标的物的内在品质和外观形态的综合。质量条款包括标的名称、品种、规格、等级、标准、技术要求等。在实践中，质量条款能按国家质量标准约定的，应按国家质量标准约定；没有质量标准的，可按"凭样品"来规定质量条款。

当事人可以约定质量检验的方法、质量责任的期限和条件、对质量提出异议的期限和条件等。

5. 价款或报酬

价款、报酬是一方取得标的所支付的代价。在以物为标的的合同中，称价款，如货款、租金等；在以劳务或工作成果为标的的合同中，称报酬，如承揽费、货物运输费等。合同中应明确规定价款或报酬的数额、计算标准、结算方式等。

6. 履行期限、地点和方式

履行期限是指享有权利的一方要求对方履行其义务的时间范围；履行地点是指合同当事人履行或接受履行合同规定义务的地点；履行方式是指当事人采取何种形式来履行合同规定的义务。

7. 违约责任

违约责任是指当事人在不履行或者不适当履行合同义务所应承担的法律责任，如可以约定违约金责任条款、赔偿金的计算方法等。

8. 解决争议的方法

解决争议的方法是指当事人在合同订立、履行过程中发生争议时解决的途径和方式。可以选择的争议解决方法主要有当事人协商和解、第三人调解、仲裁和诉讼。

（二）格式条款

格式条款是当事人为了重复使用而单方预先拟定，并在订立合同时未与对方协商的条款。由于格式条款是由当事人一方单方面拟定的，且在合同谈判中未经对方协商修改，为防止引发纠纷、保护合同另一方的合法权利，《中华人民共和国民法典》对格式条款的使用规定了以下三个方面的限制。

1. 提供格式条款的一方的义务

采用格式条款订立合同的，提供格式条款的一方应当遵循公平原则确定当事人之间的权利和义务，并采取合理的方式提示对方注意免除或者减轻其责任等与对方有重大利害关系的条款，按照对方的要求，对该条款予以说明。提供格式条款的一方未履行提示或者说明义务，致使对方没有注意或者理解与其有重大利害关系的条款的，对方可以主张该条款不成为合同的内容。

提供格式条款的一方对已尽合理提示及说明义务承担举证责任。

2. 无效的格式条款

有以下情形之一者，格式条款无效：

（1）提供格式条款的一方不合理地免除或减轻其责任，加重对方责任，限制对方主要权利。

（2）提供格式条款的一方排除对方主要权利。

（3）格式条款具有《中华人民共和国民法典》总则编第六章规定的无效情形，包括行为人与相对人以虚假的意思表示实施；恶意串通，损害他人合法权益；违反法律、行政法规的强制性规定或违背公序良俗等。

（4）格式条款具有《中华人民共和国民法典》第506条规定的无效情形，包括造成对方人身损害的免责条款；因故意或重大过失造成对方财产损失的免责条款。

3. 对格式条款的解释

对格式条款的理解发生争议的，应当按照通常理解予以解释。对格式条款有两种以上解释的，应当作出不利于提供格式条款一方的解释。格式条款和非格式条款不一致的，应当采用非格式条款。

【例9-2】李某进超市购物，将装有现金、相机的挎包存放于超市存包处，领包时发现包已遗失，索赔时该超市以"存包处《存包须知》明示：无论存包是否申请物件的价值，若遗失，每件酌情补偿10~20元"为由，最多只愿意赔20元。另悉，该《存包须知》贴在存包窗口，十分醒目。双方为此发生纠纷，李某诉至法院。问：该《存包须知》中的争议条款效力如何？为什么？

【解析】本案中的《存包须知》是为反复使用而拟定的条款，为格式条款。根据《中华人民共和国民法典》合同编的规定，提供格式条款的一方应当遵循公平原则确定当事人之间的权利和义务，并采取合理的方式提请对方注意免除或者限制其责任的条款。本案中，超市在《存包须知》中规定的对所有遗失的包均赔偿10~20元的条款虽然提请了对方注意，但明显违反公平原则，属于"霸王条款"，不具有法律效力。

四、合同订立的程序

当事人对合同内容协商一致、达成一致意见的过程，是通过要约、承诺或其他方式完成的。

（一）要约

要约是指希望和他人订立合同的意思表示。发出要约的当事人叫要约人，要约所指向的对方当事人称为受要约人。

1.要约的条件

（1）内容明确具体。发出要约的目的是订立合同，一经受要约人承诺，合同即告成立，故要约内容必须具备未来合同的主要条款。

（2）必须是特定人所为的意思表示。只有要约人是特定的人，受要约人才能对之承诺。

（3）要约必须向相对人发出。要约必须经过相对人的承诺才能成立合同。相对人一般为特定的人，但在特殊情况下，也可以是不特定人，如各种悬赏广告、商店明码标价出售商品。

（4）表明经受要约人承诺，要约人即受该意思表示约束。要约是一种法律行为，具有法律约束力，要约人发出要约的内容必须能够表明：如果对方接受要约，合同即告成立。

【知识拓展】要约与要约邀请的区分

要约邀请是希望他人向自己发出要约的意思表示。如拍卖公告、招标公告、招股说明书、债券募集办法、基金招募说明书、商业广告和宣传、寄送的价目表等为要约邀请。但是，若商业广告和宣传的内容符合要约的规定，则构成要约。

要约邀请属于合同的准备阶段，没有法律约束力。而要约具有法律的约束力，对方一旦承诺，合同即告成立。

【例9-3】甲公司通过报纸发布商业广告，称其有50辆某型号汽车，每辆价格10万元，广告有效期为10天。乙公司看到该则广告后于第3天带金额为100万元的汇票去甲公司买车，但甲公司的车此时已全部售完，无货可供。乙公司要求甲公司承担此行花费的费用3000元不得而诉至法院。请分析该案应如何处理？

【解析】商业广告一般为要约邀请。但是，若商业广告的内容符合要约的规定，则视为要约。在本案中，甲公司发布的广告，标明了汽车的型号、数量、价格、销售期限，应视为要约。甲公司的要约使乙公司产生了信赖利益，乙为履行合同作了必要准备、花费了必要费用，而甲违背诚实信用原则致使合同未成立，故甲公司应承担缔约过失责任，赔偿乙公司因此所遭受的损失。

2.要约的生效

要约到达受要约人时生效。所谓到达，并不是指一定要实际送达受要约人及其代理人手中，只要送达受要约人通常的地址、住所或能控制的现实或虚拟空间（如信箱或邮箱等），即为到达。

采用数据电文形式订立合同，相对人指定特定系统接收数据电文的，该数据电文进入该特定系统时生效；未指定特定系统的，相对人知道或者应当知道该数据电文进入其系统时生效。

当事人对采用数据电文形式的意思表示的生效时间另有约定的，按照其约定。

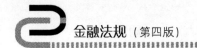

3. 要约的撤回、撤销与失效

要约的撤回是指要约发出后、生效前，要约人收回已经发出的要约，使要约不发生法律效力的行为。要约可以撤回，但撤回要约的通知应当在要约到达受要约人之前或者与要约同时到达受要约人。

要约的撤销是指要约生效后、受要约人承诺前，使要约丧失法律效力的行为。要约可以撤销，撤销要约的意思表示以对话方式作出的，该意思表示的内容应当在受要约人作出承诺之前为受要约人所知道；撤销要约的意思表示以非对话方式作出的，应当在受要约人作出承诺之前到达受要约人。下列情形下要约不得撤销：①要约人以确定承诺期限或者其他形式明示要约不可撤销；②受要约人有理由认为要约是不可撤销的，并已经为履行合同作了合理准备工作。

要约的失效是指要约丧失了法律约束力，即要约人与受要约人均不受要约约束。要约失效后，要约人不再承担接受承诺的义务，受要约人丧失了其承诺的资格。要约的失效，以要约曾经生效为前提。有下列情形之一的，要约失效：①要约被拒绝。②要约被依法撤销。③承诺期限届满，受要约人未作出承诺。④受要约人对要约的内容作出实质性变更。

（二）承诺

承诺是指受要约人同意要约的意思表示。承诺应当以通知的方式作出；但是，根据交易习惯或者要约表明可以通过行为作出承诺的除外。

1. 承诺的条件

（1）承诺应当由受要约人作出。如由代理人作出承诺，则代理人须有合法的委托手续。

（2）承诺必须向要约人作出。受要约人承诺的目的是同要约人订立合同，故承诺只有向要约人作出才有意义。

（3）承诺的内容应当与要约的内容一致。受要约人对要约的内容作出实质性变更的，为新要约。有关合同标的、数量、质量、价款或者报酬、履行期限、履行地点和方式、违约责任和解决争议方法等内容的变更，是对要约内容的实质性变更。承诺对要约的内容作出非实质性变更的，除要约人及时表示反对或者要约表明承诺不得对要约的内容作出任何变更的以外，该承诺有效，合同的内容以承诺的内容为准。

（4）承诺必须在要约确定的有效期限内到达要约人处。要约以信件或者电报作出的，承诺期限自信件载明的日期或者电报交发之日开始计算。信件未载明日期的，自投寄该信件的邮戳日期开始计算。要约以电话、传真等快速通信方式作出的，承诺期限自要约到达受要约人时开始计算。要约没有确定承诺期限的，承诺应当依照下列规定到达：要约以对话方式作出的，应当即时作出承诺，但当事人另有约定的除外；要约以非对话方式作出的，承诺应当在合理期限内到达。

受要约人超过承诺期限发出承诺的，除要约人及时通知受要约人该承诺有效的以外，应视为新要约。受要约人在承诺期限内发出承诺，按照通常情形能够及时到达要约人，但因其他原因使承诺到达要约人时超过承诺期限的，除要约人及时通知受要约人因承诺超过期限不接受该承诺的以外，该承诺为有效承诺。

【例9-4】2022年1月10日，甲公司向乙公司发出信函（信函均当天达到），表示愿意以5万元购买设备一台。1月25日乙公司回复："现有存货，但是出卖价格为6万元。"2月5日，甲公司又回函："如价格为5.5万元，即购进该设备。"2月10日乙公司复函："同意。"

请分析该合同的要约和承诺各是什么？

【解析】该合同的要约是2月5日甲公司的回函，合同的承诺是2月10日乙公司的复函。

2. 承诺的撤回

承诺人发出承诺后反悔的，可以撤回承诺，但撤回承诺的通知应当在承诺通知到达要约人之前或者与承诺通知同时到达要约人，即在承诺生效前到达要约人。承诺生效，合同成立。因此，承诺不存在撤销的问题。

3. 承诺的生效

承诺自通知到达要约人时生效。承诺不需要通知的，自根据交易习惯或者要约的要求作出承诺的行为时生效。采用数据电文形式订立合同，收件人指定特定系统接收数据电文的，该数据电文进入该特定系统的时间，视为承诺到达时间；未指定特定系统的，该数据电文进入收件人的任何系统的首次时间，视为承诺到达时间。承诺生效时合同成立。

五、合同成立的时间与地点

（一）合同成立的时间

由于合同订立方式的不同，合同成立的时间也有所不同。

通常情况下，承诺作出生效后合同即告成立，当事人于合同成立时开始享有合同权利、承担合同义务。但是，在一些特殊情况下，合同成立的具体时间依不同情况而定。

（1）当事人采用书面形式订立合同。①当事人采用合同书形式订立合同的，自双方当事人签字、盖章或按指印时合同成立。在签名、盖章或按指印之前，当事人一方已经履行主要义务并且对方接受的，该合同成立。②当事人采用信件、数据电文等形式订立合同的，可以在合同成立之前要求签订确认书，签订确认书时合同成立。

（2）当事人一方通过互联网等信息网络发布的商品或者服务信息符合要约条件的，对方选择该商品或者服务并提交订单成功时合同成立，但是当事人另有约定的除外。

（二）合同成立的地点

（1）通常情况下，承诺生效的地点为合同成立的地点。

（2）当事人采用合同书、确认书形式订立合同的，双方当事人签名、盖章或者按指印的地点为合同成立的地点。双方当事人签名、盖章或者按指印不在同一地点的，最后签名、盖章或者按指印的地点为合同成立地点。

（3）当事人对合同的成立地点另有约定的，按照其约定。

（4）采用书面形式订立合同，合同约定的成立地点与实际签字或者盖章地点不符的，应当认定约定的地点为合同成立地点。

【例9-5】甲、乙两公司2022年3月5日签订一份书面买卖合同，合同约定双方签订确认书后合同正式成立。确认书签订之前，3月15日甲公司即接到乙公司按照合同约定发来的货物，甲公司于3月16日清点后将该批货物入库。3月18日双方签订确认书。根据合同法律制度的规定，该买卖合同的成立时间是哪一天？

【解析】该买卖合同的成立时间是2022年3月16日。当事人约定在合同成立之前签订确认书，签订确认书时合同成立。当事人没有签订确认书，只要一方当事人履行了主要义务，对方接受的，合同仍然成立。

六、缔约过失责任

缔约过失责任是指当事人在订立合同过程中，因违背诚实信用原则致使合同未成立、未生效、被撤销或无效，给他人造成损失而应承担的损害赔偿责任。

当事人在订立合同过程中有下列情形之一，给对方造成损失的，应当承担损害赔偿责任：①假借订立合同，恶意进行磋商。②故意隐瞒与订立合同有关的重要事实或者提供虚假情况。③当事人泄露或者不正当地使用在订立合同过程中知悉的商业秘密。④有其他违背诚实信用原则的行为。

【知识拓展】缔约过失责任与违约责任的区别

（1）产生的环节不同。缔约过失责任发生在合同订立过程中；而违约责任产生于合同生效之后、履行过程中。

（2）适用的范围不同。缔约过失责任适用于合同未成立、合同未生效、合同无效等情况；违约责任适用于生效合同。

（3）赔偿范围不同。缔约过失赔偿的是信赖利益的损失，而违约责任赔偿的是可期待利益的损失。可期待利益的损失要大于或者等于信赖利益的损失。

第三节 合同的效力

合同的效力是指合同的法律效力，即已经成立的合同在当事人之间产生的法律约束力。有效合同受国家法律保护，对双方当事人具有法律约束力，双方当事人应该履行合同，否则要承担相应的违约责任。无效合同对双方当事人均不具有法律约束力。

一、合同的生效

合同的生效是指已依法成立的合同，发生相应的法律效力。

（1）依法成立的合同，自成立时生效，但是法律另有规定或者当事人另有约定的除外。

（2）依照法律、行政法规的规定，合同应当办理批准、登记等手续生效的，依照其规定。

（3）当事人对合同的效力可以约定附条件。附生效条件的合同，自条件成就时生效。当事人为自己的利益不正当地阻止条件成就的，视为条件已成就；不正当地促成条件成就的，视为条件不成就。

（4）当事人对合同的效力可以约定附期限。附生效期限的合同，自期限届至时生效。附终止期限的合同，自期限届满时失效。

二、有效合同

有效合同是指已经成立，并在当事人之间产生一定法律效力的合同。合同具有法律效力必须具备以下三个条件：

（1）当事人有相应的民事行为能力。自然人订立合同，必须要有完全的民事行为能力，限制民事行为能力人和无民事行为能力人应由其法定代理人代为签订合同，但限制民事行为能力人可以独立签订纯获利益的合同或与其年龄、智力、精神健康状况相适应的合同。非自然人订立合同，要在法律、行政法规及有关部门授予的权限范围内签订合同。

（2）当事人的意思表示真实。当事人的表示行为应当真实地反映其内心的想法。意思表示有瑕疵的民事行为，不能发生法律效力。

（3）不违反法律、行政法规的强制性规定，不违背公序良俗。

三、无效合同

无效合同是不具有法律约束力的合同。无效合同自始无效，国家不予承认和保护。

（一）无效合同的界定

根据《中华人民共和国民法典》的上述规定，有下列情形之一的，合同无效①：

（1）无民事行为能力人订立的合同。无民事行为能力人不能辨认自己行为的后果，因此，他们订立的合同无效。

（2）合同当事人以虚假的意思表示签订的合同无效。

---

① 《中华人民共和国民法典》关于民事行为无效的有关规定是合同无效的直接根据。《中华人民共和国民法典》规定：无民事行为能力人实施的民事法律行为无效（第144条）。行为人与相对人以虚假的意思表示实施的民事法律行为无效（第146条）。违反法律、行政法规的强制性规定的民事法律行为无效。但是，该强制性规定不导致该民事法律行为无效的除外。违背公序良俗的民事法律行为无效（第153条）。行为人与相对人恶意串通，损害他人合法权益的民事法律行为无效（第154条）。合同中的下列免责条款无效：①造成对方人身伤害的。②因故意或者重大过失造成对方财产损失的（第506条）。

（3）违反法律、行政法规的强制性规定订立的合同无效。违背公序良俗订立的合同无效。

（4）当事人恶意串通，订立的损害国家、集体或者第三人利益的合同，无效。

（5）包含下列免责条款的合同无效：①造成对方人身伤害的。②因故意或者重大过失造成对方财产损失的。

合同部分有效，部分无效的，无效部分不影响其他部分的效力，其他部分仍然有效。

（二）无效合同的后果

无效合同自始无效。因为无效合同取得的财产，应当予以返还；不能返还的，应当折价补偿。有过错的一方应当赔偿对方因此所受到的损失；双方都有过错的，应当各自承担相应的责任。当事人恶意串通订立合同，损害国家、集体或者个人利益的，因此取得的财产收归国家、集体所有或者返还第三人。

四、可变更、可撤销合同

（一）可变更、可撤销合同的界定

可变更、可撤销的合同又称相对无效的合同，是指因合同当事人订立合同时意思表示不真实，可以经有撤销权的当事人行使撤销权，使已经生效的合同归于无效的合同。

根据《中华人民共和国民法典》的规定，以下三种合同是可变更、可撤销合同：

（1）因重大误解订立的合同。重大误解订立的合同是指当事人对合同的内容存在错误的理解，并基于这种错误理解而订立的合同。

（2）订立合同时显失公平的合同。显失公平是指一方当事人利用优势或者利用对方缺乏经验，致使双方的权利义务明显违反公平、等价有偿原则而订立的合同。

（3）一方以欺诈、胁迫手段或者乘人之危，使对方在违背真实意思的情况下订立的合同。

（二）撤销权的行使和消灭

1. 撤销权的行使

因重大误解订立的合同和显失公平的合同，合同当事人任何一方，均有权请求变更或者撤销合同，且主要是误解方或者受害方行使请求权；一方以欺诈、胁迫的手段或者乘人之危，使对方在违背真实意思表示的情况下订立的合同，由受害方行使请求权。当事人请求变更的，人民法院或者仲裁机构不得撤销。

2. 撤销权的消灭

根据《中华人民共和国民法典》的规定，有下列原因之一的，撤销权消灭：①当事人自知道或者应当知道撤销事由之日起一年内、重大误解的当事人自知道或者应当知道撤销事由之日90日内没有行使撤销权。②当事人受胁迫，自胁迫行为终止之日起一年内没有行使撤销权。③当事人知道撤销事由后明确表示或者以自己的行为放弃撤销权民法典第152条。当事人自民事行为发生之日起五年内没有行使撤销权的，撤销权消灭。

（三）被撤销合同的后果

被撤销的合同与无效合同一样，自始没有法律约束力。合同被撤销的，不影响合同中独立存在的有关解决争议方法条款的效力。对因该合同取得的财产，应当予以返还；有过错的一方应当赔偿对方因此所受到的损失；双方都有过错的，应当各自承担相应的责任。

【例9-6】 某女中学生小月在2021年高考时因为继母的帮助，考上了一所重点大学。后学校决定选派成绩在前十名的同学到新加坡留学，并说明毕业后有在新加坡定居的机会。小月正好是其中之一。后因各种原因小月与继母关系恶化，继母在小月出国留学前夕，藏匿了小月的出国留学手续，并声称小月要想拿回手续，必须支付她为小月在高考时付出的劳心费50万元。而此时小月想补办手续也已经来不及了。万般无奈之下，小月给继母写下了50万元的欠条，并顺利出国。请问：小月与继母之间签订的协议属于什么性质的合同？小月接下来应该怎么办？

【解析】 小月与继母之间签订的协议属于可变更、可撤销合同。根据《中华人民共和国民法典》的规定，一方以欺诈、胁迫的手段订立合同，损害国家利益，是无效合同；损害第三人利益的，是可变更、可撤销合同。本案中，继母在小月急于出国的情况下，将她的手续藏匿起来，在这种情况下，小月被迫与继母写下了50万元的欠条，这个合同是违背小月真实意思表示的，属于可变更、可撤销合同。接下来，小月应该在1年之内，到人民法院请求撤销与继母之间所签的协议。

五、效力待定的合同

效力待定的合同，是指合同订立后尚未生效，须经权利人追认才能生效的合同。效力待定合同主要有以下几种类型：

1. 限制民事行为能力人独立订立的与其年龄、智力、精神状况不相适应的合同

根据《中华人民共和国民法典》的规定，限制民事行为能力人订立的合同，经法定代理人追认后，该合同有效，但纯获利益的合同或者与其年龄、智力、精神健康状况相适应而订立的合同，是有效的，不必经法定代理人追认。

相对人可以催告法定代理人在一个月内予以追认。法定代理人未作表示的，视为拒绝追认。合同被追认之前，善意相对人有撤销的权利。撤销应当以通知的方式作出。此处的"善意"是指相对人在订立合同时不知道与其订立合同的人欠缺相应的行为能力。

2. 无权代理人订立的合同

行为人没有代理权、超越代理权或者代理权终止后以被代理人名义订立的合同，未经被代理人追认，对被代理人不发生效力，由行为人承担责任。相对人可以催告被代理人在一个月内予以追认。被代理人未作表示的，视为拒绝追认。被代理人已经开始履行合同义务的，视为对合同的追认。合同被追认之前，善意相对人有撤销的权利。撤销应当以通知的方式作出。

3. 无处分权人订立的合同

无处分权的人处分他人财产，经权利人追认或者无处分权的人订立合同后取得处分权的，该合同有效。

【例9-7】10周岁的张某未经其法定代理人的同意，将价值5000元的笔记本电脑赠与同学李某。该赠与合同的效力是（　）。

A. 有效　　　　　B. 无效　　　　　C. 可撤销　　　　　D. 效力待定

【答案】D

【解析】张某属于限制民事行为能力人。限制民事行为能力人超出自己的行为能力范围与他人订立的合同，为效力待定合同。经法定代理人追认后，该合同有效。故张某赠与电脑的合同属于效力待定的合同，选项D正确。

第四节　合同的履行

一、合同履行的规则

（一）合同内容约定不明确时的履行规则

合同生效后，当事人就质量、价款或者报酬、履行地点等内容没有约定或者约定不明确的，可以协议补充；不能达成补充协议的，按照合同有关条款或者交易习惯确定。依照上述规则仍不能确定的，则依照下列规则确定：

（1）质量要求不明确的，按照国家标准、行业标准履行；没有国家标准、行业标准的，按照通常标准或者符合合同目的的特定标准履行。

（2）价款或者报酬不明确的，按照订立合同时履行地的市场价格履行；依法应当执行政府定价或者政府指导价的，按照规定履行。

（3）履行地点不明确，给付货币的，在接受货币一方所在地履行；交付不动产的，在不动产所在地履行；其他标的，在履行义务一方所在地履行。

（4）履行期限不明确的，债务人可以随时履行，债权人也可以随时要求履行，但应当给对方必要的准备时间。

（5）履行方式不明确的，按照有利于实现合同目的的方式履行。

（6）履行费用的负担不明确的，由履行义务一方负担。

合同生效后，当事人不得因姓名、名称的变更或者法定代表人、负责人、承办人的变动而不履行合同义务。

（二）执行政府定价或者政府指导价合同的履行规则

执行政府定价或者政府指导价的，在合同约定的交付期限内政府价格调整时，按照交付时的价格计价。逾期交付标的物的，遇价格上涨时，按照原价格执行；价格下降时，按照新价格执行。逾期提取标的物或者逾期付款的，遇价格上涨时，按照新价格执行；价格下降时，按照原价格执行。

（三）涉及第三人时的履行规则

当事人约定由债务人向第三人履行债务的，债务人未向第三人履行债务或者履行债务不符合约定，应当向债权人承担违约责任。

当事人约定由第三人向债权人履行债务的，第三人不履行债务或者履行债务不符合约定，债务人应当向债权人承担违约责任。

二、合同履行中的抗辩权

抗辩权是指在双务合同中，一方当事人在对方不履行或履行不符合约定时，依法对抗对方要求或否认对方权利主张的权利。

（一）同时履行抗辩权

同时履行抗辩权是指双务合同的当事人应同时履行义务的，一方在对方未履行前，有拒绝对方请求自己履行合同的权利。根据《中华人民共和国民法典》的规定，当事人互负债务，没有先后履行顺序的，应当同时履行。一方在对方履行之前有权拒绝其对自己提出的履行要求。一方在对方履行债务不符合约定时，有权拒绝其相应的履行要求。

（二）后履行抗辩权

后履行抗辩权是指双务合同中应当先履行义务的一方当事人未履行时，对方当事人有拒绝对方请求履行的权利。根据《中华人民共和国民法典》的规定，当事人互负债务，有先后履行顺序，先履行一方未履行的，后履行一方有权拒绝其履行要求。先履行一方履行债务不符合约定的，后履行一方有权拒绝其相应的履行要求。

（三）不安抗辩权

不安抗辩权也叫先履行抗辩权，是指双务合同中应先履行义务的一方当事人，有确切证据证明对方丧失履行债务能力时，在对方没有履行或没有提供担保之前，有暂时中止履行合同的权利。

根据《中华人民共和国民法典》的规定，应当先履行债务的当事人，有确切证据证明对方有下列情形之一的，可以中止履行：①经营状况严重恶化。②转移财产、抽逃资金，以逃避债务。③丧失商业信誉。④有丧失或者可能丧失履行债务能力的其他情形。主张不安抗辩权的当事人如果没有确切证据中止履行的，则应当承担违约责任。

当事人行使不安抗辩权中止履行的，应当及时通知对方。对方提供适当担保时，应当恢复履行。中止履行后，对方在合理期限内未恢复履行能力并且未提供适当担保的，中止履行的一方可以解除合同。

【例9-8】某剧院与当红歌星王某签订演出合同。约定，剧院于12月30日向王某支付出场费10万元，王某则应于元旦晚上为该剧院举办的联欢会演唱歌曲。12月29日，王某喉咙发炎，医生诊断须立即手术，预计住院10天。剧院欲解除合同，王某认为，剧院仅能中止合同，不能解除合同，为此，双方发生纠纷。

问：剧院主张解除合同是否合法？

【解析】后履行一方当事人王某在履行演唱歌曲义务的前两天喉咙发炎，须立即手术，存在难以履行义务的情形，先履行一方剧院有权主张不安抗辩权而中止履行支付出场费的义务。此外，本案中合同的主要义务是需要王某亲自登台演唱，而李某在合同履行期仅差两天之际喉咙发炎，需要立即手术，且住院 10 天，已经确知不能履行合同的主要义务，因此，剧院有权主张解除合同。

三、合同履行中的保全措施

合同的保全是指为了保护一般债权人不因债务人的财产不当减少而受到损害，允许债权人干预债务人处分自己财产行为的法律制度。保全措施包括代位权和撤销权，两者都是为了确保债权人债权的实现。

（一）代位权

代位权是指债务人怠于行使其到期债权，危及债权人债权实现时，债权人为保障自己的债权，可以向人民法院请求以自己的名义代位行使债务人的债权的权利。但该债权专属于债务人自身的除外。

1. 代位权的行使条件

（1）债务人对第三人享有合法债权，并且是非专属于债务人自身的权利。

（2）债务人怠于行使其到期债权，对债权人造成损害。债务人的懈怠行为必须是债务人不以诉讼方式或者仲裁方式向次债务人主张其享有的具有金钱给付内容的到期债权。

（3）债务人的债权不是专属于债务人自身的债权。专属于债务人自身的债权，是指基于扶养关系、抚养关系、赡养关系、继承关系产生的给付请求权和劳动报酬、退休金、养老金、抚恤金、安置费、人寿保险、人身伤害赔偿请求权等权利。

2. 代位权行使的法律后果

代位权的行使范围以债权人的债权为限，债权人行使代位权的必要费用，由债务人负担。债权人胜诉的，诉讼费用由次债务人承担，且从实现的债权中优先支付。其他必要费用则由债务人承担。

代位权诉讼由被告住所地人民法院管辖。债权人向次债务人提起的代位权诉讼经人民法院审理后认定代位权成立的，由次债务人（即债务人的债务人）向债权人履行清偿义务，债权人与债务人、债务人与次债务人之间相应的债权债务关系即予消灭。

【例 9-9】甲公司因经营不善无力偿还所欠乙公司的到期货款 10 万元，但是丙公司欠甲公司到期货款 20 万元，甲公司不积极向丙公司主张支付货款。为此，乙公司以自己的名义向法院请求丙公司向自己清偿 20 万元货款，以抵充甲公司所欠自己的货款。丙公司认为自己与乙公司并无债权债务关系，拒绝偿还。请问：乙公司有权以自己的名义请求丙公司偿还甲公司的货款吗？如何处理？

【解析】本案中甲公司对丙公司的债权为金钱债权，乙公司对甲公司所享有的债权合法有效，上述两个债权均已到期。甲公司怠于行使对丙公司的债权，且因其怠于行使致使乙公司的债权实现有现实危险，损害了债权人乙公司的利益。因此，乙公司有权行使代位权，以自己的名义请求丙公司偿还甲公司的借款。本案中，甲公司仅欠乙公司10万元货款，而丙公司所欠甲公司货款达20万元，对于超出乙公司货款部分的请求，人民法院不予支持。

（二）撤销权

撤销权是指债务人实施了减少财产行为，危及债权人债权实现时，债权人为保障自己的债权，请求人民法院撤销债务人处分行为的权利。

1. 撤销权的成立要件

债权人行使撤销权，应当具备以下条件：

（1）债权人须以自己的名义行使撤销权，向被告住所地人民法院提起诉讼。

（2）债权人对债务人存在有效债权。债权人对债务人的债权可以到期，也可以未到期。

（3）债务人实施了对债权人造成损害的减少财产的处分行为。主要包括：①放弃债权（包括到期债权和未到期债权）、放弃债权担保或者恶意延长到期债权的履行期，对债权人造成损害。②无偿转让财产，对债权人造成损害。③以明显不合理的低价转让财产或者以明显不合理的高价收购他人财产，对债权人造成损害，并且受让人知道该情形。所谓"明显不合理的低价"的判断标准，应当以交易当地一般经营者的判断，并参考交易当时交易地的物价部门指导价或者市场交易价，结合其他相关因素综合考虑予以确认。转让价格达不到交易时交易地的指导价或者市场交易价70%的，一般可以视为明显不合理的低价；对转让价格高于当地指导价或者市场交易价30%的，一般可以视为明显不合理的高价。④为他人的债务提供担保。

2. 撤销权的行使期限

撤销权自债权人知道或者应当知道撤销事由之日起一年内行使。自债务人的行为发生之日起五年内没有行使撤销权的，该撤销权消灭。

3. 撤销权行使的法律效果

一旦人民法院确认债权人的撤销权成立，债务人的处分行为即自始归于无效，受益人应当返还从债务人处获得的财产。因此，撤销权行使的目的是恢复债务人的责任财产，债权人就撤销权行使的结果并无优先受偿权利。

撤销权的行使范围以债权人的债权为限。债权人行使撤销权的必要费用，由债务人承担。

第五节　合同的变更、转让与终止

一、合同的变更

合同的变更是指合同内容的变更。合同变更是在不改变合同主体的前提下对合同内

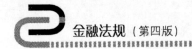

容的变更，合同性质也不因此而改变。

当事人协商一致，可以变更合同。但法律、行政法规规定变更合同应当办理批准、登记等手续的，应当办理相应手续。当事人对合同变更的内容约定不明确的，推定为未变更。

合同变更的效力原则上仅对未履行的部分有效，对已经履行的部分没有溯及力，但法律另有规定或者当事人另有约定的除外。

二、合同的转让

合同的转让，即合同主体的变更，指当事人将合同的权利和义务全部或者部分转让给第三人。合同的转让分为合同权利转让、合同义务转移和合同权利义务一并转让。

（一）合同权利转让

合同权利转让是指债权人将合同的权利全部或者部分转让给第三人。转让权利的是让与人，接受权利的是受让人。

债权人转让权利不需要经债务人同意，但应当通知债务人。未经通知，该转让对债务人不发生效力。债务人接到债权转让通知后，债权让与行为就生效。债权人转让权利的通知不得撤销，但经受让人同意的除外。如果债务人对让与人享有债权，并且其债权先于转让的债权到期或者同时到期的，债务人可以向受让人主张抵消。

下列情形债权人不得转让合同权利：

（1）根据合同性质不得转让。主要是指基于当事人特定身份而订立的合同，如出版合同、赠与合同、委托合同、雇佣合同等。

（2）按照当事人约定不得转让。当事人约定非金钱债权不得转让的，不得对抗善意第三人。当事人约定金钱债权不得转让的，不得对抗第三人。但这种约定不得约束善意的第三人。

（3）依照法律规定不得转让。

合同权利转让后，对于债权人而言，在全部转让的情形下，原债权人脱离债权债务关系，受让人取代债权人地位；在部分转让情形下，原债权人就转让部分丧失债权。对于受让人而言，债权人转让权利的，受让人取得与债权有关的从权利，如抵押权、质权等，但该从权利专属于债权人自身的除外。对于债务人而言，债权人权利的转让，不得损害债务人的利益，不应影响债务人的权利。

（二）合同义务转移

合同义务转移是指债务人经债权人同意后将合同义务的全部或者部分转移给第三人。

债务人将合同的义务全部或者部分转移给第三人，应当经债权人同意；债务人或者第三人可以催告债权人在合理期限内予以同意，债权人未作表示的，视为不同意。

债务人转移义务的，新债务人可以主张原债务人对债权人的抗辩。新债务人应当承担与主债务有关的从债务，但该从债务专属于原债务人自身的除外。

（三）合同权利义务一并转让

合同权利义务一并转让是指合同一方当事人将自己在合同中的权利义务一并转让给第三人。

当事人一方经他方当事人同意，可以将自己在合同中的权利义务一并转让给第三人。合同权利义务的一并转让既可以是出让人将合同权利义务全部转移至受让人，也可以是出让人将合同权利义务的一部分转移至受让人。

转让合同权利和义务应遵守如下规定：

（1）不得转让法律禁止转让的权利。

（2）转让合同权利和义务时，从权利和从义务一并转让，受让人取得与债权有关的从权利和从义务，但该从权利和从义务专属于让与人自身的除外。

（3）转让合同权利和义务不影响债务人抗辩权的行使。

（4）债务人对让与人享有债权的，可以依照有关规定予以抵消。

（5）法律、行政法规规定应当办理批准、登记手续的，应当依照有关规定办理。

（四）合并分立后债权债务的处理

当事人订立合同后合并的，由合并后的法人或者其他组织行使合同权利，履行合同义务。当事人订立合同后分立的，除债权人和债务人另有约定的以外，由分立的法人或者其他组织对合同的权利和义务享有连带债权，承担连带债务。

【例9-10】甲公司分立为乙公司和丙公司，在公司分立时，乙公司和丙公司进行了明确的约定：甲公司以前的债务一律由乙公司承担。现丁公司拿着甲公司的欠款单要求偿还。根据合同法律制度的规定，甲公司对丁公司的欠款应由谁承担？

【解析】甲公司对丁公司的欠款应由乙公司、丙公司承担连带责任。当事人订立合同后分立的，除债权人和债务人另有约定的以外，分立的法人或者其他组织对合同的权利和义务享有连带债权，承担连带债务。甲公司以前的债务由乙公司承担，是债务人之间的内部约定，并不是债权人与债务人的约定，不得对抗债权人。

三、合同的终止

合同的终止也称"合同权利义务的终止"，是指因发生法律规定或当事人约定的情况，使当事人之间的权利义务关系消灭，而使合同终止法律效力。合同终止，除当事人之间的权利义务终止外，从属于主债的权利义务，也随之终止。

合同终止主要有以下几种情形：

（一）因履行而终止

合同如果已经按照约定履行完毕，则双方合同权利义务关系即告终止。它是合同终止最主要和最常见的原因。

（二）合同解除

合同解除是指因为发生法律规定的情形和当事人约定的情形，当事人提前终止合同关系的行为。合同解除分为两种，即约定解除和法定解除。

1. 约定解除

在订立合同时，如果双方事先约定了合同当事人一方或者双方解除合同的条件，一旦该条件成立，当事人就可以通过行使解除权而终止合同。

法律规定或者当事人约定了解除权行使期限的，期限届满当事人不行使的，该权利消灭。法律没有规定或者当事人没有约定解除权行使期限，经对方催告后在合理期限内不行使的，该权利消灭。

2. 法定解除

法定终止是指根据法律规定而解除合同。有下列情形之一的，当事人可以解除合同：

（1）因不可抗力致使不能实现合同目的。

（2）在履行期限届满之前，当事人一方明确表示或者以自己的行为表明不履行主要债务。

（3）当事人一方迟延履行主要债务，经催告后在合理期限内仍未履行。

（4）当事人一方迟延履行债务或者有其他违约行为致使不能实现合同目的。

（5）法律规定的其他情形。

合同解除后，尚未履行的，终止履行；已经履行的，根据履行情况和合同性质，当事人可以要求恢复原状、采取其他补救措施，并有权要求赔偿损失。合同的权利义务终止，不影响合同中结算和清算条款的效力。

（三）债务抵消

当事人互负到期债务，该债务的标的物种类、品质相同的，任何一方可以将自己的债务与对方的债务抵消，但依照法律规定或者按照合同性质不得抵消的除外。

下列债务不能抵消：

（1）按合同性质不能抵消的债务，如提供劳务的债务（培训、医疗服务）、与人身不可分离的债务（抚恤金、退休金、人身损害赔偿）等。

（2）因故意侵权行为而产生的债务。

（3）按照约定应当向第三人给付的债务。

（4）法律规定不得抵消的债务等，如被人民法院查封、扣押、冻结的财产。

（四）提存

提存是指由于债权人的原因，债务人无法履行债务或者难以履行债务的情况下，债务人将标的物交由提存机关保存，以终止合同权利义务关系的行为。

1. 提存原因

有下列情形之一，难以履行债务的，债务人可以将标的物提存：

（1）债权人无正当理由拒绝受领。

（2）债权人下落不明。

（3）债权人死亡未确定继承人或者丧失民事行为能力未确定监护人。

（4）法律规定的其他情形。

标的物不适于提存或者提存费用过高的，债务人依法可以拍卖或者变卖标的物，提存所得的价款。

2. 通知义务

标的物提存后，除债权人下落不明的以外，债务人应当及时通知债权人或者债权人的继承人、监护人。

3. 提存的法律效果

标的物提存后，毁损、灭失的风险由债权人承担。提存期间，标的物的孳息归债权人所有。提存费用由债权人负担。债权人可以随时领取提存物。但债权人对债务人负有到期债务的，在债权人未履行债务或者提供担保之前，提存部门根据债务人的要求应当拒绝其领取提存物。

债权人领取提存物的权利，自提存之日起五年不行使而消灭，提存物扣除提存费用后归国家所有。

【例9-11】因债权人胡某下落不明，债务人陈某难以履行债务，遂依法将标的物提存。后该标的物意外灭失。该标的物意外灭失风险的承担人是（　　）。

A. 胡某　　　　　B. 胡某与陈某　　　C. 陈某　　　　　　D. 提存机关

【答案】A

【解析】标的物提存后，毁损、灭失的风险由债权人承担，故本题正确答案是选项A。

（五）免除与混同

债务的免除是指合同未履行或未完全履行，债权人免除债务人部分或者全部债务，合同的权利义务部分或者全部终止的行为。免除债权，债权的从权利也随之消灭。

混同是指债权和债务同归于一人。债权债务混同时，合同的权利义务终止，但涉及第三人的除外。

（六）法律规定或当事人约定终止的其他情形

第六节　违约责任

一、违约责任的概念

违约责任也称违反合同的民事责任，是指合同当事人因违反合同义务所承担的责任。当事人一方不履行合同义务或者履行合同义务不符合约定的，应当承担违约责任。

二、违约责任的承担方式

1. 继续履行

继续履行又称实际履行。当事人一方未支付价款或者报酬的，对方可以要求其支付价款或者报酬。当事人一方不履行非金钱债务或者履行非金钱债务不符合约定的，对方可以要求履行。但有下列情形之一的除外：①法律上或者事实上不能履行。②债务的标的不适于强制履行或者履行费用过高。③债权人在合理期限内未要求履行。

2. 采取补救措施

当事人履行合同义务不符合约定的，应当按照当事人的约定承担违约责任。对违约责任没有约定或者约定不明确，受损害方根据标的物的性质以及损失的大小，可以合理选择要求对方承担修理、更换、重作、退货、减少价款或者报酬等违约责任。

3. 赔偿损失

当事人一方不履行合同义务或者履行合同义务不符合约定的，在履行义务或者采取补救措施后，对方还有其他损失的，应当承担赔偿损失。损失赔偿额应当相当于因违约所造成的损失，包括合同履行后可以获得的利益，但不得超过违约方订立合同时预见到或者应当预见到的因违反合同可能造成的损失。当事人可以在合同中约定因违约产生的损失赔偿额的计算方法。

当事人一方违约后，对方应当采取适当措施防止损失的扩大；没有采取适当措施致使损失扩大的，不得就扩大的损失要求赔偿。当事人因防止损失扩大而支出的合理费用由违约方承担。

4. 支付违约金

违约金是按照当事人约定或者法律规定，一方当事人违约时应当根据违约情况向对方支付的一定数额的货币。

约定的违约金低于造成的损失的，当事人可以请求人民法院或者仲裁机构予以增加；约定的违约金过分高于造成的损失的，当事人可以请求人民法院或者仲裁机构予以适当减少。当事人就迟延履行约定违约金的，违约方支付违约金后，还应当履行债务。

5. 给付或者双倍返还定金

定金是指合同当事人为确保合同的履行，由一方在合同订立前后，合同履行前预先交付于另一方的金钱或者其他代替物。

定金合同应以书面形式签订，但定金合同是实践性合同，从实际交付定金之日起生效。实际交付的定金数额多于或者少于约定数额的，视为变更定金合同；收受定金一方提出异议并拒绝接受定金的，定金合同不生效。

债务人履行债务后，定金应当抵作价款或者收回。给付定金的一方不履行约定的债务的，无权要求返还定金；收受定金的一方不履行约定的债务的，应当双倍返还定金。

在同一合同中，当事人既约定违约金，又约定定金的，一方违约时，当事人可以选择适用违约金条款或者定金条款，但不能同时适用两个条款。

【例9-12】甲、乙订立买卖合同，乙向甲购买价值200万元的货物；乙向甲支付定金20万元；如任何一方不履行合同应支付违约金30万元。后甲违约，未能按期交付货物。请问：乙如何在不违反合同法律制定规定的前提下最大限度地保护自己的利益？

【解析】在同一合同中，如果当事人既约定违约金又约定定金的，在一方违约时，当事人只能选择适用违约金条款或者定金条款，不能同时要求适用两个条款。本案中，如果适用定金罚则，请求甲双倍返还定金40万元，对甲的惩罚只有20万元；如果适用违约金条款，请求甲支付违约金30万元，对甲的惩罚只有10万元。这两种情况乙都没能最大限度地维护自己的利益。乙可以请求甲支付违约金30万元，同时请求返还定金20万元或者将定金充作价款，这样对甲的惩罚是30万元，乙也最大限度地保护了自己的利益。

三、违约责任的免除

1. 不可抗力

不可抗力是指不能预见、不能避免并不能克服的客观情况。因不可抗力不能履行合同的，根据不可抗力的影响，部分或者全部免除责任，但法律另有规定的除外。

当事人一方因不可抗力不能履行合同的，应当及时通知对方，以减轻可能给对方造成的损失，并应当在合理期限内提供证明。

当事人迟延履行后发生不可抗力的，不能免除责任。

2. 免责条款

合同双方当事人可以在合同中约定，当出现一定的事由或条件时，可以免除违约方的违约责任。

第七节 具体合同——借款合同

一、借款合同概述

（一）借款合同的概念和内容

借款合同是借款人向贷款人借款，到期返还借款本金并支付利息的合同。

借款合同的内容包括借款种类、币种、借款用途、借款数额、借款利率、借款期限和还款方式等条款。

（二）借款合同的特征

（1）借款合同的标的物是金钱。

（2）借款合同是转让货币所有权的合同。当贷款人将借款即货币交付给借款人后，

货币的所有权移转给了借款人，借款人可以处分所得的货币。

（3）借款合同一般为有偿合同（有息借款），也可以是无偿合同（无息借款）。

（4）借款合同一般为要式合同，应当采用书面形式。自然人之间的借款合同的形式可以由当事人约定。

（5）金融机构贷款的借款合同是诺成合同，自双方意思表示一致时成立。自然人之间的借款合同为实践合同，自贷款人提供借款时生效。

二、借款合同当事人的权利和义务

（一）贷款人的权利和义务

贷款人享有的权利和承担的义务主要有以下几点：

（1）有权请求返还本金和利息。

（2）有权监督检查借款的使用情况。贷款人按照约定可以检查、监督借款的使用情况。借款人应当按照约定向贷款人定期提供有关财务会计报表等资料。

（3）停止发放借款、提前收回借款和解除合同权。借款人未按照约定的借款用途使用借款的，贷款人可以停止发放借款、提前收回借款或者解除合同。

（4）按照约定的日期、数额提供借款。贷款人未按照约定的日期、数额提供借款，造成借款人损失的，应当赔偿损失。

（5）贷款人不得将借款人的营业秘密泄露于第三方，否则，应承担相应的法律责任。

（二）借款人的权利和义务

借款人享有的权利和承担的义务主要有以下几点：

（1）提供真实情况。订立借款合同，借款人应当按照贷款人的要求提供与借款有关的业务活动和财务状况的真实情况。

（2）按照约定用途使用借款。合同对借款有约定用途的，借款人须按照约定用途使用借款，接受贷款人对贷款使用情况实施的监督检查。借款人未按照约定的借款用途使用借款的，贷款人可以停止发放借款、提前收回借款或者解除合同。

（3）按期归还借款本金和利息。借款人应当按照约定的期限返还借款。对借款期限没有约定或者约定不明确，借款人可以随时返还；贷款人可以催告借款人在合理期限内返还。借款人可以在还款期限届满之前向贷款人申请展期。贷款人同意的，可以展期。当借款为无偿时，借款人须按期归还借款本金；当借款为有偿时，借款人除须归还借款本金外，还必须按约定支付利息。

三、借款利息的规定

（1）在借款合同中，贷款人不得利用优势地位预先在本金中扣除利息。利息预先在本金中扣除的，按实际借款数额返还借款并计算利息。

（2）借款人应当按照约定的期限支付利息。对支付利息的期限没有约定或者约定不明确的，当事人可以协议补充；不能达成补充协议的，借款期间不满 1 年的，应当在返还借款时一并支付；借款期间 1 年以上的，应当在每届满 1 年时支付，剩余期间不满 1 年的，应当在返还借款时一并支付。

借款人应当按照约定的期限返还借款。对借款期限没有约定或者约定不明确，当事人可以协议补充；不能达成补充协议的，借款人可以随时返还；贷款人可以催告借款人在合理期限内返还。借款人未按照约定的期限返还借款的，应当按照约定或者国家有关规定支付逾期利息。

借款人提前偿还借款的，除当事人另有约定的以外，应当按照实际借款的期间计算利息。借款人可以在还款期限届满之前向贷款人申请展期。贷款人同意的，可以展期。

（3）禁止高利放贷，借款的利率不得违反国家有关规定。

借款合同对支付利息没有约定的，视为没有利息。

借款合同对支付利息约定不明确，当事人不能达成补充协议的，按照当地或者当事人的交易方式、交易习惯、市场利率等因素确定利息；属于自然人之间的借款的，视为没有利息。

自然人之间的借款合同有约定偿还期限而借款人不按期偿还，或者未约定偿还期限但经出借人催告后，借款人仍不偿还的，出借人可以要求借款人偿付逾期利息。

自然人之间的借款合同约定支付利息的，借款的利率不得违反国家有关限制借款利率的规定。最高人民法院发布的《关于人民法院审理借贷案件的若干意见》规定，民间借贷的利率可以适当高于银行的利率，但最高不得超过银行同类贷款利率的 4 倍，不得计收复利。

【本章参考法规】

《中华人民共和国民法典》（2020 年 5 月 28 日第十三届全国人民代表大会第三次会议通过）。

【课后练习】

一、单项选择题

1. 下列各项中，属于《中华人民共和国民法典》合同编调整范围的是（　　）。

A. 甲公司与李某签订的劳动合同　　　　B. 陈某与张某签订的收养协议

C. 赵某与乙公司签订的租赁合同　　　　D. 王某与钱某签订的子女监护权协议

2. 陈某以信件发出要约，信件未载明承诺开始日期，仅规定承诺期限为 10 天。5 月 8 日，陈某将信件投入邮箱，邮局将信件加盖 5 月 9 日邮戳发出，5 月 11 日，信件送达受要约人李某的办公室，李某因外出，直至 5 月 15 日才知悉信件内容。根据《中华人民共和国民法典》的规定，该承诺期限的起算日为（　　）。

A. 5 月 8 日　　　　B. 5 月 9 日　　　　C. 5 月 11 日　　　　D. 5 月 15 日

3. 25 周岁的王某明知李某 13 周岁，还与其订立了买卖合同，约定王某以 3000 元的价格将自己的一条珍珠项链卖给李某，则该合同（   ）。

    A. 无效

    B. 若李某的母亲张某认可，则该合同有效

    C. 王某在合同被追认之前，可以撤销该合同

    D. 有效

    4. 根据《中华人民共和国民法典》的规定，下列各项中，属于可撤销合同的是（   ）。

    A. 一方以欺诈的手段订立合同，损害国家利益

    B. 限制民事行为能力人与他人订立的纯获利益的合同

    C. 违反法律强制性规定的合同

    D. 因重大误解订立的合同

    5. 甲学校与乙服装厂订立买卖合同，约定货到付款。乙方交货时，甲学校称要学校开学后收了学费后再付款。根据《中华人民共和国民法典》的规定，乙方可以拒绝交货，行使（   ）。

    A. 同时履行抗辩权   B. 后履行抗辩权   C. 不安抗辩权   D. 可解除合同

    6. 张某与李某订立了一份买卖合同，约定张某将一只古董花瓶以10万元的价格卖给李某，履行期限届满后，张某并没有按照约定交付古董，后发生地震，房屋倒塌，该古董花瓶灭失。根据合同法律制度的规定，下列表述中，正确的是（   ）。

    A. 地震是不可抗力，可以免责，因此，张某不应承担责任

    B. 虽然张某因不可抗力可以免责，但根据公平原则，张某仍应承担一定的责任

    C. 张某应当承担违约责任，因为迟延履行后发生的不可抗力不得免责

    D. 即使不迟延，古董也会在地震中灭失，故张某不承担违约责任

    7. 甲公司欠乙公司货款300万元，现甲公司将一部分资产分离出去，成立了丙公司。那么，在甲公司分离后，应当由（   ）对这笔债务承担清偿责任？

    A. 甲公司

    B. 丙公司

    C. 甲公司和丙公司承担连带责任

    D. 甲公司和丙公司按照约定的比例清偿

    8. 某演员与某剧院签订了一份演出合同，合同中约定该演员于"十一"期间出演该剧院的话剧演出，该剧院付给演出费20万元。但是，"十一"期间该演员由于私人理由擅自取消了演出，观众强烈要求退票，给剧院造成了很大的损失。则该剧院（   ）。

    A. 请求人民法院强制该演员履行合同

    B. 该演员由于不可抗力不履行合同，不构成违约，剧院应当自付损失

    C. 请求该演员赔偿损失

    D. 该演员不构成违约，但是根据公平的原则，剧院可以请求该演员承担部分责任

    9. 张三欠李四5万元，已届清偿期。但是，张三无力偿还。如果王六要赠与张三20万元，但张三拒绝接受，则李四对此（   ）。

A. 可以行使撤销权

B. 不得行使撤销权

C. 经债务人张三的同意可以行使撤销权

D. 只要有害于李四的债权实现，就可以行使撤销权

10. 债权让与对债务人生效的要件是（　　）。

A. 让与人与受让人达成协议

B. 债务人同意

C. 债权人通知债务人该债权让与

D. 让与通知到达债务人

11. 地处江南甲地的陈某向地处江北乙地的王某购买5吨苹果，约定江边交货。后双方就交货地点是在甲地的江边还是乙地的江边发生了争议，无法达成一致意见，且按合同有关条款或者交易习惯仍无法确定。根据合同法律制度的规定，苹果的交付地点应是（　　）。

A. 乙地的江边

B. 甲地的江边

C. 由王某选择甲地或者乙地的江边

D. 由陈某选择甲地或者乙地的江边

二、多项选择题

1. 根据《中华人民共和国民法典》的规定，下列各项中，属于要约失效的情形有（　　）。

A. 要约人依法撤回要约

B. 要约人依法撤销要约

C. 承诺期限届满，受要约人未作出承诺

D. 受要约人对要约内容作出实质性变更

2. 根据《中华人民共和国民法典》的规定，下列各项中，属于合同成立的情形有（　　）。

A. 甲向乙发出要约，乙作出承诺，该承诺除对履行地点提出异议外，其余内容均与要约一致

B. 甲、乙约定以书面形式订立合同，但在签订书面合同之前甲已履行主要义务，乙接受了履行

C. 甲、乙采用书面形式订立合同，但在双方签章之前，甲履行了主要义务，乙接受了履行

D. 甲于5月10日向乙发出要约，要约规定承诺期限截至5月20日，乙于5月28日发出承诺信函，该信函5月31日到达甲处

3. 张三对李四享有200万元债权，李四将债务转让给王五，那么，该债务转让须满足的条件有（　　）。

A. 李四与王五之间存在有效的债务转移情形

B. 李四的债务应当具有可移转性

C. 该债务移转以通知张三为生效要件

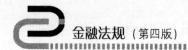

D. 该债务转移以取得张三的同意为生效要件

4. 根据《中华人民共和国民法典》的规定，下列合同中，属于效力待定合同的有（　　）。

A. 甲、乙恶意串通订立的损害第三人丙利益的合同

B. 某公司法定代表人超越权限与善意第三人丙订立的买卖合同

C. 代理人甲超越代理权限与第三人丙订立的买卖合同

D. 限制民事行为能力人甲与他人订立的买卖合同

5. 下列属于无效合同的有（　　）。

A. 因重大误解订立的合同

B. 一方以欺诈、胁迫手段订立的合同，损害国家利益

C. 恶意串通，损害第三人利益的合同

D. 利用馈赠形式实施贿赂目的的合同

6. 下列关于可撤销合同的说法中正确的有（　　）。

A. 被撤销的合同自撤销之日起没有法律约束力

B. 当事人请求变更的，人民法院或者仲裁机构可以变更或撤销

C. 具有撤销权的当事人自知道或者应当知道撤销事由之日起一年内没有行使撤销权的，撤销权消灭

D. 因重大误解订立的合同双方均有权撤销

7. 甲银行与乙公司签订一份借款合同，合同签订后，甲银行依约发放了部分贷款，乙公司未按照约定的用途使用借款。根据《中华人民共和国民法典》的规定，甲银行可以行使的权利有（　　）。

A. 停止发放后续贷款

B. 提前收回已发放贷款

C. 解除借款合同

D. 对乙公司罚款

8. 下列情况中，债因混同而消灭的有（　　）。

A. 互负债务的男女结婚

B. 甲法人（债权人）与乙法人（债务人）合并

C. 丙（非法人组织）被丁（非法人组织）吸收合并

D. 甲（非法人组织）被乙（非法人组织）新设合并

9. 如果当事人约定的违约金与造成的损失不一致，则下列说法中错误的有（　　）。

A. 约定违约金低于造成的损失的，当事人可以请求增加

B. 约定的违约金过分低于造成的损失的，当事人可以请求适当增加

C. 约定违约金高于造成的损失的，当事人可以请求减少

D. 约定违约金过分高于造成的损失的，当事人可以请求适当减少

三、判断题

1. 要约人只能向特定的受要约人发出，否则无效。（　　）

2. 采取格式条款订立合同的，提供格式条款的一方应采取合理的方式提请对方注意免除或者限制其责任的条款。 （ ）

3. 甲乙二人通过电子邮件签订的借款合同不属于书面形式的合同，而是属于电子数据形式的合同。 （ ）

4. 承诺必须以书面方式作出，口头承诺无效。 （ ）

5. 定金合同是诺成合同，当事人仅就定金达成一致的意思表示，但未实际交付定金的，定金合同不成立。 （ ）

6. 当事人一方主张解除合同时，应当通知对方。合同自通知时起解除。 （ ）

7. 因不可抗力不能履行合同的，应当全部免除责任。 （ ）

8. 根据合同法律制度的规定，当事人约定的违约金的数额不能超过实际造成的损失。当事人约定的违约金超过实际造成损失的20%的，一般可以认定为"过分高于造成的损失"。 （ ）

四、案例题

【材料1】 蓝星设备有限公司因业务需要，向甲、乙、丙、丁四家单位发出招标公告，甲、乙、丙、丁均按期按约投标，最后，蓝星公司通知甲公司中标。请分析该案例中的招标、投标和中标的性质。

【材料2】 甲公司欲从乙公司采购100箱医用口罩，甲公司签字盖章后把书面合同邮寄给乙公司。2020年3月10日合同寄出后，甲公司考虑100箱不够使用，3月12日又与乙公司协商，在其他条件不变的情况下，双方同意将采购数量改为200箱。3月13日乙公司收到甲公司书面通知后表示同意。甲公司收到口罩后一直未付款，甲公司无力偿还却表示免除丙公司的债务。

回答下列问题：

（1）甲、乙公司之间买卖合同何时成立？并阐述理由。

（2）甲、乙公司协商增加口罩的采购数量是什么行为？是否影响其他合同条款？

（3）若现甲公司欠款到期，乙公司如何维护自己的利益？并阐述理由。

资料来源：全国高等教育自学考试合同法试题。

参考文献

［1］《中华人民共和国民法典》，中国法制出版社 2020 年版。

［2］《中华人民共和国金融法律法规全书》，中国法制出版社 2018 年版。

［3］刘旭东、赵红梅：《金融法规》，东北财经大学出版社 2021 年版。

［4］财政部会计资格评价中心：《经济法基础》，中国财经出版传媒集团、经济科学出版社 2021 年版。

［5］财政部会计资格评价中心：《经济法》，中国财经出版传媒集团、经济科学出版社 2020 年版。

［6］金涛、刘芳雄：《金融法规实务》，中国人民大学出版社 2021 年版。

［7］李遐桢、刘志军：《金融法律法规》，清华大学出版社 2014 年版。

［8］李芳、李金萍：《金融法规》，经济管理出版社 2019 年版。

［9］何平平、邓旭遐、车云月：《互联网金融法规》，清华大学出版社 2017 年版。

［10］高顿财经研究院：《经济法基础·一点一题一练》，东方出版社 2018 年版。

［11］刘胜题：《新金融法务》，格致出版社、上海人民出版社 2008 年版。

［12］裴斐、辛丽燕：《金融法规》，机械工业出版社 2010 年版。

［13］郭明瑞、房少坤：《担保法》，中国政法大学出版社 2008 年版。

［14］中华人民共和国全国人民代表大会：http：//www. npc. gov. cn/。

［15］中华人民共和国中央人民政府：http：//www. gov. cn/。

［16］中国银行业保险业监督管理委员会：http：//www. cbrc. gov. cn/chinese/newIndex. html。

［17］中国人民银行：http：//www. pbc. gov. cn/rmyh/index. html。

［18］中国证券监督管理委员会：http：//www. csrc. gov. cn/pub/newsite/。

［19］中华人民共和国最高人民法院：http：//www. court. gov. cn/。